遇见日本

徐静波 ◎ 著

中国出版集团公司
华文出版社

图书在版编目（CIP）数据

遇见日本 / 徐静波著 . -- 北京：华文出版社，2018.1（2020.4月重印）

ISBN 978-7-5075-4851-8

Ⅰ. ①遇… Ⅱ. ①徐… Ⅲ. ①日本－概况 Ⅳ. ①K931.3

中国版本图书馆 CIP 数据核字 (2018) 第 005865 号

遇见日本
YUJIANRIBEN

著　　　者：	徐静波
责任编辑：	潘　婕
出版发行：	华文出版社
社　　　址：	北京市西城区广外大街 305 号 8 区 2 号楼
邮政编码：	100055
网　　　址：	http://www.hwcbs.com.cn
电　　　话：	总 编 室 010-58336239　　发行部 010-58336238
	责任编辑 010-63429159
经　　　销：	新华书店
印　　　刷：	北京画中画印刷有限公司
开　　　本：	787mm×1092mm　1/16
印　　　张：	23.5
字　　　数：	380 千字
版　　　次：	2018 年 2 月第 1 版
印　　　次：	2020 年 4 月第 6 次印刷
标准书号：	ISBN978-7-5075-4851-8
定　　　价：	49.80 元

版权所有，侵权必究

自序：日本到底是一个什么样的国家

2017 年 12 月 23 日，我去了日本皇宫。这一天，是日本天皇的生日。

日本国民，还有在日本的外国人，一年中有两次机会走过二重桥走进皇宫，直接参贺天皇和皇后。除了天皇生日，还有每年的 1 月 2 日，是向天皇朝贺新年。

这两天，天皇和皇后都会带领皇太子夫妇等皇室主要成员，分几次在新宫殿的走廊里，隔着玻璃向前来祝贺的人们挥手，并发表简短的贺词。

2017 年的天皇生日，拥入皇宫的人数达到 52000 余人，比上一年增加了 1 万多人。为什么会有这么多人前去参贺天皇？因为天皇即将退位。

至少在明治时代以来，日本没有出现过天皇"生前退位"的事情。但是，当今的明仁天皇为何执意要"生前退位"呢？首先，天皇已经感到自己体力不支。我去国会采访时，有机会从国会的正门进入议事堂，这栋建于大正时代的建筑，从正门开始到天皇专用的休息室，共有几十级台阶，而且没有电梯。每次国会开幕时，天皇都要莅临致辞，爬这些台阶，对于一位 84 岁的老人来说，是一种折磨。其次，是皇位继承的问题遇到了麻烦。天皇与皇后生了两个儿子和一个女儿，大儿子德仁皇太子和雅子妃结婚后，只生了一个女儿。而小儿子秋筱宫文仁生了两个女儿后，纪子妃以 40 岁高龄又生了一个儿子悠仁。按照皇室典范，皇太子继承皇位后，要立自己的子女为新皇太子。但是德仁皇太子只有女儿，没有儿子。在皇位传男不传女的传统中，整个皇室唯有德仁皇太子的侄子悠仁，才最有资格在将来继承皇位。但是，一方面，悠仁还是一名11岁的小学生；另一方面，立侄子做皇太子，德仁皇太子的女儿就没有机会成为英国女王式的人物。为避免在自己离世后出现骨肉相争，明仁天皇用这种提前让位的方式来规划皇位传承的新秩序，以维持皇室香火的传承。

因此，对于许许多多日本人来说，日本开始进入了一个改朝换代的时期。明仁天皇将在2019年4月30日退位，而第一百二十六代日本天皇将在5月1日登基即位。

明仁天皇是在1989年即位，年号"平成"，因此，1990年代出生的人，日本都称之为"平成一代"，而不是"90后"。平成一代的人，最年长的已近30岁，对于他们来说，"平成年代"是一个不幸的年代。1990年，日本持续了20多年高速发展的经济，由于泡沫巨大而崩溃，日本社会一下子从欣欣向荣的时代跌入危机四伏的时代。数着小钱过日子的"平成一代"，与买房买车过上中产生活的中国"90后"一代，正好形成了一个天大的反差。

失业人口增多，工作难以带给人们安全感，男人将情绪带到婚姻生活中，致使无性婚姻在日本家庭中比重增大，一部分在婚姻生活中得不到慰藉的女性开始走向社会，使得"平成时代"的日本社会出现了严重的"少子化"问题。而日本人的平均寿命，由于全民定期体检制度的建立与医学技术的进步，连续多年创下了世界最高纪录。老年人越来越多，年轻人越来越少，日本举国上下开始担忧未来。

经过20多年的超低空飞行，日本人开始渴望崛起。尤其是在邻居中国日益强大的背景下，当惯了"亚洲第一强国"的日本，开始产生极大的危机感。"日本复活"的突破口在哪里？日本人很迷茫，这种迷茫导致日本政治陷入长时期的混乱，而经济也一直未能找到振兴的起爆剂，国家财政每年靠发行国债度日。安倍晋三的出现，令日本国民产生了一种希望。他们渴望安定、渴望强大、渴望富裕，于是安倍首相给了大家一贴安魂药。在过去5年的执政中，安倍做了两件事：一件是让日元贬值，贬值的结果使得日本"两头在外"的众多大企业均出现了扭亏为盈，日子开始红火。虽然员工的薪水没增加多少，但是已经很少听到有企业因发不出工资倒闭的消息，东京股市日经指数在5年中从8000点猛涨到23000点，创下了泡沫经济崩溃以来25年间的最高值。

另一件事，是扩充军备，谋划修宪。安倍与他的支持者们一直对于战后制定的宪法耿耿于怀，认为是当年的美国占领军强加给日本的一部屈辱的宪法。尤其是"专守防卫"的原则，令25万人的日本自卫队变成了一支名不正言不顺的"武警"，难以成为标准的国家军队。在美国的默认下，安倍政权目前依靠"中国威胁论"和"朝鲜威胁论"，不仅实现了防卫经费的年年递增，创下了战后最高的预算纪录，而且凭借在国会中占据多数议席的优势，轻而易举地突破了"专守防卫"的原则，未经国会审议批准，直接以"内阁决定"的方式，购买射程1000公里以上的中程巡航导弹，打造航空母舰，建设可以转战地球背面的强大的军队。

而这种超乎常规，甚至有违宪之嫌的做法，却没有一种政治与社会力量予以阻挡，更多的，是得到了一些渴望国家强大的国民的支持，甚至有许多人支持安倍对宪法进行修改，让自卫队成为一支"合宪"的国防军，让日本成为走出战败阴影，成为一个"正常国家"。

这就是当今日本这个国家的现实。

在2017年即将结束的那两周，我应邀在日中关系学会、日本科学者联盟等机构连续做了4场讲演，讲什么内容呢？讲中共十九大与"一带一路"倡议。日本企业从来没有像现在这样密集关注过中国新政治体制的愿景和"一带一路"倡议。"一带一路"是什么？中国目的何在？AIIB银行是不是中国的银行？参加"一带一路"对日本有什么好处？日本企业该如何参与"一带一路"倡议？与会的日本企业家和学者们提出的一系列问题，反映出日本社会对于参与中国提倡的这一战略构想的浓厚兴趣。

为什么日本经济界对于"一带一路"开始产生参与的兴趣？主要原因在于，日本产业开始进入一个调整期，传统的家电等制造产业被全部抛弃，而高智能化的AI等新产业还处于孕育期，日本经济再出现爆发式成长，至少还需要3—5年的时间。而中国制造业虽然还处于一个徘徊期，但是互联网经济成为新经济新产业的支撑点。"一带一路"倡议到底能够给日本带来什么机遇？日本产业如何进行预期性配套？如何避免与中国的无序竞争，寻求在第三方市场的良性合作？这是日本政府和企业关注"一带一路"倡议的核心焦点。有了这一核心焦点，我们有理由相信，2018年的中日关系，会出现相向而行的重大转机。

在此背景下，对于许多中国人来说，进一步了解日本，获知他们的所思所想，甚至行事习惯与规则，对于如何与日本人打好交道，自然是十分重要的。继《静观日本》《日本人的活法》之后，我推出第三本介绍日本的书《遇见日本》，期望通过一些具体的事例，提供给大家一种别样的了解日本的渠道。并非学术之作，能成为大家静闲之时的消遣读物，将不胜感激。

徐静波

2018年元月于东京赤坂

目录

日本人 /1

1. 日本人到底是什么样的人 /3
2. 东京人和大阪人有啥不一样 /7
3. 日本天皇为何要提前退位 /12
4. 东京有一个地方,叫中野 /17
5. 京都艺伎使用什么样的名片 /20
6. 石黑一雄凭什么获得诺贝尔文学奖 /24
7. 一位访问中国 600 次的日本老爷子 /28
8. 田中角荣访华时为何担忧遭暗杀 /32
9. 日本老人退休后为何忙于创业 /36
10. 日本人一年的奖金有多少 /40
11. 日本人的平均身高为何能长 12 厘米 /44
12. 日本皇室招女婿有什么条件 /46
13. 东京都前知事为何住地下室吃方便面度日 /49
14. 日本的情人旅馆为何纷纷倒闭 /52
15. 日本人怎么过暑假 /56
16. 日本哪里的女人最厉害 /60
17. 日本电视台都从哪里选拔美女主播 /64
18. 日本首富都开什么车 /67
19. "天妇罗之神"的匠心厨艺 /71
20. 滞留中国 70 多年的日本女人水崎秀子 /75

目录

21. 怎样才能当上日本首相 /78
22. 日本女人嫁给中国男人是啥结果 /83
23. 日本人新年上班第一天都忙啥 /86
24. 男子演唱组 SMAP 为何不欢而散 /90
25. 日本女人为何抛弃 LV/94
26. 安倍首相家的婆媳之战 /98
27. 日本女星为何爱奉子成婚 /101
28. 日本人如何吃生鱼片 /105
29. 日本人为何越来越不愿意结婚 /109
30. 日本女人生孩子能得到多少政府补贴 /114

日本社会 /119

1. 东京大学和北京大学有啥不同 /121
2. 日本和服的背后为啥有一个结 /126
3. 什么东西最能体现日本男人的脸面 /131
4. 在日本机场丢了东西如何找回来 /134
5. 在日本当政治家的一条铁规则 /138
6. 市长酒店召妓该如何处理 /140
7. 到日本留学,如何培养坚强的心 /144
8. 20 岁中国女生在日本生子,为何自杀 /149
9. 东京都政府对公务员的八项规定 /153
10. 日本人长寿的秘密 /157
11. 日本学校的午餐为何要让校长先吃 /162
12. 日本人为什么不喜欢分家产 /165
13. 日本的新干线地铁车站为何不搞安检 /169
14. 叫日本道歉为何这么难 /173
15. 日本人与客人喝茶为啥不用自己的杯子 /178
16. 日本大地震灾后重建为何这么慢 /182

17. 单身女性赴日旅游时该注意哪些问题 /186

18. 日本女人谈恋爱最在乎男人什么 /188

19. 日本为啥规定星期五下午3时下班 /191

20. 日本人到底如何扔垃圾 /195

21. 日本人如何当官 /200

22. 日本的筷子头为啥是尖的 /205

23. 日本社会如何看待"阿帕酒店问题" /209

24. 在日本留学必须警惕的四大问题 /213

25. 日本什么样的人才能开出租车 /216

26. 安倍为何要画饼让普京充饥 /222

27. 银座,以前是干什么的 /226

28. 日本人为何也过万圣节 /230

29. 先辈照顾后辈,为何会成为一种义务 /232

30. 日本的茶道有什么讲究 /235

31. 日本为何还坚持使用汉字 /239

32. 日本的军国主义从何而来 /242

33. 日本人为何第一杯都喝啤酒 /245

34. 日本最值得一看的樱花圣地 /249

日本市场 /253

1. 日本人最近在鼓捣什么样的汽车 /255

2. 我们该如何看待日本"失去的20年" /258

3. 东京银座有哪些店值得一逛 /262

4. 去日本投资买房有什么秘诀 /267

5. 日本企业的钱都去哪儿了 /271

6. 神户制钢的造假问题到底出在哪里 /273

7. 中国共享单车进军日本为何撞墙 /277

8. 日本如何将东京湾建成世界最成功湾区 /283

目录

9. 东京为何不堵车 /288
10. 日本人为何将职业道德看得比命还重 /293
11. 日本的便利店到底有多便利 /297
12. "汉方药"（中药）为何会风靡日本 /302
13. 到日本旅游买哪些汉方药好 /305
14. 日本 GPS 精准到 6 厘米能干啥 /308
15. 日本清酒中哪些品牌最有名 /310
16. 日本企业为何不愿意卖给中国人 /314
17. 去日本自助游必须知道的几大法宝 /320
18. 去日本投资移民为何不靠谱 /324
19. 日本企业为何不要银行贷款 /328
20. 东芝要西屋公司破产为何这么难 /332
21. 日本买房的人为何越来越少 /335
22. 为何说东京房价比北上广便宜一半 /339
23. 日本的百货公司为何死不了 /342
24. 日本当年整治雾霾采取了哪些措施 /347
25. 日本家电产业为何全面退市 /352
26. 日本哪几款摩托车被爱车族追捧 /358
27. 日本企业到底交多少税 /363

日本人

1. 日本人到底是什么样的人

《日本人的活法》要出香港版，香港中和出版有限公司要我写篇序言，我想了许多，一直找不到契入点。有一天，一位来我办公室小坐的上海朋友问我一个问题："徐先生，你在日本 20 多年，你觉得日本人到底是一种怎样的人？"

我突然觉得这个问题应该可以成为这篇序言的主题。

其实要回答这个问题，很难。

与其他在日本的中国同胞相比，我因为从事媒体工作，有更多的机会接触日本各地和各个层面的人，走进他们的生活，走近他们的心灵。但是我发现，和我们中国一样，不同地域的日本人，有着不同的个性与脾气。比如，东北地区的人和北海道的人的忍耐力要比九州地区的人强；而京都人的傲气，足以让东京人不敢正眼相视。但不管怎样，如果一定要用一句话来概括日本人的个性特征的话，我的直觉告诉我只有两个字：平和。

"平和"两个字，与留在我们中国人心目中日本人的"残暴"有着千万里的距离。这种距离，也造成了我们对于日本人认知上的矛盾，你无法把残暴的"日本鬼子"与彬彬有礼的日本人画一个等号。

我曾经问过几位日本老兵这样一个问题："侵华战争时期，你们为什么对中国人那么残暴？"他们犹豫着说："因为当时日本的教育就是把中国人当作劣等民族。"但是他们辩解说，去中国的陆军都是农村兵，城市兵都去当了海军和空军。

旧日本军队对中国人民的伤害与残暴，是我们中华民族永远抹不去的痛！但是，过去这么多年，日本人是否依然还像他们的祖辈那样残暴？答案自然是否定的——每一位到过日本的中国人都会有这种感觉。

是什么原因令日本人的特性出现了180度的大转弯？首先是因为战后日本制定了一部放弃军队、放弃战争的《和平宪法》，使得日本人在《和平宪法》的框架下，走过了70余年和平发展的道路，过上了半个多世纪没有战争的幸福生活。还有一点，就是战争的残酷性让日本人不敢且不再期望重新去过那种痛苦的战争生活。其结果是，日本人比许多国家的人民更渴望和平，更反对战争，更警惕军队。因此，我们再用过去的眼光看待现在的日本人，往往会出现认知上的偏差。

那么，现在的日本人，到底是一群什么样的人呢？

我觉得，从个性上来说，日本人总体是平和的，较少暴力的倾向。我们几乎看不到日本人在公共场所里打闹吵架，我们常常看到小学生自己走路上学，看到公司白领深夜一个人戴着耳机走回家。除了机场口岸，日本没有第二处安检的地方。如果遭遇难以跨越的坎，日本人大多会选择自杀。

日本人大部分彬彬有礼。无论是地铁轻轨上的宁静与礼让，还是友人告别时轻柔的鞠躬道别，抑或是客人离开温泉旅馆时职员们列队相送，留给人们的总是一种温馨。而这种彬彬有礼也催生了日本一种特殊的文化，叫"暧昧"。这种"暧昧"就产生一种距离美，让你感觉到日本人的一种社会美学，礼貌待人，而任何一种礼貌，都会用一种特殊的仪式加以表达，形成了一种日本社会特殊的文明符号。

日本人又具有内敛保守的个性。不给人添麻烦，是日本人生活的基本规则，包括不给父母与家人添乱。因此，日本没有啃老族，没有丈母娘经济，年轻人在结婚时，绝对不会要求父母帮他买房子、买汽车。国民对于财富没有狂热的追求，人与人之间没有房产、汽车、孩子的攀比。做自己喜欢的事，干自己想干的事。即使是像日本首富孙正义、柳井正，他们也从来不会开着豪车和私人飞机到处张扬，他们甚至把子女名字都隐藏起来，不让自己的富裕去刺激弱者的心灵，以寻求社会最大程度的和谐气氛。

日本人极为重视家族荣誉与个人荣誉。因此他们热衷于传承家业，恪守传统，并为此催生了35000多家百年企业。同时日本人遵守法律与秩序，不敢轻易犯罪，很怕自己有犯罪记录，怕因此影响自己一生的荣誉。这种法制意识与个人荣誉感，也因此使得日本成为世界上治安最好的国家之一。

日本人的勤劳也是举世闻名的。在工作时间，日本人总是在忙碌。在任何工作场合，手里都不会拿着个人的手机。我们能遇到70多岁开计程车的老大爷，也能遇到一大早在公寓楼周边扫地的主妇，我们能吃到80多岁的老奶奶做的拉面，也能吃到90岁的老爷爷做的寿司。

也许有读者会问："日本人真的有那么好吗？"我想说，日本人的主流便是如此，当然并非人人都这样。

最近，在日本的华人圈中，大家最关心的一个问题是一对来自福建省的"90后"姐妹惨遭他人残杀的事件。警方锁定了一位30多岁的日本男子。

平时看上去老实本分的日本男人，一夜之间为何会成为杀人嫌疑犯？这里面的原因有待警方去查证，但是从一个侧面反映出日本社会总体治安虽好，但是恶性事件也会发生的现象，也有的日本人会走极端。

日本人的守规矩，也带来一个很大的问题，那就是做事过分胆小、谨慎，缺乏一种创新的闯劲儿。能够默默地做出精致的产品，但是在推销产品、开拓市场上，大多会输给中国人。

同时，岛国国民的狭隘性，也使得日本社会面对外国人的大量涌入，有一种抵触的情绪，阻碍了日本社会的国际化进程。

日本社会还有一个最热闹的话题是，安倍首相还能当多久？

时事通讯社实施的一项最新的舆论调查显示，安倍内阁的支持率已经跌破30%大关，跌至29.9%，这是2012年12月安倍第二次内阁成立以来，内阁支持率第一次跌破30%。

这次舆论调查是在2017年7月7日至10日，在全国范围内实施的。调查结果显示，安倍内阁的支持率比6月份的调查结果暴跌了15.2个百分点，跌至29.9%。不支持率上升了14.7个百分点，达到48.6%。有67.3%的国民认为安倍首相在帮助友人经营的"加计学园"申办兽医学部问题上的解释是不可信的。

内阁支持率跌破30%，在日本的政治学中，就意味着安倍政权进入了"威胁水域"。而在3个月之前，安倍内阁的支持率还在50%以上，而且这么高的支持率已经维持了近5年。为什么突然出现暴跌？这里面的原因，除了安倍自身的原因之外，也反映出日本人和日本社会的另外一个特性，那就是，一旦感觉遭到背叛，就会跟你一刀两断，绝无反悔的余地。这反映出日本人个性冷峻的一面——要想把你干倒，一定会把你干倒！

在日本生活多年，还没有完全把日本人和日本社会研究透。同样接受中华文化的熏陶，同样是亚洲人，而且还是邻居，但日本人总有许多地方跟我们中国人不一样。

2. 东京人和大阪人有啥不一样

在京都人的眼里，东京人是没有文化的，除了挣钱和花钱，啥也不会。而京都则是千年古都，一个艺伎就足以抵得上东京一群国会议员的影响力。

东京人也不示弱，比不过京都人，自然鄙损京都边上的大阪人，称大阪人就像中国的上海人，做事太精明，头脑里想的都是如何赚钱。

在我们许多中国人的眼里，日本是一个小小的国家。日本人说，这个观点是不对的。从人口的角度来讲，日本拥有 1.28 亿人口，比欧洲主要国家的人口数要多得多，在世界约 200 个国家和地区中，日本排名第 9 位，也算是一个人口众多的国家。

一个岛国能孕育出这么多的人口，也算是一个奇迹。人一多，自然会出现不同地区的人有不同性格的情况。日本的大阪人绝对不会把自己等同于东京人，而且还相互瞧不起。

那么，东京人与大阪人有什么不同呢？

我发现大阪人和东京人的不同，首先在于坐自动扶梯时站的方向不同。东京人是站在左边，而大阪人是站在右边。结果，东京人跑到大阪，常常被大阪人嘲笑："连电梯都不会坐。"

为什么东京人坐自动扶梯是站在左边，而大阪人是站在右边呢？

有一种说法是因为过去的江户（也就是现在的东京）是德川幕府时代的中心，有许多武士，武士大多将刀剑佩戴在身体左侧，拔刀时习惯于用右手，因此站在左侧的位置，便于拔刀。

为什么大阪人站右边呢？

因为大阪自古以来就是一个商业城市，相对于东京，这里没有多少武士，最多的是商人。而商人是右手拿算盘的，因此，就习惯于站在右边。

还有一种说法是，大阪的第一个自动扶梯是1967年在阪急梅田百货店里设置的。三年后的1970年，大阪举行世界博览会，为了方便来大阪的外国游客，大阪按照"国际惯例"实施了自动扶梯右侧站立这一规则。以此为契机，这一习惯被固定了下来。

大阪市总人口约有267万人，在日本，是仅次于东京、横滨人口第三多的城市。

大阪因为是一个临海地区，因此从奈良时代（相当于中国的唐代）开始，就成为日本关西地区主要的贸易港口。1583年，丰臣秀吉修建大阪城，并以大阪作为丰臣政权的统治核心城市。在江户时代，大阪和京都、江户并称为"三都"，是当时日本经济活动最为旺盛的商业都市。

大阪拥有以钢铁、机械制造、金属加工为主的重工业和以纺织、印刷、食品、造纸及化工为主的轻工业，全市有10万余家各类商店。松下电器、三洋电器、夏普、三得利、日清食品等著名企业均诞生于大阪。

日本著名的钟表公司精工曾经做过一个调查，调查的题目是：《东京人与大阪人的时间感觉》。调查中有这么一个问题："对于你想去的饭店，从点菜到把菜端上来，你能够心情较好地等待多长时间？"回答"30分钟以内"的，东京人占12%，大阪人占3%。由此，我们可以看出，在性格上大阪人比东京人急躁。

大阪人性格的急躁还体现在到银行取钱方面。在银行的ATM机前面，东京人一般会规规矩矩地排队等待，大阪人则总是在排队的时候向前探头探脑，好像是在问："怎么还没有完？"

街头交通信号的红灯改变以后，东京人会左右张望一下再过人行横道，大阪人则是马上急匆匆地走过去。在电车上遇到手机响了，东京人一般会轻声说："我现在在电车里面"，然后把电话关闭，在大阪的电车中则能看到不少人在打电话。

日本有一个娱乐电视节目，有很多立意新颖的搞笑剧。

为了考察东京人和大阪人的待人处世的方式，摄制组事先在东京和大阪各选了一个24小时便利店。

设计的情节是这样的：一个扮顾客的演员，拿着一包烟，去柜台加塞，当然是文明加塞，事先征得后面排队顾客的同意：你看，我就一包烟，而且有急事，让我先结账可以吗？

在这种情况下，日本人一般不会拒绝。

戏剧性的情节在后头，当售货员收款按键找零时，突然清脆悦耳的音乐响起。售货员故作惊讶地喊："祝贺你，你是我们店里今年第一百万位幸运客人。这是给你的获奖证明，你可以去我们公司总部领取一辆跑车。"

嘿，高潮来了，让我们看看东京人和大阪人是如何反应的。

让这位获奖者加塞的那位东京人，看到加塞的顾客兴高采烈的样子，他只是一脸苦笑，并没有什么行动。心里肯定在想，那本来是属于我的奖，让他插队拿去了，我运气真差。

那么，大阪人是如何反应的呢？他跟售货员大声抱怨：那奖本来应该是我的嘛！让他插队买烟可以，那份大奖可不能让他拿。

那个演员"托儿"故意装作要离开的样子，那个大阪人死抓住他不让走，非要分一半不可。

这个节目，将东京人和大阪人的性格差异展现得淋漓尽致。

我在日本20多年，总体感觉是：东京人比较安静文明，为人礼貌周到；而大阪人喜好热闹，为人热情，礼数上略逊一筹。东京人说的话，跟电视上的新闻主播一样；大阪人说着一口关西方言，东京人大半是听不懂的。正因为大阪人性格开放，所以滑稽明星和侃爷大多出自大阪。在日本各电视台上大红大紫的节目主持人，有许多是出身大阪的笑星。

你在东京乘坐出租汽车的时候，东京的司机基本上处于无语的状态；大阪的司机则大都会热情地招呼几句，有的甚至和你聊上一路。

东京和大阪两地人不同性格的形成，一个很重要的原因是东京人大多是朝九晚五的公务员和大公司总部职员，做事谨小慎微；大阪人主要是做生意的，商人文化使得大阪的民风趋向奔放大胆。

令人惊讶的还在于，受到商人文化的影响，在大阪买东西很多人喜欢杀价，尤其是老太太，但是在东京买东西杀价的情况很少发生。如果你和店家讨价还价，商店的老板会认为："你这个人怎么会这么没有素养？"

东京人很在意别人的想法，所以当碰到什么事情的时候，讲话不会很直接，会适当地用好听的话去包装，给人温和有礼的感觉。但有时也因为东京人这种为人处世的性格，让人搞不清楚他们到底在想什么，进而产生距离感，要想跟东京人成为真正的朋友，可能需要一点儿时间。

与东京人相反，大阪人不太在意别人的眼光，他们有话就说，不怕表露自己真实的想法。比如他们在给你建议或纠正你时，不太会拐弯抹角，通常是开门见山给你当头一棒，这样做可能一开始会吓到你，但等你了解大阪人的处事作风后，会发现他们没什么心眼儿而且很容易成为朋友。

日本总务厅的调查统计表明，在购买书报方面，东京人每年平均花费28800日元，大阪人每年平均花费18700日元，相差1万日元。东京平均每100万人拥有29个图书馆，大阪平均每100万人只有13个图书馆。有人这样说，大阪人不喜欢读书，但大阪人更喜欢听、喜欢说，他们是用耳朵在接受信息，而东京人是在用眼睛接受信息。

最后，我跟大家来解读两个日语："**アホ**"和"**バカ**"。这两个词，都是"浑蛋、

笨蛋"的意思，但是大阪人很喜欢讲"**アホ**"，这是一种类似开对方玩笑的用语，觉得对方傻傻的、很可爱。但是东京人听到被人说"**アホ**"，他会很受伤，觉得真的是在骂他"笨蛋"。反而，东京人开玩笑时会讲"**バカ**"，如果是对着大阪人讲的话，大阪人会急得要跟你断交，因为他也会认为，东京人真的是说大阪人是"浑蛋"。

3. 日本天皇为何要提前退位

2017年12月1日上午，日本皇族会议在宫内厅举行，会议正式决定，天皇在2019年4月30日退位，皇太子在5月1日即位。

2016年8月8日，84岁的明仁天皇发表全国电视讲话，正式表达生前退位的意向。由于明治时代以来，日本皇室没有生前退位的惯例，因此对于明仁天皇的退位要求，日本政府和皇室也十分慎重，专门成立了专家委员会研究相应的对策。2017年5月19日，日本内阁通过只适用于明仁天皇的《退位特别法决议》，规定明仁天皇退位之后，将被称为"上皇"。

明仁天皇解释自己要提前退位的原因时，称自己年事已高，身体也有多种疾病，因此决定提前退位，把皇位让给皇太子。那么，除了这些表面的原因之外，天皇的内心还有什么深层次的考虑呢？

明仁天皇出生于1933年12月23日，他出生之后，就被立为皇太子。1989年1月7日，昭和天皇在东京病逝，皇太子明仁登基，成为第一百二十五代日本天皇，年号"平成"。

明仁天皇的父亲是昭和天皇。昭和天皇在军部的支持下，发动了侵华战争和太平洋战争，给中国和亚洲许多国家造成了巨大的灾难与国民生命、财产的重大损失，也给日本带来了毁灭性的灾难。当时还是小学生的明仁天皇，为了躲避美军的追杀，躲到了东京附近的山区，等昭和天皇宣布日本投降、美国为首的联合国军答应不杀昭和天皇之后，明仁才回到东京。他回忆说，从栃木县避难的地方回到东京，往日繁华美丽的城市不见了，眼前是一片废墟和饥饿的国民。

战争的苦难在明仁幼小的心中留下了很大的阴影。他没有资格和勇气去指责自己的父亲，但是，他成年之后便开始决意要引导国家走和平发展的路，防止国家再次卷入战争。

1989年，昭和天皇病逝后，明仁作为皇太子继承皇位。1992年，在许多西方国家对中国还实行政治制裁与经济制裁的时候，明仁天皇和皇后不顾右翼势力的强烈反对，一起访问了中国，并就过去日本的侵华战争向中国人民表示道歉。

他在中国政府举行的欢迎国宴上致辞表示："在两国关系悠久的历史上，曾经有过一段我国给中国国民带来深重苦难的不幸时期，我对此深感痛心。战争结束后，我国国民基于不再重演这种战争的深刻反省，下定决心，一定要走和平国家的道路，并开始了国家的复兴。"明仁天皇表示："此次我们访问贵国，如能作为一个契机，并以此友好纽带连接在一起，让两国国民作为好邻居向着未来共同迈进，我将感到十分高兴。"

在推动中日关系的进程中，明仁天皇始终坚持一个原则——不参拜靖国神社。

最近几年，明仁天皇公布自己的父亲宣布日本投降的"终战录音"，叫两个儿子去参观皇宫内当年的地下作战指挥所，并给孙子孙女们讲授战争的灾难，又去菲律宾、帕劳等当年的战场凭吊战争的遇难者，看望战争的幸存者，告诉自己的孩子和国民，一定不要忘记日本曾经走过的错误的战争之路，要坚守和平国家的根本。

明仁天皇还期望在自己退位之前能够访问韩国，就日本过去对韩国的殖民统治做出道歉，寻求两国国民的心灵和解。

由于《宪法》规定天皇不得干预政治，因此明仁天皇只能通过自己的行动来提醒日本的政治家和国民，要牢记过去的教训，不要再走战争之路。面对安倍首相推行的军事扩张政策和修改《和平宪法》的计划，明仁天皇敢怒不敢言。日本有一部分舆论认为，选择提前退位，是明仁天皇对安倍政权的一种抗议，他不希望自己在位期间让保证国家不走战争之路的《和平宪法》的第九条被修改。

这种推测有没有道理？多少还是有一些影子。但是，明仁天皇提前退位的一个很大的因素是不希望皇位继承出现大问题。

明仁天皇是明治时代以来第一位娶民间女子为妻的天皇。美丽善良的美智子皇后是日清制粉公司老板的女儿，虽说不是贵族出身，但时代赋予她新兴资产阶级教育的烙印。她中学进的是日本圣心女子学校。这是一所基督教风格的学校，教学目标就是要把女孩子加工打磨成一颗颗闪闪发亮、没有杂质的宝石，使她们成为新的上流阶级的一员。

美智子在学校的学习成绩总是名列前茅，也热心学校活动，是学生会会长。她对人有礼貌、有朝气，以至于一位老师对她说："你似乎是一个完美的女孩，但没有缺点似乎就是你的缺点。"每逢暑假，全家便去东京附近的轻井泽别墅度假，喜欢打网球的美智子在那里认识了皇太子。

对于这场旷世之恋，宫内厅的选妃委员会的一部分委员表示反对，认为娶民间女子为妃，以后成为皇后，有损皇族血统。有人甚至说："作为堂堂大日本帝国的皇太子，哪能随随便便从球场上乱拉一个打球的女子来当皇太子妃？"就连皇太子的母亲香淳皇后也不大赞成。最终促成明仁和美智子结合的，是昭和天皇的态度。他体谅儿子的心情，经过一个多月的考虑，他表明自己的态度："只要皇太子喜欢，平民出身也无妨。"

1959年，皇室为皇太子和美智子举行了隆重的婚礼。第二年，美智子就生下了大儿子德仁，此后又生下了小儿子秋筱宫文仁和女儿清子。

1989年，明仁天皇即位后，大儿子德仁成为皇太子。德仁皇太子后来与女外交官雅子结婚，很长时间没有生育，一直到结婚十年之后，才生下女儿爱子。而明仁天皇的小儿子文仁亲王，最初也只是生了两个女儿。这样一来的话，皇室第三代就没有了男孩。据悉是在宫内厅的运作下，文仁亲王的夫人纪子妃在40岁高龄再度怀孕，并生下了儿子悠仁。

日本政府一度讨论过仿照英国的女皇制度，允许皇室的女性成为天皇。这样的话，德仁皇太子今后即位成为天皇后，他可以立女儿爱子为皇太子，以便将来成为日本女皇。但是，悠仁诞生后，意味着皇室的第三代终于有了男丁。根据日本皇室的惯例，皇位是传给男性成员的。这样一来的话，爱子将无缘于天皇宝座，而作为皇太子侄子的悠仁，将会被立为皇太子。

万一德仁皇太子不愿意将皇位传给侄子，而是执意要立女儿为皇太子的话，皇室内必然会出现骨肉相争。这一结果，是明仁天皇最不愿意看到也是最为担心的结果。因此，天皇趁自己还健在的时候，通过提前退位，让德仁皇太子即位，让小儿子秋筱宫作为皇位的第一继承人，称呼为"秋筱宫皇嗣殿下"，暂不设皇太子，以便能够让秋筱宫今后将皇位传给儿子悠仁亲王。看着自己的孙子成为未来皇位的继承者，而不是让孙女爱子当将来的女皇，在有生之年解决好皇位继承问题，这是明仁天皇最大的愿望。

明仁天皇提前退位，在日本的《皇室典范》中还没有相关的法律规定，因此，日本政府通过内阁会议的形式提出了一份《皇室典范》修正案，并递交日本国会进行修改。根据日本政府目前的方案，希望明仁天皇能够在2019年5月1日之前退位，让皇太子即位，这样能够保证在2020年东京奥运会上，新天皇能够代表日本出席开幕式并致开幕词。

明仁天皇退位后，将获赠"上皇"的称号。作为上皇，如果继续居住在皇宫内，显然不妥。现在的德仁皇太子并没有住在皇宫内，而是居住在东京赤坂的东宫御所。一旦他即位成为天皇，那么，他就要离开东宫御所前往皇宫居住。于是，明仁天皇与皇后退位之后，应该住到哪里，也成为日本政府头疼的一个问题。

京都市政府提出一个方案，希望明仁天皇能够移住到京都行宫。京都市政府为什么会有这个方案？因为日本天皇以前就住在京都，明治天皇时才搬到东京，因此，京都人一直不承认天皇搬到东京的事实，认为天皇只是去东京出差，而不是在东京居住。正因为有这种认识，日本的学术界也没有把东京称为"日本的首都"，似乎首都迄今为止还在京都。但是，考虑到天皇年事已高，加上医疗保障和生活习惯等问题，要明仁天皇退位后搬到京都，显然不太可能。日本政府没有同意京都市政府的要求，目前考虑的方案是，对位于东京都新高轮的一处贵族庄园进行修缮，以此作为天皇和皇后的临时住处。

日本政府的解释是，在新天皇即位前需要对皇宫的建筑进行全面的修缮，因此需要将明仁天皇和皇后临时安置到高轮皇室庄园。

但是，一旦皇宫修缮完毕，难道要明仁天皇搬回皇宫与已经成为天皇的儿子一家一起居住？这显然是不可能的。所以，日本政府安排明仁天皇和皇后入住新高轮皇家庄园，名义上是临时居住，实际上要作为永久的居住地。搬出来了，也意味着以后再难以回到皇宫。

从1989年即位到2019年退位，明仁天皇在位30年，留给日本国民的是一位亲民天皇的形象。尤其是他前往地震灾区视察，作为天皇会跪下来与坐在地上的灾民进行平等的对话，让日本国民感动万分。日本天皇虽然没有了过去那样管理国家的权力，但是对于日本国民来说，天皇的存在是一份精神的安心。"有天皇就有国家"，这是许许多多日本人对于已经延续了两千多年的日本皇室的尊崇。这种尊崇，让天皇成了国民大团结的凝聚剂。

4. 东京有一个地方，叫中野

中野是东京都23个区中的一个区，位于东京都西部，是东京都市区与郊外的八王子市之间的一个中间地带，20世纪60年代，按照中国人的概念，这里属于城乡接合部，有农民有稻田，也有杂居的市民住宅。

20世纪60年代是日本战后复兴开始进入高速发展的时期，与中国的20世纪90年代相似。东京都和首都圈成了日本经济发展的中心，大批工厂出现，需要大量的劳动力，于是来自日本东北农村和九州地区的人大量涌入东京，日本给这个群体专门取了一个名字，叫"出稼ぎ労働者"，也就是农民工。

对于许许多多的日本东北人来说，东京的上野车站，是他们幸福与苦难的原点。因为当时还没有东北新干线，从东北到东京来打工的人，必须坐一天一夜甚至两天一夜的夜行列车才能抵达东京，终点站就是上野车站。

所以，上野也是东北人的乡愁之地。

由于日本战后没有农村户口和城市户口之分，因此大批的农民工进入东京，也就直接落户在这一大都市。只要你能活下去，没有人赶你走。

上百万的农民工涌入东京，住宿成了问题。于是一些简易的公寓，甚至是木板房成了这些农民工的栖身之地。尤其是在中野这样的城乡接合部，陆续出现了一批类似于棚户区的简易住宅区。许多外地来东京找工作的人们，就生活在这样的简易住宅中，辛勤工作，生儿育女，寻找在东京这座国际大都市的生存空间。

日本经济发展到20世纪70年代，国内生产总值的增长率都超过了10%，一些农民工在变成产业工人之后，也开始寻求在东京安家乐业。让进城务工人员在东京这座大都市里拥有自己的生存空间，是政府必须考虑的问题。

日本政府为了解决这些生活在社会底层的人们的居住问题，推出了两种措施：一是由政府出资，在郊外建造大批的廉租型公寓楼群，日语叫"团地"，最大的团地可以容纳3万人；二是划出中野这个城乡接合部，作为这些进城务工人员的建房区。政府提供优惠的土地价格和房贷利率，鼓励他们自建住宅，在这个城乡接合部定居。

于是，在中野的农田上诞生了一个个住宅区，而这些住宅区里的房子，几乎都是没有院子的"一户建"，按照中国的概念，叫别墅。中野地区农田逐渐消失，变成了以底层住宅为主的新居民生活区。到了20世纪90年代，中野区已经成为拥有30万人口的城市区，人口密度为每平方公里2万人，成为全日本人口密度最高的区域。

与住宅区建设相配套的，是从皇宫前面的东京车站始发，连接新宿区、中野区、八王子市，直通山梨县的"中央线"城际铁路和横穿东京市中心、连接中野与千叶县的"东西线"地铁。

由于中野新生活区的居民大多数是从外地进京的年轻人，因此也使得这个地区的人口年轻度排名全国第一。这一状况令中野区在日本经济高速发展时期成了最具活力的地区。因此，包括早稻田大学在内的一些著名大学，纷纷在中野区设立新校区，就近招募新生入学。

20世纪60年代后，因有许多的"北漂"漫画家住在中野，因此中野成了漫画家的创作乐园。漫画、动画制作相当兴盛。近些年，因中野坂上地区的再开发，超高层建筑逐渐设立，电脑、软件制作等相关企业也逐渐进驻。可以说，没有中野，就没有如此丰富的日本动漫文化。

风靡世界的日本动漫片中的场景，大多是以中野区的平民生活为背景。所以，我们在《樱桃小丸子》《机器猫》《蜡笔小新》中看到的街景，大多取自中野。也正因如此，看日本动漫片长大的中国留学生们，在东京租房子时会寻找儿时看过的动漫片的街景印象，中野区因此成了中国留学生居住率最高的地区之一，也成了他们的精神家园。

前些日子，我去中野区游逛，遇到 70 多岁的黑木先生。他的老家在东北地区的秋田县，他高中毕业就坐着夜行火车去东京找工作，先在一家建设工地打工，然后进入一家大印刷厂当工人，一干就是几十年，直到退休。最初也是住在棚房，后来在中野买地建了一栋房子，生了三个孩子。现在孩子都已经独立出去，就剩老两口守着这栋房子。

在黑木先生的心目中，中野区是他的第二故乡，也将是他的人生终点站。

5. 京都艺伎使用什么样的名片

日本这个国家,像一只袜子,从北海道到九州地区,南北狭长,坐飞机也得飞行三个多小时。我在东京生活多年,但是最喜欢的城市还是京都。京都和东京有着两种完全不同的气质,如果说东京是大都会气质的话,京都就显得很文艺。

京都我已经去过几十次,这个城市之所以令人流连忘返,百看不厌,是因为它有许多引人入胜的宁静之美,无论走在哪条街头小巷,都能感悟到一种似曾相识的韵味:古旧、雅致和一份高贵。

京都的文艺存在于千年的建筑中,也存在于花道茶道中,尤其存在于优雅的和服之中。

说到和服,自然会想到艺伎。整个京都,演绎和服之美的,唯有艺伎。

日本在 2016 年评选出了三大服务最佳的公司,排名第一的是东京迪士尼乐园,排名第二的是老牌的帝国饭店,排名第三的就是 MK 出租车公司。MK 出租车车辆之干净,用白毛巾擦都难以擦出灰尘,司机服务态度之好,更能让你体验到一种温馨。

我到访京都,MK 公司的青木社长约我一聚,问我想去哪里。我自然想找艺伎聊天,因为日本艺伎最多的地方,就是京都。而京都艺伎最为集中的地方,就是一个叫"祇园"的地方,一般也叫"花街小路"。

艺伎产生于 17 世纪的东京和大阪。最初的艺伎全部是男性,主要在青楼妓院和娱乐场所以表演舞蹈和乐器为生。18 世纪中叶,男性艺伎渐渐被女性取代,这一传统沿袭至今。

1665 年,江户幕府政府允许京都人经营茶屋。起先的茶屋以喝茶吃点心为主，侍女们负责端茶送水。后来各个茶屋的主人为了招徕客人，竞相让侍女们穿着漂亮的和服唱歌跳舞取悦客人，于是这些侍女就逐渐成了后来的艺伎。所以，艺伎不是妓女，而是表演歌舞取悦客人的女艺人。

京都的茶屋大多集中在北野天满宫和八阪神社的门前町一带，这一区域，就是现在的"祇园"。在19世纪初是祇园最兴旺的时候，艺伎多达3000多人。

京都艺伎身着传统和服，脚穿高跟木屐，脸和脖颈上都抹着厚厚的白粉。她们都是京都文化中亮丽明艳的人文奇景异观。以前，艺伎们大多出身于贫寒家庭，许多女孩从5岁、10岁开始就到艺伎馆从师学艺，学日本传统舞蹈、三味线琴、各种礼仪，还有京都方言。12岁或15岁左右出师为舞伎。到20岁时转为艺伎。

艺伎总让京都蒙上一层浪漫情怀。但是，艺伎不是随便打一个电话就可以叫的，一般必须要有熟悉的人介绍，才会走出来陪你喝酒。

青木社长是京都有名的绅士，他自然有熟悉的地方，于是我们就走进了祇园的一条小巷里，一家小小的酒馆。酒馆门面很低很朴素，看不出有多豪华，但是走进里面，居然有一种可以望见天的天井，种着一棵高高的竹子，还有一棵低矮的枫树。

当我们走进酒馆时，发现已经有三名艺伎在等候我们，年龄都是20几岁，据说其中一位还是祇园最红的。

与艺伎们见面的第一个仪式，便是相互行礼。进了酒馆，艺伎们是跪在榻榻米上屈身给我们行礼，而作为客人，跟她们说一声"こんばんは（晚上好）!"，可以摆出一种我是主人的姿态。

因为我们是在吧台上喝酒，不需要她们表演歌舞，所以，两位艺伎是挨着我们坐下，陪我们喝酒，还有一位跑进吧台里，给我们端菜。

坐下后，陪我的那位艺伎递给我一张小小的粘贴纸，上面印着"美月"两个字，美丽的月亮，很好听的名字。她说，这是我的名片。美月的名片上是没有地址和电话号码的，只有一个名字，自然是她的艺名。

第一次拿到艺伎的名片，感到很好奇。我问她为什么不印联系方式，她说，这是祇园的规矩，作为艺伎，是不可以与客人单独联系的，一切都听茶屋主人的安排，也就是妈妈的派遣，收入也是归妈妈所有。妈妈根据艺伎出场的业绩，

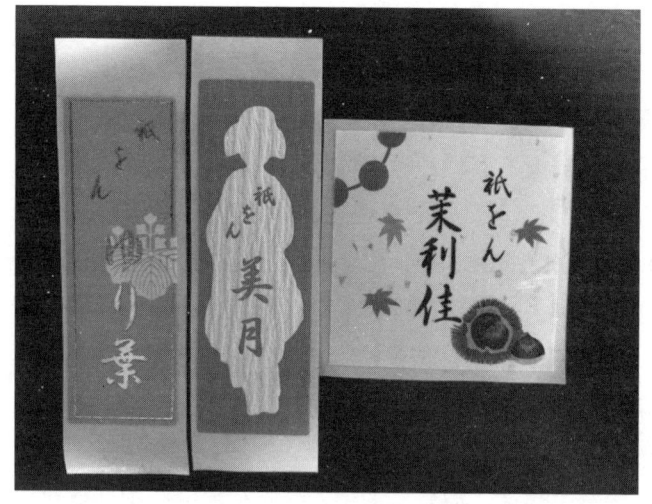

每个月发给其薪水。

另外两名艺伎也过来递给我名片,一位叫"百合叶",还有一位叫"茉利佳"。每个人的名片都设计得不一样,但都有一个特点,那就是每张名片都印刷在粘贴纸上,你可以把名片揭下来,粘贴在自己喜欢的地方。

我跟美月开玩笑说:"你的名片我该贴在哪里呢?"她抿了一口酒,轻轻地对我说:"那就贴在手机的背后。"

跟艺伎喝酒,聊什么内容呢?我最感兴趣的是她们的生活。

美月是三位艺伎中长得最漂亮的一个,她告诉我,自己并不是从小进入艺伎馆学艺的艺伎,而是读完大学之后被艺伎的职业感染,投身于这份美丽的工作中。

她说,京都的艺伎中,像她这样的艺伎越来越多。这也符合时代的潮流。

美月在大学里学的是美术,画油画。但是自从开始艺伎的生活,已经很少有时间去触摸画笔。美月告诉我她每天早上8点钟起床,练习歌舞和学习弹琴,一般要练习到中午。吃午饭的时间,是艺伎一天之中最快乐的时光。艺伎如果是在家单住的话,会做一点自己喜欢吃的饭菜,但绝大多数时候是和姐妹们一起吃。美月说,虽然从事着极为传统的职业,但自己最喜欢吃的还是意大利面。

到了傍晚时分,艺伎便开始为晚上的工作做准备。整理发型、妆容,穿上漂亮的和服,等待客人们的召唤。

艺伎繁忙的时候,一晚上要去五六个地方。表演或陪酒的地方不只是祇园,还会去别的料理店或者酒店演出,因此每天工作都会很晚,甚至要到深夜一两点才送走最后一批客人。

但是,美月很喜欢艺伎的工作,她觉得自己是在演绎一种传统的美,为京都传承一种传统的文化。

美月的和服很华丽,看起来也很厚重。我问她自己一个人没法穿吧?她说,艺伎馆里有专门帮忙穿和服的和服师。但是,只有祇园的和服师都是男性,因为要把背后的腰带扎紧,需要很大的力气,没有男人的手力,这腰带是扎不紧的。

我突然有了一种想去当和服师的念头。

据说,现在京都祇园的艺伎馆,也就是茶屋,虽然还有83家,但艺伎只有120人,与过去鼎盛时期的3000人相比,已经减少了许多。美月说:"艺伎文化是日本传统文化的一个代表,总需要有人去继承与弘扬。作为一名京都人,我们有义务去好好保存这一种文化。"她说自己以后即使结了婚,也会继续从事艺伎的职业。

酒喝了好几个小时,厚白的粉妆、华丽的和服、娇艳的头饰、迷人的笑容,让空气中透着一种梦幻般的艳美。

离开酒馆的时候,已是深夜。美月三人出门相送,那最后深深的一鞠躬,让我感受到初秋的京都那一丝美丽的温柔。

6. 石黑一雄凭什么获得诺贝尔文学奖

日本作家村上春树说："近半个世纪的书，我最喜欢的是《别离开我》。"

村上先生最喜欢的这本书的作者，名叫石黑一雄，是一名日裔的英国籍作家。2017年10月5日，诺贝尔文学奖获奖者名单公布，全日本的读者再次把目光集聚到村上春树的身上，甚至东京的不少书店在门口摆上了大量的村上的作品，准备最美好消息的到来。结果，石黑一雄获奖，村上春树再度落选。有人说，村上真不该说那句话。

这一意外的结果，让不少人大跌眼镜：抢走诺贝尔文学奖的石黑一雄，到底是何许人也？

1954年11月8日，石黑一雄出生在日本长崎县。他的父母都是日本人，父亲石黑镇男是一名海洋学者。1960年，在石黑一雄5岁的时候，父亲应英国政府的邀请前往伦敦北海石油公司工作，石黑因此和父母、姐姐富美子一起离开日本，移民到英国。从肯特大学哲学系毕业后，石黑一心想成为音乐家。因此，他考入了东英吉利大学研究生院，攻读创作专业。此时，他遇到了一名优秀的导师——马尔罕哈姆·布拉德伯里教授。布拉德伯里教授是英国著名的文学批评家，也是著名的小说家。在恩师的指导下，石黑放弃了音乐家的梦想，开始了小说的写作。

1982年，石黑发表了第一部长篇小说《远山淡影》。他的这部处女作小说讲述了在美军原子弹袭击长崎过程中饱受磨难的一对日本母女，为了渴望安定与新生，决定移民海外。虽然最终离开了一片废墟的长崎来到了英国，却始终走不出战乱带来的阴影与心魔，最终以女儿自尽作为悲情结局。

《远山淡影》问世后，立即受到了英国读者的喜爱。同年，这部小说获得了英国王立文学协会奖。也是在这一年，石黑加入了英国国籍。这一年，他28岁。

虽然成了英国国民，但是石黑一直无法忘记自己幼年时残存的故乡记忆。他在1986年，再次以长崎为舞台，创作了第二部长篇小说《浮世画家》。小说以战后百废待兴的日本混乱的社会为背景，以长崎为舞台，讲述了画家小野的人生故事。小野曾是位显赫一时的浮世绘画家，看似闲云野鹤的晚年生活却潜伏着一股心灵暗流。随着日本的战败，他才如梦初醒：原来整个日本民族的过去竟是在为一种荒诞虚幻的理想献身，他的艺术理

想也真如其名称一样毫无根基，虚浮于世。为了给小女出嫁营造良好的社会关系，他重拾记忆，故友往事如浮世绘般一一串联，展现了一个不见硝烟的战场。

这部小说也获得英国及爱尔兰图书协会颁发的惠特笔奖和英国布克奖提名。

真正奠定石黑一雄在英国乃至英语圈内文学地位的，是他在1989年创作的长篇小说《长日留痕》。

《长日留痕》围绕英国典型传统男管家史蒂文斯的六天驾车旅行展开，以传统的英式贵族府邸达灵顿府为空间背景，以第二次世界大战后的英国为现实背景，以两次世界大战之间的英国为叙事背景，展现了主人公对职业历程的回顾和人生价值的思考。小说通过史蒂文斯的叙事，表现出史蒂文斯在贵族绅士传统文化和大英帝国没落时期对往昔辉煌的怀旧与思考，更是揭示了第二次世界大战后英国社会普遍存在的对贵族传统、绅士文化传统、贵族政治传统以及举世瞩目的大英帝国殖民霸主地位的怀旧情结。

《长日留痕》延续了石黑一雄前两部小说反思战争的主题，通过一个英国管家的视角展现了两次世界大战期间英国中上层社会的生活。在作品中，石黑

一雄以他一贯娴熟的零散回忆的手法展开故事。

这部小说自出版以来，受到英国社会的广泛阅读和评论界的高度评价，曾荣登《出版家周刊》畅销排行榜。由哥伦比亚电影公司改编的同名电影，由安东尼·霍普金斯和埃玛·汤普森分饰男女主角，此片获奥斯卡奖、金球奖、英国电影学院奖等多项大奖提名。这部小说还获得了英语圈内的最高文学奖——英国布克奖。《长日留痕》成为石黑一雄的代表作，同时他与奈保尔、拉什迪（《撒旦诗篇》作者）并称"英国文坛移民三雄"。那一年，他才35岁。

此后，石黑又陆续出版了小说《上海孤儿》《别离开我》（又译名《别让我走》）。其中《别离开我》于2000年出版，小说跳到了1990年代的英国，聚焦一个培养克隆人的教育机构里少男少女追寻身世之谜的故事。

石黑一雄不是科幻小说家，他写《别离开我》，与其说是在探讨复制人问题，不如说他更大的意图仍在探索生命的意义以及个人置身扑朔迷离大环境中那种似懂非懂的"存在疑惑"。《别离开我》里很感人的情节是，几个器官捐赠人多年后相聚，并相伴回到他们成长的学校，其实也就是他们被豢养的地方，重新追寻并且掇拾记忆的拼图。他们彼此调侃小时候的记忆，去捕捉个别生命过往中已然模糊的片段，并寻求别人记忆的补充。最终，他们还是不断问道：我们是谁？我们有灵魂吗？我们不断地充当别人的器官维修品，我们生命的意义在哪里？

跟人类一样，当复制人填补了记忆的空缺，满意地接受了自己存在的目的后，他们的焦虑平息，生命的骚动复归平静。当复制人对即将告别的友人轻轻地呼唤"别让我走"时，石黑一雄亦充分完成了他作为小说家的人文终极关怀。

2016年，日本TBS电视台将《别离开我》拍成了一部电视连续剧，由当红影星绫濑遥主演。这部电视连续剧的播出，让日本国民知道了在英国还有一位出色的日裔作家，名叫石黑一雄。

在电视剧播出前，石黑一雄回到日本，在与女影星绫濑遥对谈时，他说了这么一句话："小时候，母亲经常用日语给我朗读日本的文学作品。对自己来说，日本虽然是一个'外国'，但是是一个特殊的故乡。"

《别离开我》再次获得布克奖提名，但是最终未能获奖。石黑于是开始"沉默"，整整沉默了10年。2015年，石黑又推出一部长篇小说《被掩埋的巨人》。

小说依托于英国后亚瑟王时代的传说。不列颠人埃克索夫妇出门寻子,路遇两位屠龙骑士:不列颠亚瑟王骑士高文和撒克逊人维斯坦。他们所要讨伐的母龙魁瑞格常年喷吐一种能致人失忆的迷雾。旅途中,由于海拔渐高迷雾趋薄,加之交谈与行动上的磨合,众人的记忆开始复苏——原来所谓亚瑟王留下的两族和谐共存的历史遗产完全是假象,真实状况是不列颠人通过迷雾掩盖了屠杀撒克逊人进而取得统治权的血腥事实。于是众人在屠龙问题上产生分歧,最终以拔剑相向收场。

十年磨一剑,《被掩埋的巨人》引起英国乃至欧洲文坛的轰动,英国《卫报》发表评论说:"一场有关记忆与负疚的深刻审视,探讨了我们该如何回忆过去的创伤。这同样也是一篇让人如临其境、不忍释卷的好故事。《被掩埋的巨人》是一部关乎良知的'权力的游戏',一本美丽得让人心碎的好书,讲述的是记忆的责任与忘却的冲动。"

《被掩埋的巨人》的成功,使得石黑一雄进入瑞典诺贝尔奖评审委员会的第一视野。2017年10月5日,石黑一雄获得了诺贝尔文学奖,也让他的祖国最优秀的作家村上春树,再次成为文学奖的陪跑选手。

瑞典文学院在决定授予石黑诺贝尔文学奖时,发表了这样的授奖理由:"他的小说具有伟大的感情力,与我们的世界相连的感觉,虽然多是以捉摸不定的内容为主,但是却让我们知道了未知的深渊。"

7. 一位访问中国 600 次的日本老爷子

记不得是在哪一年，哪一个场景，见到白西绅一郎先生。

只知道他很牛，与中国历代领导人都握过手，拍过照片，帮过中国不少忙。

他说他是"中国人"，因为故乡在广岛市，那里属于日本的"中国地区"。

那一天，他拿出一张银行卡给我看，上面印着四个汉字"中国银行"——是他老家的地方银行，与北京的中国银行毫不搭界。

不管聊什么，老先生都喜欢把自己往"中国"上扯，带着抹不去的"中国情结"。也难怪，在过去的 50 年间，他访问过中国 600 多次，踏遍了中国的山山水水。但一直没去中国台湾，说是要等到统一的那一天再去。

白西先生 5 岁的时候，美军往广岛扔了一颗原子弹。他没死，但家没了。1960 年，他考入著名的京都大学，念的是东洋史专业。在大学里，白西先生加入了日中友好协会，开始从事日中友好事业。因此很喜欢站在中国人的视角，讲述日本发动的那场侵略战争。

2009 年 11 月，白西先生上厕所，发现便血。上医院一检查，查出了大肠癌。医生说，你得马上住院动手术。白西先生说："得等一等，我接下来要接待一位重要的中国客人。"翌月，在接待完习近平副主席（当时）访日活动之后，他被送进了医院。

有一天，我接到了他的助手的电话，说白西先生想见见我。我问在哪里，他告诉我是国立癌症研究中心中央病院，我才知道，老先生得了癌症。

医院在东京著名的鱼市场——筑地。老先生穿着病号服在走廊的小会客室里等我。见到我便说："明天要动手术，有些不安，也不知道能否醒过来，所以想找你聊聊。你是日中交流的年青一代，做媒体工作，希望你能够挑起友好日本人的重任。"

老先生这么一说，我突然有些心酸，就像孩子听父亲的临终嘱咐一样，使劲儿地点头。

在医院里，白西先生第一次跟我聊起了他与中国的故事。

大学一年级时，白西先生认识了一位华侨同学，两人谈到广岛原子弹爆炸的话题时，那位华侨同学说："广岛遭到原子弹轰炸是应得的报应。"这句话，让白西感到十分震惊，原来中国人是如此看待广岛事件的。他并没有因此感到愤怒，而是开始反思日本发动的侵华战争与太平洋战争的罪恶性。1965年，他大学毕业后，开始从事国际问题评论。1967年，认识了前首相石桥湛山。石桥先生邀请他去日本国际贸易促进协会工作，石桥先生当时担任会长。而日本国际贸易促进协会是中日两国未恢复邦交正常化之前，日本对中国展开民间交流的一个半官方的窗口。

1967年5月，白西先生跟随石桥会长第一次踏上了中国的土地。

"我进协会不久，刚好在天津有一个科学仪器展览会，日本也派了一个团前去参展，石桥会长叫我一起去，因为我学了一点儿中文。"白西先生回忆说。当时中日之间没有航线，代表团先从东京坐飞机到香港，在香港等候两天，拿到签证后进入深圳。"那时的深圳是一个贫穷的农村，什么都没有。从深圳坐汽车到广州，然后从广州坐上火车，坐了五天的火车，才抵达天津。"

天津活动结束后，代表团到了北京，住在北京饭店。"第三天，突然通知我们去中南海，在一个有红柱子的房子里等候了一个多小时，突然进来一群人，为首的是毛主席。我们没有想到，毛主席会接见我们，当时正是中国'文化大革命'最火热的时刻，中国人对于毛主席的敬仰之情早已经感染了我们，所以当毛主席握了我的手后，真的是好几天都不肯洗手。"

毛主席的接见结束后，白西先生作为国际红卫兵，参加了"大串联"，他与同伴们一起走遍了韶山、井冈山、遵义、延安等革命圣地，实地了解毛主席和中国革命的历程，认识中国国情。这次"大串联"让他一直到晚年还能用中文唱红歌。

跟我聊完这个故事的第二天，他就进了手术室。手术很成功。我再去看他，他说想吃鳗鱼饭，但是医生不允许他吃。

白西先生出院后，刚好赶上圣诞节。我和几位中国友人一起请白西先生一聚，给他带去了一瓶绍兴酒。他喝了几杯，然后带我们去了一家中国人开的酒吧，戴上圣诞老人帽，唱了一首《我爱北京天安门》。

1970年，白西先生离开日本国际贸易促进协会，协助中日友好的大前辈冈崎嘉平太先生筹建日中协会。1975年，日中协会正式成立，白西先生出任干事，开始了日中友好的职业生涯，先后就任事务局局长、理事、常务理事、理事长。日中协会作为日本全国性的日中友好七团体之一，主要担任政治外交方面的沟通工作，为推进中日友好与合作起到了重要的作用。尤其是他坚持30年带领日本友好人士到南京植树，培植樱花林，为当年日军制造"南京大屠杀"事件赎罪。甚至带日本前首相鸠山由纪夫到"南京大屠杀"事件纪念馆访问，以此教育更多的日本人树立正确的历史观。

2017年5月，白西先生给我打电话说日中协会要举行演讲会，叫我讲一讲中国的"一带一路"倡议和采访2017年中国两会的情况。那天的演讲，他一直在边上躬着背站着。我实在不忍心他的辛苦，几次请他落座，他坚持了好久，才慢慢坐下。

演讲完后，他一定要叫我去喝一杯。许久没有看到他，发现他消瘦了许多。离开会场时，他手里推了一个小旅行箱，我说我帮他推，他说："不行，这是我的拐杖。"我下意识地掏出手机，给他拍了一张背影。

到餐馆上楼时，他需要紧紧地扶住楼梯的扶手才能一步一步地往上挪。我要去牵他的手，他坚决不让，坚持自己挪上二楼。

即使步履如此艰难，凡是中国人搞的活动，无论是画展还是演出，甚至是日语学习班，同乡会成立，只要邀请他，他一定会努力到场，并大声致辞。在日本的中国人，都喜欢叫他"**お爺さん**（老爷子）"。

2017年10月7日，白西先生从东京坐新干线赶到大阪，参加大阪华侨社团组织的中秋明月节活动的剪彩仪式。夜晚，白西先生回到下榻的酒店，倒在浴室，第二天上午才被发现。他就这么走了。77年的人生，就这么画上了句号。

我听到这一消息，拼命地拨打他的手机，希望有他的回音，但是手机语音一直提示："对方已关机。"

白西先生的好友木村知义先生给我来电，我说："过几天，我要去北京采访中共十九大，我会带上白西先生的照片，在人民大会堂为他留个影，最后去一趟他热爱的中国。"

我做到了！冥冥中，了却了白西先生的一个遗愿。

8. 田中角荣访华时为何担忧遭暗杀

北京人民大会堂我进过上百次，坐下来吃饭，还是头一回。

2017年9月8日晚，中国人民对外友好协会与中日友好协会在人民大会堂金色大厅举行纪念中日两国恢复邦交正常化45周年招待会。这是相隔10年，在人民大会堂再次举行这一纪念活动，充分显示了中国政府对于进一步改善与发展中日关系的重视。

我有幸获邀，并因此见到了长期以来为中日友好奔走的两国前辈。

在这次招待会上，有两位特殊的嘉宾成了焦点人物。一位是周恩来总理的侄女周秉德大姐，另一位是日本前首相田中角荣的女儿田中真纪子女士。45年前，田中角荣访华，与周总理签署了《中日联合声明》，正式宣告两国恢复邦交正常化。两位伟人已故，他们的后人，自然受到大家的尊重和亲近。

主办方特别安排了一个内容，请周秉德和田中真纪子发言，回忆她们所知的两国恢复邦交正常化的故事。

在周秉德发言之后，田中真纪子拿了一大叠资料走上讲坛。她告诉大家，今天来到人民大会堂，不是自己一个人来的，而是带了爸爸妈妈的魂一起走进这栋当年父亲与周总理举行会谈的大会堂。她向大家展示了自己手上戴的一块旧式的手表，这块手表是父亲当年访问北京时戴的表。她又指了指自己身上穿的这套衣服，告诉大家这是用母亲生前最喜欢穿的一件和服改制的，还特别绣了花边。

田中真纪子的这番表述，令金色大厅的气氛骤然有了一份历史沉重感。而田中真纪子回忆父亲出发前来中国的几个细节，令人动容。

田中角荣出身于日本东北地区的稻米产区新潟县的贫寒农家，最初的文化程度，只是小学毕业。1934 年，16 岁的田中角荣孤身一人来到东京谋生，先后当过建筑公司学徒、贸易商行卸货送货员和《保险评论》杂志实习记者。这期间，他白天上班，晚上到私立中央工学校学习，凭着坚韧的毅力，拿到了该校土木科毕业文凭。日本发动侵华战争后，田中被征入伍，并被派到中国的东北（当时的满洲）当了骑兵。不久，他得了肺炎，被送回日本治疗，次年退伍。田中真纪子因此在招待会上说，父亲最感到欣慰的是"没有杀过一个中国人"。

田中角荣退伍后，在东京的饭田桥成立了一家建筑公司，凭借他自己的努力，公司越做越大，他因此也与日本政界有了交往。1947 年，田中角荣竞选众议院议员并一举当选。此后当过自民党干事长、邮政大臣、大藏大臣、通商产业大臣，并在 1972 年 7 月 7 日，当选为第 64 任日本首相。

周秉德在致辞时，说了一句话：田中角荣先生为了恢复中日邦交正常化，做得很不容易。他担任首相才 84 天，就冲破重重阻力，踏上了北京之路。

那一天，是 1972 年 9 月 25 日。

田中真纪子是田中角荣唯一的女儿，而且在美国留过学，担任过日本外务大臣。

田中真纪子在致辞时说："爸爸曾经跟我说过一句话：'真纪子，爸爸走到哪里，就要把你带到哪里，让你看够世界。'"爸爸说到做到，无论是做大臣还是任首相，出国访问时都带着女儿。但是，当田中角荣决定访问中国时，找真纪子谈了一次话，告诉她："爸爸这次决定不带你去北京了，因为爸爸这次感觉到有危险，做好了牺牲的准备。"

真纪子说，当时日本国内反对中日恢复邦交正常化的声浪很高，尤其是右翼势力十分猖獗，几次对田中角荣进行人身威胁。而日本当时对于"红色中国"知之甚少，加上"文化大革命"的阴影，对于安全问题也颇有几分担忧。

在出发去北京的早晨，从家门口到羽田机场的目白大道上，右翼的宣传车堵住了路，各媒体的采访直升机在他家的屋顶上盘旋。"临上车前，爸爸特地抱了抱我的儿子，对孩子说，外公要去北京办一件大事。孩子当时才两岁，问外公，北京在哪里？爸爸指一指天空，说在天空的那一边。爸爸最后对孩子说，希望外公能平安回来再抱你玩。说完，爸爸就上车走了。"

真纪子没有随父亲去北京，但是被 NHK 电视台请到了演播厅做嘉宾。对于田中角荣的这次访华，NHK做了现场直播。"真的，我一直提心吊胆，不知道中国会怎样对待爸爸。但是当专机抵达北京机场，爸爸走下舷梯时，我看到电视直播画面，周恩来总理伸出了手，一个特写镜头，两人的手紧紧地握在一起，那一刻，机场奏起了中国国歌，我流了眼泪。"真纪子说，爸爸的秘书不断地给家里打电话报告访问情况，得知周恩来总理为了适应爸爸的作息时间，特意改变了晚上工作上午睡觉的习惯，配合爸爸早起的习惯，而且还事先了解爸爸的生活习惯、安排爱吃的东西，我彻底放心了。

周秉德大姐又补充了一个细节。田中角荣抵达北京后，被安排入住在钓鱼台的第18号楼。一天，周总理到18号楼看望田中角荣，看到周总理因左臂受伤穿风衣不便，于是拿起风衣给周总理穿上，周总理感到很不好意思说："您是客人啊，怎么可以麻烦您呢。"田中角荣说："您安排我入住18号楼，我就是这里的主人，请让我能为您服务。"周秉德大姐说："在正式的场合，双方彼此有争论，但是两位领导人有很多令人感动的交往，最终克服了种种障碍，达成了《中日联合声明》。"

中日两国恢复邦交正常化的谈判一度陷入困难境地，尤其是在对于侵华历史的表述问题上，田中角荣使用"添了麻烦"这样轻描淡写的说法，遭到了周恩来总理的严厉批评。周总理严肃地指出："日本军国主义发动的侵略战争给中国人民带来了沉重的灾难，日本人民也深受其害；您只说'添麻烦'就了事了？用'添麻烦'一词作为对过去的道歉，中国人民是不能接受的。"

双方意见对立，谈判陷入僵局。"当时有人想放弃，跟我爸爸说，谈不下来了，我们回国吧，等下次再谈，"田中真纪子回忆说，"但爸爸喝了不少中国白酒，说睡一觉，第二天醒来一定会有智慧。"结果，经过双方的真诚努力，《中日联合声明》中最后在历史问题上是这样表述的："日本方面痛感日本国过去由于战争给中国人民造成的重大损害的责任,表示深刻的反省。"

田中真纪子最后说,在《中日联合声明》中日本政府第一个作出了"承认中华人民共和国是唯一代表中国的合法政府"的承诺,这一承诺,为以后中国与他国树立外交关系提供了一个范例。但是她强调说,最令爸爸感动的是周恩来总理宣布中国政府放弃对日本的战争赔偿要求。"这是很了不起的事,当时爸爸听了周总理的话,对周总理产生了敬仰。后来两人同坐一架专机飞往上海访问。"田中真纪子说。

9月30日,结束中国的访问之后,田中角荣返回东京。家里做了田中喜欢吃的饭菜等着他,但是就是迟迟没有看到他回来。直到深夜,秘书打来电话,告知田中角荣被自民党国会议员们劫持到了自民党总部,要他说清楚在北京的一切,并认为他与中国恢复邦交正常化,是一个卖国贼,要求他切腹自杀。

后来,田中角荣回到家里,对女儿说的第一句话是:"这次我做了一件很后悔的事,应该带你去中国。毛泽东、周恩来这些中国领袖们的人格魅力太令人惊叹了。"

田中角荣还留给女儿一句话:"现在大家不理解,但是再过50年,再过100年,大家一定会觉得中日友好是大幸,会认为我的决断是正确的。"

9. 日本老人退休后为何忙于创业

我们亚洲通讯社边上,有一家居酒屋,面积不大,仅 40 平方米左右,最多可以容纳 20 人。这家居酒屋有一个特点,晚上是喝酒的,中午是供应工作套餐。我晚上带朋友去喝酒时发现,中午的店员和晚上的店员是两拨人,晚上是四位男人在经营,而中午是四位老太太在经营。问了店长才知道,中午时段是租给这四位老太太做工作套餐的,因为附近公司很多,公司里的员工都得吃饭。

我很好奇,好奇的不只是这种经营模式,而是这四位老太太怎么会想到承包这家居酒屋的中午时段呢?一打听,发现这四位老太太中,有两个是姐妹,有一个是邻居,还有一个是小学同学,平均年龄 76 岁。五年前开始承包这家居酒屋,做的套菜纯粹是家庭料理——妈妈菜,价格是一份 700 日元(约 45 元人民币)。店长是 81 岁的春子大妈,我问她为什么这么大年纪了还想着开店,她给我讲了个故事。

春子大妈的家,就住在东京的赤坂,距离居酒屋走路 10 分钟。她看上去特别的眉目清秀。我没有想到,春子大妈还是日本著名的御茶水女子大学文学部毕业。毕业以后,她就一直在中学里当国语课教授。十年前,丈夫去世了,孩子也都已经独立,她每天在家里待着闷得慌,于是想着自己做一点事情。有一次到这家居酒屋吃饭,跟店长聊上了天,得知店里中午不营业,于是就提出来承包中午时段做工作餐,店长爽快地答应了。于是,她就招呼几位小姐妹一起成立了一家有限会社,开始经营这家店。

四姐妹店从中午 11 时开始营业到下午 2 时关门,一天的营业时间也就 3 个小时,但是一般情况下,她们都需要在上午 9 点钟就赶到店里来做各种准备工作,除了周六、周日休息,几乎每天都能看到四姐妹的影子。

前些天，是日本的孟兰盆节，店里休息了5天，四姐妹居然跑到中国香港、中国台湾去玩儿了几天。

这种创业的故事，如今在日本越来越多。

日本经济产业省下属的中小企业厅发布的调查数据显示，2012年，日本新创业人群中，30%以上是60岁以上的老年人，而在30年前，这个数字只有8%。

为什么日本的老年人在退休后会想到创业呢？

第一，与年轻人相比，老年人手里的钱相对较多。日本55岁以上的人大多有1000万日元（约合人民币65万元）以上的积蓄。而在60岁退休时，一般可以拿到1000万至2000万日元的一次性退休金。所以，当一个老年人准备创业的时候，他手里的资金至少有2000万日元左右（约合人民币130万元），而不是像年轻人那样，需要借钱创业。

第二，老年人工作经验丰富，人脉比年轻人更广、阅历更丰富、心态更平和。这些优势可以帮助他们在创业过程中顺利发展，成功概率更大。

第三，日本人的平均寿命连续20年排名世界第一，女性的平均寿命为86.8岁，男性的平均寿命为80.5岁。对于一位60岁退休的人来说，理论上至少还可以好好生活20年，在这20年中，是每天在家等待末日的到来，还是让自己的生活更加精彩？许多日本人选择活到老干到老。所以，我们坐出租车、上居酒屋、出入新干线车站、去银行办理业务，都可以看到老年人忙碌的身影。

第四，是为了增加收入。在日本，超过50岁的员工薪水很难上涨，60岁时收入开始大幅减少。与此形成鲜明对比的是，如果是一名企业经营者的话，他的工作年限越长，收入就越高。因此，这个诱惑，也促使越来越多的老年人投身创业。

但这并不意味着老年人只是为了钱去创业，他们创业还有"非金钱理由"。很多老年人出于"希望自己的技能得到发挥""想利用自由时间做点事"的动机，走上创业之路。投身创业的老人们希望让自己几十年来积累的知识和经验发挥作用，并享受有效率、有成就、被尊重的充实的"黄金岁月"。

日本政策金融公库的调查显示，50岁以上的创业者面对"盈利"的压力相对不大，近70%的创业者认为"只要能收支平衡就好了"。

家住神奈川县的山本聪夫妇便抱有这样的想法。2011年，55岁的山本聪申请提前退休，寻找创业地点。当时妻子不理解："都什么年纪了，还想着创业？"在丈夫的游说下，两人搬到了东北地区的秋田县，在这个盛产稻米和美酒的地方，开了一家融合了餐厅、农舍与菜园的农居，类似于我们中国的农家乐。为了给顾客提供优质的服务，他们只接受提前预约，晚餐时间只接待两组客人。

创业以来，山本聪夫妇遇到过许多困难，但都被他们一一解决了，如今农家乐基本上实现了收支平衡。对此，山本聪颇有感触："想实现盈利比想象中难，但比起赚钱，我更想好好珍惜与人相处的美好时光。"

老年人创业，大多从事什么行业？日本政策金融公库的调查发现，老年人创业主要从事咨询、餐饮及旅馆业，他们倾向于利用自己的职业经验为客户提供管理咨询和其他企业服务。其中有近四分之一的人没有干自己的老本行。

老年人创业看上去很美，但市场研究、经营策略、财务融资等重重关卡，让思维模式已定型的他们需要重新"补课"。为了支持老年人创业，安倍上台后，重启了"创业塾"行动。在"创业塾"里，由政府委托的地方金融机构、工商团体、律师、税务师、创业家等担任讲师，合力开设创业课程，解决老年人在创业过程中的疑难问题。

日本政府还对老年创业者提供资金。中小企业厅可向由60岁以上创业者创建的雇用老年人的公司发放补贴，最高200万日元（约12.5万元人民币）。通过日本政策金融公库的"老年人创业者支援资金"贷款制度，老年创业者可得到最高7200万日元（约合人民币452万元）的贷款，而且年利息在1.5%以下。

为了鼓励老年人创业，日本政府还修改了《商业法》，制定了鼓励民众创业的政策，并为其创业提供各种方便。正常情况下，在日本注册设立股份公司，也就是株式会社，至少需要1000万日元的资本金，设立个体企业至少需要300万日元的注册资金。为了鼓励老年人等普通民众自行创业，修改后的《商业法》允许设立资本金只有1日元的公司。这样，只要民众希望自己创办企业，自谋出路，就可以不受最低注册资本的限制，甚至可以用1日元开办公司。当然，修改后的《商业法》还规定，1日元公司成立后必须逐步增加注册资本，在5年之内达到法定的资本金。

日本总务省的统计显示，不包括从事农业和林业的老人，2013年时，日本有 636 万名 65 岁以上的老年人依然在工作，占 65 周岁以上老年人口总数的 20%，比上年增加了 7.7%。这意味着，日本每 10 名就业人口中就有 1 名是 65 岁以上的老年人。老年人从事的工作不仅限于服务业，不少甚至在制造业第一线。像德岛市主要生产电子产品的山菱电机公司有 100 多名员工，其中 16 人是 65 周岁以上的老年人，年龄最大的已经 73 岁。

学者张文智先生指出，老年人成为日本劳动力的重要组成部分，也反映出日本经济长期低迷、出生率不断下降、人口结构严重老化、年轻劳动力不足等社会经济结构性问题。

与老年人纷纷投身于创业事业相对立的是，日本年轻人越来越不敢承担创业风险。根据日本中小企业厅的报告，2012 年新创业者中，30 岁以下的年轻人占 36%，而 30 年前为 57%。年轻人除了担心失败会使生活陷入困境外，也与日本独特的社会文化有关。他们认为"失败"是很丢人的事，而创业总是伴随着失败。如此一来，多数年轻人大学毕业后选择进入公司打工，安安稳稳过一辈子，而不是冒险地创业。所以，我觉得日本的年青一代与他们的父辈相比，总缺乏一种勇气——一种不怕挫折、不屈不挠的闯劲儿，这也是我替日本社会的未来感到担忧的一点，也许这种担忧是杞人忧天。

10. 日本人一年的奖金有多少

过了7月1日,意味着2017年的半年时光已经过去。而对于许多日本人来讲,7月1日是最令人感到欢欣鼓舞的日子,因为一年一度的夏季奖金发放了。

日本无论是政府机关还是企业,奖金都是一年两次,也就是说,6月30日发夏季奖金,12月10日发冬季奖金。相对来说,冬季奖金要比夏季奖金稍微高一点儿,一般要高出10%—20%。

在日本,大家都有一个基本的概念,就是你一年可以领取到16个月的工资。那么一年才12个月,多出来的4个月收入算什么钱呢?那就是奖金。

日本政府机关干部(也就是公务员)的奖金评定,与企业是不一样的。公务员的奖金是根据法律规定来评定和发放的,这部法律就是《公务员给予法》。在日文中,没有"薪水"和"工资"这样汉字的表示,只有两个字:"给予"或者"给料","给予"和"给料"就是工资的意思。那么在日文中,"奖金"叫什么呢?通常叫"**ボーナス**",是从英语中音译过来的,老式的叫法叫"赏与"。

那么,公务员的奖金额度是以什么标准来制定的呢?基本上是大企业与中小企业奖金的平均值偏上。这样做的目的,是为了避免公务员过多获取国民缴纳的税金谋取个人私利。

日本公务员分为国家公务员和地方公务员。国家公务员指的是中央机关的工作人员;地方公务员指的是在地方政府机关工作的人员。二者的录用考试体系分别独立,因此地方公务员要成为国家公务员必须经过考试,按照我们中国的概念,一个省发改委主任要直接提拔到国家发改委去当司局长是不可以的,他必须先参加"国家公务员"的资格考试。也就是说,国家公务员和地方公务员是不可串位的。

日本国家公务员的奖金分成两个等级，一类是一般公务员，也就是课级（中国叫处级）以下的普通干部。课级以上的干部，叫管理职公务员。

2017年6月30日，日本内阁人事局发表了一条消息，称一般国家公务员的夏季奖金平均为64.2万日元（约4万元人民币），比2016年高出1.2万日元，增幅为1.9%，与5年前相比，已经增加了13万日元（约8200元人民币）。

2017年的冬季奖金额，日本一般国家公务员冬季奖金平均是74万日元，相当于4.6万元人民币。这样算起来，国家公务员一年的平均奖金为133万日元（约83000元人民币）。

日本国家公务员的平均年龄为36.4岁，平均月工资为33万日元，那么这133万日元，就相当于他4个月的工资。

那么，日本国家公务员中担任领导职务的官员的奖金是多少？职位最高的干部，是中央各个部委的"事务次官"，类似于"常务副部长"，2016年，事务次官的夏季奖金是314万日元，冬季奖金为343万日元，加起来是657万日元（约41万元人民币），是一般公务员一年奖金的5倍。而司局长级干部的一年奖金为500万日元（约31万元人民币）。

在日本政府中，除了以上的一般公务员和管理职位公务员之外，还有一群特殊的人，叫"特殊职"，他们是指首相、最高法院院长、议会议长、政府部长、国会议员和自卫队员等。这群人中，奖金最高的是两个人，一个是首相，一个是最高法院院长，他们两个人的夏季奖金是 529 万日元，相当于 33 万元人民币，冬季奖金是 680 万日元，相当于 42 万元人民币，一年加起来为 1209 万日元，相当于 75 万元人民币。第二个档次是众议院议长和参议院议长，相当于我们全国人大委员会委员长和全国政协主席，他们一年的奖金是 1060 万日元（约 66 万元人民币），比首相和最高法院院长少了 200 万日元。那么内阁大臣，也就是政府部长，他的一年的奖金有多少呢？是 819 万日元（约 51 万元人民币）。从这个数字上我们可以看出，部长与一般的中央机关干部相比，一年的奖金相差 6 倍。

安倍首相为了推进行政改革，自削了 30% 的奖金和工资。内阁大臣们也跟着减了 20% 的奖金与工资，因此，他们现在实际到手的就没有这么多了。

日本总人口为 1.27 亿人，国家公务员总人数为 64 万人，占公务员总数的 19%，这其中也包括 23 万名自卫队员。那么地方公务员人数有多少呢？为 273.8 万人，占公务员总数的 81%。

说完国家公务员的奖金，我们再来说说地方公务员的奖金。地方公务员的年度奖金，是根据各地方的财政收入状况并参考当地企业的奖金各自制定，没有全国的统一标准。最高的是东京都政府，为 176 万日元（约 11 万元人民币），最低的是鸟取县政府，为 145 万日元（约 9 万元人民币），与东京都政府差了整整 2 万元人民币。2016 年，日本地方公务员平均的年度奖金为 164 万日元，比国家公务员还高出 31 万日元（约 2 万元人民币）。所以，日本地方公务员的日子要比中央机关干部的日子好过，一方面是奖金多，另一方面是物价与生活成本低，所以当京官在经济利益上好处不多。

说完公务员的奖金，我们再来说说企业的奖金。

日本的企业与政府机关一样，都没有月度奖，也是一年两次的奖金。企业的奖金没有法律依据，完全由企业自己确定。利润好的企业，奖金就多。没有利润的企业，尤其是中小企业，甚至连 1 万日元都没有。

那么企业的奖金一般来说有多少呢？根据 2016 年的统计，日本企业员工夏季的平均奖金是35.8万元（约22300元人民币），冬季的奖金平均是55万日元，全部加起来为90.8万日元，这比国家公务员的133万日元和地方公务员的164万日元少了许多。

但是，这只是日本大小企业的平均数，日本大企业的奖金，夏季平均是81万日元，冬季平均是90万日元，一年加起来就有171万日元（约10.7万元人民币），远远超过公务员的奖金数。

在日本企业中，哪类企业的奖金最多？是制造企业。制造企业的年度平均奖金为143万日元，而非制造企业的年度平均奖金只有103万日元，相差40万日元。这就意味着，有技术的蓝领工人的奖金远高于一般公司的职员。

那么，拿到奖金以后是不是就可以随心所欲地乱花？日本生命保险公司所做的一项调查显示，只有8%的人觉得到手的奖金我想干什么就可以干什么，更多的人，在奖金到手之前，就已经有了用处。

调查结果显示，排第一位的是存银行，占75%；排第二位的是还贷款，包括还房贷、车贷和信用卡；排第三位的是孩子的教育；排第四位的是旅游；排第五位的是投资，包括购买股票和银行的金融产品。

那么，在可支配的奖金中，日本人第一想买的是衣服，第二是与汽车相关的商品，第三是笔记本电脑，第四是买家具，第五是买书，第六是买相机，第七是换手机，第八是购买体育用品，第九是买电子产品，第十是购买游戏机和自己收集的东西。

这个排序是不是跟我们中国人拿了奖金之后的想法一样？请大家各自对照。

11. 日本人的平均身高为何能长12厘米

75岁的木村先生给我讲了一件事，说1945年日本投降后，当时东京被美军炸成了一片废墟，生活物质极其匮乏，甚至出现了饿死人和卖儿鬻女的事情。中央政府的部长都是骑自行车上班。在国家如此贫困的状态下，日本政府作出了一项决定，给每位中小学生提供免费的营养午餐。日本政府的这一决定，不仅拯救了无数孩子的生命，也使得战后日本年青一代产生了极大的活力，推动日本在20世纪80年代迅速完成战后复兴，成为世界经济大国。更为重要的是，让日本人的平均身高长了12厘米。

日本中小学校从什么时候开始实施午餐制度的呢？这要追溯到128年前的明治二十二年，也就是公元1889年，这一年，日本东北地区的山形县有一所农村小学，叫私立忠爱小学，这所小学是当地的寺院办的。由于一些贫困的孩子往往没饭吃饿肚子，和尚们开始为带不起盒饭上学的孩子们提供饭团、烤鱼和咸菜，这一极其简单的套餐，被视为日本学校集体供餐制度的开始，从那时起，忠爱小学的这种集体供餐制度，赢得社会广泛好评，并迅速在日本全国推广开来。

1923年，日本政府作出决定，鼓励各学校建立集体供餐制度来改善儿童的营养。同时给这一制度取了一个专用名词，叫"给食"，就是"给予食物"的意思。

第二次世界大战时，日本学校的营养午餐曾因物资短缺而中断，但在战后，日本政府将接受到的美国的面粉、罐头等援助物资，首先提供给各学校作为学生的营养午餐，日本学校营养午餐的普及率也从1945年的3%迅速提升至1950年的69%。

1954年，日本国会颁布了《学校给食法》，明确提出了把"给食"作为教育的一环来实施。要求通过合理配餐与饮食来促进下一代健康，努力使学生加深对日本饮食生活的理解力,培养理想的饮食习惯,通过给食的各个环节之延伸意义,锻炼学生社交与协作能力,尊重生命与自然,爱护环境,尊重劳动,理解传统饮食文化,正确认识食品生产、流通与消费等。

《学校给食法》的颁布,使得日本营养午餐制度正式确立。

即使不看过程只重结果,我们也不难看出经过战后半个多世纪的努力,日本人的体质发生了天翻地覆的变化。以如今日本人的身高、健康度、长寿等综合考量,日本人早已摘去了"小日本"的帽子,正以一个健康、长寿的形象出现在世界面前。东京大学的一项调查数据显示,第二次世界大战时,日本男性的平均身高是 158 厘米,因此有"东洋矮子"的诨名。从 1950 年到 2010 年,60 年间,日本人的平均身高增长了 12 厘米,其中男性的平均身高达到 170 厘米,女性的平均身高达到了 160 厘米。

营养午餐不仅使得日本人体质发生了很大的变化,而且日本人的综合素质也得到大幅提高,身、心两方面都得到完善,这是日本学校的营养午餐制度给日本社会带来的最大好处。

日本投降至今已经 72 年,如果以义务教育 9 年为一代计算,则实施了大约 8 代学生,惠及日本无数少年和他们的家庭。由于每个地方的学校提供的营养午餐的食材大多采用本地特产,所以每个地方的营养午餐都给孩子留下不同的印象,构成了不同的留恋和记忆。因此不同年代的日本人谈起自己学生时代的午餐,都有不同的感想。而这种感想,让他们从心底里更加热爱自己的国家。

12. 日本皇室招女婿有什么条件

日本天皇的大孙女真子要订婚了。这一消息来得太突然,以至于许多人根本没搞清楚哪里突然冒出来的男朋友。

真子25岁,是天皇小儿子秋筱宫的大女儿,也是天皇四个孙女孙子中的长孙女。她毕业于日本国际基督教大学,学的是美术史,然后去了英国著名老牌大学莱斯特大学攻读硕士学位,毕业论文是《博物馆展示物品的解释可能性》。2016年春,真子毕业回国,从4月开始,在东京大学综合研究博物馆上班,担任客座研究员,平均一周上班几天,主要业务是编写给孩子们看的展示资料。由于不是正式雇佣,因此,真子在东京大学综合研究博物馆里属于"打零工",没有固定工资,基本属于白干活。

真子在皇室中的正式身份是"内亲王",从2016年开始,她代表皇室独自出席各种活动,成为日本皇室的"政治新星"。

真子在基督教大学里有一个绰号,叫"大胸妹",喜欢运动,尤其是喜欢滑雪。作为天皇家第三代"领军人物",真子不仅要带妹妹佳子,而且要照顾弟弟悠仁,更需要与皇太子（伯伯）的女儿爱子搞好关系，所以，日本社会一直觉得，真子虽然没有妹妹那样秀丽，但她是一个很有责任感的"姐姐"，是皇室的希望。

基督教大学的同学说，一位男生很喜欢她，三天两头约她吃饭。但是真子一直是这么一句话客气地回复对方："如果有时间的话……"所以，同学们总是觉得真子在感情上太"硬"。

直到 2016 年 10 月，《周刊女性》杂志刊登了一幅真子和一名男子一起坐轻轨列车去横滨玩的照片，更是拍到了两人戴着同样的戒指，因此怀疑真子恋爱了——24 岁的女孩恋爱，也是正常的。

终于在前几天，负责皇室事务的宫内厅透露出消息，称真子准备在近期订婚。这一消息自然占据了日本各大媒体的头版，也成了各大电视台的报道焦点。日本国民欢欣鼓舞，因为对于天皇家来说，自从 12 年前天皇嫁女儿以后，天皇家很少有成亲的喜事。这次对于天皇来说，是更值得高兴的，因为第三代要结婚了，说不定马上还会诞生第四代。"四世同堂"对于身体日趋衰老的天皇和皇后来说，是作为"人"的最大欢乐。

在传出真子准备订婚的消息后，日本各大媒体使尽浑身解数去挖掘真子的男朋友到底是谁。娶内亲王做媳妇的家庭，到底是什么背景的家庭？

很快，媒体挖出了真子的男朋友，他的名字叫小室圭，是真子的大学同学。五年前，两个人在一个出国留学的咨询会上相识并一见钟情，两人已经偷偷恋爱了五年。《周刊女性》杂志拍到的和真子在列车上约会的男子，就是小室圭。

小室圭与真子同岁，都是 25 岁。他大学毕业后没有与真子一道出国留学，而是在一家银行就职。就职不到一年，他就辞去银行工作，来到东京的一家律师事务所当下手，志愿成为一名国际律师，因为他英文很棒。小室圭一边工作一边在一桥大学攻读硕士学位。

一般认为，皇室嫁女理应门当户对，对方家庭不是旧贵族，至少也应该是大企业家。比如 2016 年天皇的侄女典子出嫁，嫁的是日本赫赫有名的出云神社"大官司（最高神官）"的儿子——未来的神社接班人。

那么，作为天皇的长孙女，真子将嫁入何种豪门呢？媒体经过调查，结果令人惊讶：在小室圭很小的时候，父亲就去世了，母亲是一名普通的蛋糕店营业员，一手把他拉扯大，没有再婚。也就是说，小室圭是在单亲家庭中长大的。

邻居说，小室圭在读大学时，晚上在一家法国料理店里打工。目前跟母亲、爷爷三个人一起居住在一个普通的公寓楼里。可见，真子未来的婆婆佳代没有高贵的社会地位，而且家里根本没钱。

秋筱宫与纪子妃见过小室圭后，感觉这是一个诚实勤奋的好青年，更是一名吃苦耐劳的努力家，于是就同意了小室的求婚。最近，宫内厅开始为两个人筹备订婚仪式。

小室圭目前每个月的工资是22万日元（约13000元人民币）。真子在东京大学综合研究博物馆当客座研究员，不属于正式员工，几乎没有收入。再加上日本的《皇室典范》规定，皇室女性结婚后，将放弃皇籍，成为普通平民，不能再享受皇室成员的种种待遇和特权。两人结婚后如何生活，也成了日本社会谈论的话题。

不过，2005年天皇的女儿清子结婚时，日本政府送给她1.525亿日元（约874万元人民币）的"安家费"，主要是帮她买一套房子。而天皇的侄女典子在2014年结婚时，日本政府一次性给典子提供了1亿日元（约600万元人民币）作为嫁妆。因此，按照这一惯例，真子结婚的话，日本政府应该会至少送1亿日元的大礼，帮她解决新房问题。

作为父亲的秋筱宫，自然不愿意看到女儿生活清苦，因此已经将日本网球协会总裁和日本工艺会总裁的位子让给了她。这两个总裁位子，应该会有工资收入。毕竟真子今后会成为"天皇"的姐姐，她还将担负起辅助弟弟当皇帝的重任。

从皇女嫁平民，尤其是将嫁到如此寒酸的家庭这件事上，我们可以看出日本的父母非常尊重儿女对婚姻的选择，尤其让我们看到了一种"重情不重财"的美丽情怀。

真子的婚礼，预定在2018年11月4日举行。

13. 东京都前知事为何住地下室吃方便面度日

东京都知事的官有多大？第一，他是日本首都的最高行政长官；第二，他指挥着 4 万东京警视厅警察部队；第三，他手中的 GDP 占据了日本全国的三分之一。所以，有人说，东京都知事就是日本半个首相。

东京都知事是竞选的，不是任命的。石原慎太郎的嘴是比较臭，但是政治手腕还是不错，自从当上东京都知事后，一当就当了四届，前后 13 年，如果不是他野心勃勃想在晚年最后一搏问鼎日本首相宝座的话，石原说不定现在还是东京都知事。

石原在 2012 年提前辞职，他扶植了自己的副手——东京都副知事猪濑直树参加竞选，并顺利成为他的接班人。猪濑是作家出身，他在任期间做得最辉煌的一件事，是赢得了东京都 2020 年奥运会的主办权。但是，因为从有利益关系的医疗团体德州会"借了"5000 万日元（约 300 万元人民币）涉嫌受贿，结果在舆论的猛烈追击下，猪濑被迫辞职，而辞职之前，他的夫人刚刚病逝。虽然检察院最终没有起诉他，但是他名声扫地，难以东山再起。

谁来接替东京都知事这个香喷喷的职位？已是日本首相的安倍，特别扶助了厚生省前劳动大臣舛添要一参加竞选。

安倍首相为何会选择舛添要一竞选东京都知事？因为舛添要一是个不平凡的人，他毕业于东京大学法学部，并娶了东大第一美女片山皋月为妻（最终没完全搞定，中途离婚）。先后在巴黎大学和日内瓦大学做研究员。回国后出任东京大学副教授，经常在电视上担任政治与经济评论员，精通六国语言，在日本社会的知名度极高。为了照顾患痴呆症的母亲，他放弃升任东京大学教授的机会，赶回老家服侍母亲长达 3 年之久，直到母亲去世，被誉为"平成大孝子"。

1999年，舛添要一首次参加东京都知事竞选，结果败在石原慎太郎手下。2001年，他当选为参议院议员，先后担任过参议院外交防卫委员长、厚生劳动大臣，2010年，组建改革新党，并当选为党主席。2014年2月，在安倍首相和执政的自民党的支持下，舛添要一一举当选为东京都知事，实现了自己的梦想。

成为日本首都的最高行政首长后，舛添要一第一次出访海外，就去了中国北京，修复因石原慎太郎反中情绪下中断的两市友好姐妹关系。

当了东京都知事后，舛添要一的感觉完全变了。他去海外访问，往往要住五星级超豪华酒店，飞机必坐头等舱，因此上任不到一年，被批浪费东京都民税金。同时他被发现以开会的名义带家属入住酒店，使用公务车往返自己的别墅，被批公私不分。

就这么一点点事，本来是酿不成辞职风波，但这个书生是脑子搭错，凡事都与自己的顾问律师协商，几乎都是按照顾问律师提供的建议在记者会上辩解。结果，记者感觉其缺乏诚意，民众感觉受到欺骗。

一个政治家或官员，一旦被媒体盯上，后果往往是很糟糕的。舛添要一平时也不跟各大媒体的编辑局长或论说委员长们套点近乎。因此，这些细碎的丑闻被《周刊》杂志曝光后，开始时舛添要一根本不在意，因为他觉得自己有足够的理由来进行辩解，比如为了维护日本国首都最高行政长官和东京都政府的声誉，知事坐飞机必须坐头等舱。而在五星级酒店里入住豪华套间，是为了便于会见相关国家的政要人物。

但是不管你有千万条理由，老百姓的说法只有一条：你对我们缴纳的税金太大手大脚了！

舛添要一遭到媒体的围攻。2016年6月，在舆论的猛烈批判下，舛添要一被迫辞职。此后，消失在公众的视野里。

在2017年8月17日播放的TBS电视台节目中，舛添要一消失后首次露面，被问到"这一年你都去哪里了？"他坦承自己是借了一间地下室作为自己的办公室，整天埋头看书，不愿意与外界接触。由于找合适的工作比较困难，每个月的收入只有所属经纪公司支付给他的11万日元（大约7000元人民币），而这笔钱，他需要负担包括妻子和两个年幼孩子在内的一家人的生活，因此不得不每月从银行的存款中提取部分钱以充当自己的生活费，眼看着存款的数字一天天减少，他开始内心发慌。所以，为了节约开支，每天中午他就在地下室里吃100日元（约6.5元人民币）的方便面充饥，另外在自己家里种些蔬菜。

舛添要一表示，为了能够让孩子好好上学，自己必须重新工作，希望能够重拾旧业，担当电视节目嘉宾，以赚取生活费用养家糊口。

日本对于官员的监督，最主要的就是仰仗于舆论，使得官员的一切都暴露在阳光底下。官员一旦有私心杂念，便会断送自己的前程。日本社会民众对于吃税金的人，不管其地位多高，一律是"零容忍"！昔日权倾一时的东京都知事，就因为一些面子和蝇头小利，失去了本该辉煌的人生。舛添要一的一声叹息，对于他人来说，都是一声警钟！

14. 日本的情人旅馆为何纷纷倒闭

最近，日本社会出现了一个怪现象：有不少情人旅馆破产。情人旅馆为什么会破产？道理很简单，那就是生意实在太清淡。日本社会正在进入一个没有欲望的社会，情人旅馆的破产，就是一个很鲜明的标志。

由于日本允许 AV 产业的发展，因此在不少人的印象中，日本民族是一个很色的民族，日本人是一群很热衷于性爱的人群。但是，现实的日本社会又是如何呢？

我们来看一组数据。日本国立社会保障与人口问题研究所发表的一份调查报告说，日本 18 岁至 34 岁女性中，有 39% 的人还是处女，这一数字足以让许多男人们感到惊讶与欢欣。还有一个数据，同样会让人感到吃惊，在 18 岁至 34 岁的日本男性中，"童子身"的比例也高达 36%。

调查报告还显示，18 岁至 34 岁的女性中，有一半没有男朋友。而在 35 岁至 39 岁的年龄段中，有 26% 的女性和 28% 的男性从未有过性生活。

34 岁以下的女性的处女率近 40%，这一个比例就很能说明日本女性并不像 AV 片中渲染的那样开放与随便。但这一数据也说明，日本社会确实已经进入了"无欲望社会"，或者说是"低欲望社会"。

日本的这种无欲望社会，不只反映在性问题上，也反映在社会的各个方面，比如日本人没有炒房的欲望、没有炒股的欲望、没有结婚的欲望、没有购物的欲望，宅男宅女越来越多，谈恋爱觉得麻烦，上超市觉得多余，一部手机便框定了自己生活的所有。

针对这一现象，日本著名管理学家大前研一先生写了一本书，叫《低欲望社会》，副标题叫《胸无大志的时代》。

在这本书中，他感叹道：日本年轻人没有欲望、没有梦想、没有干劲。无论物价如何降低，消费无法得到刺激；经济没有明显增长，银行信贷利率一再调低，而 30 岁前购房人数依然逐年下降；年轻人对于买车几乎没有兴趣，奢侈品消费被嗤之以鼻；宅文化盛行，一日三餐能打发就行。日本已经陷入"低欲望社会"。

为什么如今的日本社会会出现这一现象？

大前研一先生分析说，既有一个社会高速发展趋向成熟后的一些共同原因，也有日本社会独特的传统文化基因因素。

日本战后有过两次生育高峰，第一次是在 1947—1949 年期间，日本投降后，大批军人回到日本，催生了这一生育高峰期。这一批人在日本 20 世纪七八十年代，成为推动日本经济高速发展的主力军，也经历了日本战后最为富裕与辉煌的时代（经济泡沫期），称为"团块年代"。如今这些人都已经 70 多岁。

第二次生育高峰期是在 1970—1975 年之间，出生时，正赶上日本进入汽车时代，小时候最美好的记忆是，家里买了一辆轿车，爸爸开车带全家人去泡温泉。但是，这一批人在大学毕业参加工作时，刚好遇上日本泡沫经济的崩溃，就业困难，收入减少，为了生存和找到一份好工作，不得不调整自己的知识结构，与别人展开竞争，每天奔波在挣钱养家的路上，身心疲惫。这些人被称为"小团块年代"，如今都是 40 多岁到 50 多岁的中年人，正是日本各行业的核心力量。

这两个年代的人，团块年代的人通过奋斗吃到了"糖"，而小团块年代的人，通过奋斗吃到的是"盐"。因此，日本出现了这种现象，吃"糖"的人如今拿到高额养老金四处游玩安度晚年。而吃"盐"的人，始终担忧自己的未来，在身心疲惫中失去欲望。

20 世纪 70 年代之后，日本再也没有出现新的生育高峰期，人口逐年递减，只落得高峰期的一半。

为什么日本的出生率越来越低？

第一个原因，是因为日本年轻人看着自己父母辛劳的生活，越来越不愿意结婚，结婚年龄一再推后。

男人觉得自己婚后就像是一部挣钱机器，拼命努力，也满足不了一家人的美好生活。而女人们也感觉结婚生子，整天待在家里伺候孩子伺候老公失去人生的价值。所以，无论男女，更愿意去享受一种自由自在的单身生活。因此，日本年轻人晚婚率很高。日本厚生劳动省的调查，2015年时，日本男性平均结婚年龄为31岁，女性为29岁，这两个数据均创下了历史最高纪录。

日本国立社会保障与人口问题研究所在2015年公布的"终生未婚率"的调查数据显示，50岁之前从未结过婚的日本男性比例约为23.4%，女性比例约为14.1%，创下历史新高。这意味着，日本男性平均每4人中就有1人、女性平均每7人中就有1人终生未婚。

第二个原因，是没有性生活的夫妻越来越多。

日本NHK电视台对40多岁的已婚妇女做了一次问卷调查，结果显示没有夫妻生活的占了63%。问到原因，有20%以上的妇女回答说：厌倦和老公过性生活。另外近60%的理由是：提不起兴趣，老公也太累。

最大的问题是，30多岁的夫妻中，一年中只有数次性生活，或者根本没有的比例也高达41.6%。

夫妻之间没有性生活，直接导致日本出生率的持续下降。最初是不愿意结婚，结了婚之后不愿意生育。生了一个之后，不愿意生第二个。到目前为止，日本育龄妇女的平均生育率只有1.4%。日本政府虽然采取了各种补助措施，比如生孩子补助40万日元（大约25000元人民币）。孩子出生之后直到初中毕业，每个月都会有1万日元（大约600元人民币）的奶粉钱。但是，不愿意生孩子的女性越来越多，因为一旦生了孩子，就要放弃工作，同时自己将失去自由。因为日本的孩子，都是母亲自己养，爷爷奶奶外公外婆不会帮你带。

低出生率带来的第一大问题就是消费的萎缩。

虽然随着互联网与物联网时代的到来，新技术新产品层出不穷，但是除了一部手机，其他商品再也调动不起年轻人购物的兴趣。看不到年轻人买汽车，看不到年轻人买房子，LV包包没人碰，电视机销量大跌。无论商家如何宣传大拍卖、大出血，年轻人就是心不动，脚也不动。年轻人数量逐年减少，消费市场趋于饱和和低迷状态。

低出生率带来的第二大问题就是教育危机。

日本的教育资源并不缺乏，但是作为一个传统文化和西方外来文化混合的社会，目前日本的教育处于两难境地。

一方面，追求精英教育的父母不断督促孩子去上各种私塾补课，寻求出人头地；另一方面，孩子们在拼命的努力中，对于父母传统的生活态度感到虚幻，"人生如同是在一个轨道上，还没有进入轨道，就已经知道轨道那头的结果"，这使得许多日本年轻人产生了一眼看到人生尽头的失落感。

而这种失落感，使得许多的年轻人对于他们的父辈，那种为了获取社会的认可，甘于牺牲自己的个性为公司而努力，从而寻求富裕中产阶级生活的价值观产生厌恶，他们想过自己想要的生活。

比如大学毕业后开一家小面包房，做一个与众不同的发型师，比在大公司爬格子要酷得多；做一个时尚设计高手，开自己的事务所，或者电脑开发从业者做自由职业者，自己签约而不是受制于公司的固定上下班制度，成为年轻人的追求。

当个性追求渐渐高于共性，年轻人已经失去了对物质攀比的兴趣，你有没有车，有没有房，对于许多日本的年轻人来说，是毫无意义的话题。东京这座国际大都市，85%的年轻人结婚时租房子，只有5%的年轻人买汽车，这种对于物质的低欲望，使得银座街头的奢侈品变得毫无价值。

物质上已经极为发达的日本，文化上对于欧美文化是崇拜和模仿的，随着矽谷精神的崛起、简素的生活、回归生命本质的探索、自我意识的觉醒，使得做自己想做的事情、过自己想要的生活成为主流。因此，日本社会如今最为推崇的，不是"买买买"，而是如何简约，过一种最简单的生活，让自己多出一点时间，静静地看书、旅游、看世界。同时，一种动物性的本能与欲求，正在渐渐退化，对于恋爱、对于结婚、对于性，提不起兴趣，有的索性就躲进虚构的动漫或爱情动作片里宅起来。

作为生活在一个自由的现代国家的年轻人，选择单身、选择无性，甚至选择同性，是个体的自由选择，无可非议。但是，性与繁殖，本是推动人类进化、推动社会发展的动力；一旦失去这个动力，整个社会就会变成无欲社会，少子化老龄化问题日益严重，消费就会大大减少，就业率就会大幅下降，经济就会衰退，社会发展就会停止甚至倒退，这是一个最为可怕的结果。日本的未来，令人担忧。

最近听到一个消息，日本政府准备修改法律，同意将情人旅馆改造为青年旅店，用于接待越来越多的外国游客。

15. 日本人怎么过暑假

进入7月，日本也进入梅雨交替时期，所以各地都出现了高温天气，有一半地方城市的气温超过了34°C。在如此高温之下，人们最渴望的是待在空调房里喝茶，至少也应该在大树底下乘凉，或者跑到海里去游泳。那么，日本人在大热天都干什么呢？我们发现，日本人在这大热天没闲着，在忙一年当中最热闹的事情，那就是组织各种各样的节庆活动和烟火大会。

日本社会有个说法"暑假不工作"。为什么说暑假不工作呢？因为日本的8月份，是一个特殊的月份，有一个日本的清明节"盂兰盆节"。为什么日本会把清明节放在8月份呢？对于这个问题，我去查了相关资料，发现其实这个习惯最初是来自于中国，因为在中国古代，至少是在清朝的时候，中国祭祀祖宗，是春秋两祭，就是说，春天的清明节祭奠完之后，8月份再来一次。

这一习俗传入日本之后，春秋两祭中，日本民间只保留了秋天这一次。

盂兰盆节最早起源于印度，是印度的佛教徒纪念先祖所设立的节日，之后传入中国，中国的盂兰盆节就是中元节，是在农历七月十五，也称"鬼节"，就是祭奠祖先不要坠入地狱，让地官帮忙度过苦海抵达快乐的彼岸。所以要烧许多的纸钱给地官和祖先。

那么把清明节放在8月份进行，日本社会出现了一个什么状况呢？一般认为，日本一年的黄金周有两次，一个是五一国际劳动节期间，休息一个星期，然后就是新年元旦，也可以休息一个星期。其实日本黄金周还有一个，那就是在8月份。8月份的黄金周没有法律规定，也就是说，它不是日本政府规定的法定假日，但是是日本社会约定俗成的一个长假。无论是中央机关还是地方政府，无论是工厂还是商家，都有一个习惯，就是放假一周，包括首相本人。这个假期的时间一般都是在8月上旬到8月中旬进行，没有一个特别的限定，由各企业机关自己确定。但一般都在10日前后的一个礼拜。

盂兰盆节期间的长假，也是日本全国一年中最热的时节。那么日本人利用这个长假大多去哪里呢？大多数的日本人自然是利用这个假期回自己的老家。回到家乡后干什么呢？要做三件事情。

第一，给祖宗扫墓。日本的坟墓跟我们现在中国的有点不一样，日本人一般会在寺院附近的墓地建一个家族墓，也就是死去的几代人都葬在一起，所以盂兰盆节期间去扫墓，不是几个人，往往都是一个大家族一起参加，于是盂兰盆节也就变成亲人大团聚的时节。

第二，回母校。许多在外地工作的人回到家乡以后，作为前辈，要去自己的母校，指导自己的学弟学妹们踢足球、打棒球，或者给他们开讲座、指导暑期社会实践活动，甚至回学校除草、打扫卫生、举行同学会、谢师会，等等。

第三，参加一年一度的文化祭祀或庆典活动，这也是他们最主要的事情。简单地说，就是各地的传统文化节，日文称为"まつり"，汉字写成"祭"。

日本各地的文化节往往都传承了几百年，甚至上千年，而且年年都要搞。

对于许多人来说，家乡的这种文化节，不只是一种热闹和文化的传承，而是融合了自己的青春、人生甚至是幸福的大事，因为许多人的父母是在一起参加这一文化节而相识相爱，自己从小是跟在父母亲身后，天天像盼过新年一样盼着暑假这一节庆活动的到来。自己长大以后，扛起了爷爷和父亲当年扛过的神笼走上街头。

日本的这种传统的节庆活动，各地名称都不一样，规模也有大有小。比如日本古都京都，有一个"祇园祭"，这一节庆活动据称是从中国的唐朝贞观年间传入日本的，从那个时候开始，日本就年年举办这样的节庆活动，时间是从7月1日开始到31日结束，长达一个月。而在这一个月中，最热闹的是祭祀神灵的山车的大游行，参加者几万人，聚集的观光客，会达到200多万人，是日本全国最大规模的节庆活动之一。

还有就是青森县的彩灯花车大游行，据说也是从中国传入日本的，日语叫"ねぶた"。近百辆大型彩车塑造成《三国演义》《水浒传》《西游记》等中国古代小说中的人物，加上几十个民间舞蹈队，形成了声势浩大的彩车大游行，

每年前来观看这一活动的游客，超过 200 万人。

再一个就是看美女歌舞的文化节，叫"阿波舞蹈节"，在日本的德岛县举行。几万人身穿各种传统服饰，上街跳阿波舞，看得人热血沸腾，眼花缭乱。

除了各地的传统节庆活动之外，8 月份，日本全国各地还有一个热闹的活动就是放烟火，我们中国人放烟火大多选择在过年的时候放，为什么要在过年时候放？因为要辞旧迎新。日本人为什么要选在盂兰盆节前后放？因为日本人认为，放烟火是为了送神、送自己的祖宗灵魂去西方极乐世界。

东京的烟火大会很有名，历史最为悠久的是隅田川火花大会，持续两个小时，一般燃放 25000 发烟火。另一个是东京湾大烟火，也燃放 25000 发。而东京各个区也有烟火大会，比如明治神宫烟火大会、江户川烟火大会，每次放烟火，都会聚集几十万人甚至上百万人参加，十分热闹。在这个时候，日本女孩子都会穿上漂亮的浴衣，跟在男朋友后面去看烟火。所以，看烟火是每一个日本女人一生中难以忘怀的恋爱的经历。

那么日本各地暑假的这么多节庆活动，是谁组织的呢？不是政府组织的，而是政府、企业、市民团体共同组织的一个传统的节庆实行委员会组织的，这个委员会中，有德高望重的乡绅，有政府的官员，也有企业家。放烟火这么多钱是从哪里来的呢？以企业捐赠为主，政府补贴为辅。有许多地方政府根本不补贴，完全是由民间自己来组织实施。所以，能够当上当地的这种传统节庆活动委员会的委员长，那一定是当地赫赫有名的人物。而参与者，都是普通的市民，他们组成各种各样的团体，以团体的名义来参加。

所以，日本的大热天，是国民的狂欢时节。

16. 日本哪里的女人最厉害

在许多人的印象当中，日本女性是世界上最温顺的女性，我们以前看日本的电影，最受感动的画面是：老公一早出门去上班，太太打开房门，然后把手提包递给老公，向老公一鞠躬，轻轻地说一声"**いってらっしゃい**（您走好）"。等到老公晚上下班回家，太太听到门铃声，马上会一路小跑过去开门，再说一句"**お帰り**（您回来了）"，然后顺手接过老公的公文包，帮老公脱下西装，对老公说："浴缸的水都已经放好了。"

日本女性温柔贤惠的形象深深地根植在我们许多中国男人的心中，"日本女人"也成了许多中国男人渴望的贤妻偶像。所以后来中国社会流行这么一句话"住美国房子，娶日本老婆，吃中国大餐"是人生的三大享受。这句话的原话是文学大家林语堂先生说的，他说："世界大同的理想生活，就是住在英国的乡村，屋子安装有美国的水电煤气等管子，有个中国厨子，有个日本太太，再有个法国的情妇。"此话一直流行至今。

正因为中国社会对日本女人有一个比较正面的认知，所以不少男生到日本来留学，亲朋好友总会开玩笑："过年带一个日本媳妇回来。"

我出差回国，在酒桌上，大家常常会问我这么一个问题："现在日本的女人还是那么温柔吗？"

这个问题很难回答。我只能这样告诉大家：如果你要在现今的日本社会中去寻找 20 世纪 80 年代日本电影中美好的日本女性形象的话，很难，估计需要卫星扫描。因为时代在改变，尤其是在东京、大阪这样的国际大都市里，你要找到一个每天鞠躬送你上班、回家以后帮你脱下西装这样温顺恭敬的太太的话，估计相亲十个，不一定能够找到一个。但是如果去日本东北地区农村的话，这

种可能性还很高。在东京这样的大城市,女性在公司里,以前只是干倒茶、复印、擦桌子的活儿,

日语中有这么一句话:"はい、お茶どうぞ、コピーに行きます。(请您喝茶,我帮您去复印。)"但是,现在倒过来了,女性在公司里担任科长、部长,甚至执行董事乃至社长的人越来越多。政府机构中,不仅有女高官,连防卫大臣都变成了女性。因此,女性指挥男性在日本社会中变得越来越普遍。相反的,男性变得越来越弱势,在东京的涉谷、原宿等年轻人经常聚集的地方,你偶尔会看到一对年轻的小恋人吵架,女孩子会抡起手给男孩子一个轻轻的耳光。那时候,日本的老人们一定会目瞪口呆:这在以前,是不可能发生的事。

日本社会现在开始回到中国的 20 世纪 80 年代,女人们开始寻找"高仓健去了哪里?"在 20 世纪 80 年代,日本影星高仓健是许多中国女人心目中的男子汉形象。

我们有时候会把日本看作一个小国家,其实日本不小,从北海道坐飞机飞到冲绳,也需要 4 个多小时。因为日本是一个狭长的岛国。正因为是一个岛国,各地的风土人情不一样,人的个性也不一样。

我有个小伙伴,是大连人,挺具有东北男人的个性。他到北海道大学留学,读完研究生之后就留在了札幌市工作,然后与一名北海道的日本女孩结婚。在他的印象当中,日本女孩子总是温顺得像一只小绵羊,但是结婚不久,两人就开始吵架,吵架的原因很简单,因为他的太太并不是一个专业的家庭主妇,和他一样白天上班。因此太太就要求两人分担家务。要求他每天打扫厕所、扫地和洗碗。他说在自己的印象中,日本女孩子的形象完全不是这样的。

后来他向我诉苦,我给他讲了一个很简单的道理。你知道中国有闯关东的历史吗?当年,清政府为了鼓励人们开发东北地区,出台了一项"谁开发,谁拥有"的政策。结果来自山东等地的许多人全家迁往东北去垦荒,这就是"闯关东"的故事。

日本政府也同样,在明治时期,为了鼓励国民开垦北海道,也出台了"谁开发,谁拥有"的政策,结果也有一大批日本本州人跑到北海道去垦荒。北海道土地肥沃,但是荒无人烟。尤其是在冬天,气温是零下 30 几摄氏度。因此女人们不可能每天只干烧饭的活儿,必须和丈夫一起垦荒种地,因此,北海道女人的"男

女平等"的意识比日本任何一个地方的女人都强，尤其是在家庭中，妻子与丈夫一起做家务，是当然的事。

听了我的解释，大连小伙默默地问了我一句：那么徐老师，日本哪里的女人最温柔？我告诉他：第一是与北海道隔海相望的青森县，第二是青森县边上的秋田县。但是你别胡思乱想，老老实实擦厕所洗碗过日子。

其实这个"青森与秋田女人最温柔"结论并不是我的发明，而是索尼生命保险公司在2016年实施的家庭生活调查中得出的。调查结果显示，青森县和秋田县的女人忍耐力最强，而且在别人面前最给自己老公面子。

青森县、秋田县是日本的东北地区，与北海道一样，冬天也是很冷，有时候雪会堆得三四米高。但是与北海道不同的是，青森县和秋田县是日本著名的稻米产区，也是红富士苹果的故乡，蔬菜和水果都十分丰富，由于靠近日本海，水产品也十分丰富，自古以来是十分富裕的鱼米之乡。而且青森县和秋田县是日本美女最多的地区。看来找日本太太，要首选日本东北女性。

其实，北海道女性还不是日本最为啰唆的女人，日本著名的社会文化学者矢野新一先生在《女人的县民性》一书中，将大阪女性列为日本最啰唆第一位。矢野先生分析说，过去，大阪是日本的经济中心，松下、夏普等大公司都诞生在大阪。大阪人自古以来会做生意，跟上海人有许多的相似性。为了让公司能够继续下去，大阪的老板们很喜欢招上门女婿，而且因为日本美男子最多的是九州地区，因此，九州地区的男人被选到大阪做上门女婿的特别多。但是九州地区位于日本的西南端，过去从九州到大阪路上要走上二十几天，男人有了委屈也不能跑回家，结果就是老板的女儿越来越强悍，老板的上门女婿越来越温顺，从而形成了大阪人"男人必须听女人"的社会风情。

最近日本有一部很火的电视连续剧，叫《スーパーサラリーマン》，翻译成中文的话，可以叫"超级上班族"。

这部电视剧讲述的是一个家庭的故事，公司职员左江内的太太，是一位每天必须睡足十五个小时才起床的女人，她对每天辛苦工作的老公不仅不体谅，还经常指手画脚。虽然是一个家庭主妇，但是每天只是管一张自己的脸，晚饭等老公下班回家叫老公做，孩子上学的盒饭也叫老公早早起床做。老公稍微做得不好，太太就会大声训斥："你怎么可以把这个东西放在这里呢？""地上还有一个垃圾你怎么不捡起来？"

　　这部电视连续剧上映后，许多男人碰在一起就说一句话："这女人太像我家的那一位了。"于是，大家把电视剧中的这一位太太，称作"鬼嫁"，就是"恶妻"的意思。

　　扮演这位"鬼嫁"太太的女演员，是大家比较熟悉的日本明星小泉今日子。已经50岁的小泉，在20世纪80年代，与中森明菜、松田圣子并称为"昭和三大歌姬"。后来她演戏，演过《跳跃的大搜查线》《赎罪》《海女》《东京塔》等，一直扮演的是甜美的角色，这次是三观尽毁，扮演了一位"恶妻"的形象。但是也正因为这个角色的扮演火爆了这部电视剧，让日本社会开始出现了"如何做一位贤妻良母"的话题。

　　在一个家庭中，我们仅仅要求太太做一个贤妻良母是不够的，男人必须做一个伟岸柔情的男子汉。对男女双方来说，这要求都有点高，但是看来不努力还真不行。

17. 日本电视台都从哪里选拔美女主播

有网友问我，说他到日本旅游，晚上闲着没事，在房间里看日本的电视节目，发现日本的电视台新闻主播都长得挺好看的，她们都是从哪里选拔上来的？我觉得这个问题提得挺好，日本电视台的新闻主播，她们都是从哪里来？又都嫁给了谁？

在谈这几个问题之前，我先来给大家介绍一下日本的电视媒体的基本情况。日本人到中国，打开电视机一看，眼花缭乱，不知道看什么频道好，因为中国的电视频道实在太多，可能是全世界第一，单是中央电视台就有十几个频道，如果加上全国各地的地方台和各卫视台，在中国，全国播放的电视频道至少也有六七十个。

但是在日本，全国播放的电视台有几家呢？只有6家。首先是日本的NHK电视台，它的标准称呼，叫"日本放送协会"，除了NHK电视台之外，还有4频道的日本电视台、5频道的朝日电视台、6频道的TBS电视台、7频道的东京电视台、8频道的富士电视台。其余的都是地方电视台，像京都电视台只有在京都才能看到，北海道电视台只有到了北海道才能看到。

那么在这6家全国放送的电视台中，有几家是政府主办的官方电视台？严格说来，没有一家是政府主办的电视台。如果说有的话，那么就是NHK电视台，NHK电视台每年接受日本政府的补贴，大概是6000亿日元左右，也就是360亿元人民币。NHK电视台为了保持自己新闻报道的中立性，它从来不播商业广告，也不接受任何企业的赞助，它的经费来源，除了政府的补贴之外，就是向国民征收收视费。所以，从这个意义上来说，NHK电视台算是一家半官方的电视台。其他的电视台，都是民间的电视台，也就是公司性质的电视台。

也许会有人问：日本政府有这么多钱，那么多资源，为什么自己不办电视台呢？因为日本在这个问题上吃过苦头，在侵华战争和太平洋战争期间，政府控制了舆论，当时主要是电台和报纸，这些电台和报纸完全按照政府的旨意对战况进行报道，因此蒙骗了国民，也骗取了国民的支持，使得日本政府不断地发动一场又一场错误的罪恶的战争，最终让日本沦为第二次世界大战的战败国。

正因为有了这个教训，所以在战后美国为首的联合国军剥夺了日本政府的舆论主导权，日本社会也反对政府控制舆论，认为媒体的最大职责不应是替政府说话，而是应该代表民意监督政府。所以，我们现在常常能够看到安倍首相时不时地抽一个晚上请各大媒体的老总们一起喝酒，为的就是笼络媒体，解释自己的政策思路，寻求媒体的理解与支持。而美国总统特朗普与媒体唱对台戏，就开始吃苦头。

我们回归主题：日本各大电视台的新闻主播都是从哪里培养出来的呢？日本有一个很奇怪的现象，全国有那么多的大学，居然没有一家广播学院，也没有一家电影学院，各大学中也没有播音专业。那播音人才都是从哪里培养出来的呢？基本上是从日本各著名大学的优秀女生当中选拔出来的，也有一部分是从记者转型的。

日本各大电视台新闻主播的候选人，大多数是各大学的校花，因为在日本主要大学，每年都会由学生自己组织评选他们的校花。学生自己评选出来的校花，学业上大多数是学霸级的，长相大多数是美女级的，这些校花一旦诞生，往往就立即被各大电视台下订单，还没毕业就开始在电视台里实习，毕业后就成为电视台的正式主播。

我有一个比较要好的朋友铃江奈奈，我常常叫她"铃江奶奶"。铃江今年36岁，现在是4频道的日本电视台傍晚4点钟开始播出的新闻节目"NewsEvery"的主播。铃江是日本庆应大学经济学部毕业，2000年度的"庆应校花"。因为她长得漂亮知性，加上会说英文和中文，因此，大学一毕业就进了日本电视台。她说自己没有任何播音经验，所以进电视台就跟师傅学，她的师傅是日本电视台的男主播福泽朗，一般日本人都认识他。有一次，铃江在办公室听福泽师傅讲课，福泽讲了老半天，发现铃江没有反应，再看她，发现铃江睁着眼睛睡着了。

和所有的年轻的女播音员一样，铃江的新闻主播是从早晨新闻开始的。日本电视台的早晨新闻早到什么时候，是从早晨4点钟开始播出，一播就是两个小时。铃江每天半夜睁开眼睛，2点钟要赶到电视台开会，商量节目内容。然后播到早晨6点钟离开演播室换人。这样起早摸黑的主播生活坚持了4年。

日本各大电视台就是让刚进电视台的播音员从早晨新闻开始练兵，一方面早晨新闻收视率低，出点差错也不太会被人注意；另一方面可以培养她们的敬业精神。

结束早晨练兵后，这些播音员开始在白天的新闻节目中当主播。日本傍晚的新闻节目是各大电视台争夺收视率的一个战场，但是这个战场，争夺的对象只是家庭主妇。因为这个时间，正好是家庭主妇开始准备做晚饭的时段。所以，傍晚的新闻，主要是播给家庭主妇看的，以当天发生的日本新闻和国际新闻为主，很少评论。

那么，日本各大电视台的黄金时段是从几点开始呢？是从晚上10点钟开始，为什么不是晚上7点钟，而是晚上10点钟呢？因为晚上10点钟这个时段，正好是白领们回到家洗完澡吃完饭坐在客厅沙发上开始休息的时间，因此，10点钟前后开始的日本各大电视台的时政新闻节目，在电视台的行业里面是属于金牌级别的节目，能够当上这一时段的新闻节目主播或者新闻主持人，那就是这个电视台的台柱子，因为这类时政节目不仅要播，而且要做评论，还要与嘉宾互动，所以不是资深主播的话，一个半小时的直播节目是扛不下来的。所以，能够成为深夜时政新闻节目主播的人，都是属于功勋级别的主播。

18. 日本首富都开什么车

晚上与北京的几位朋友相聚,聊的一个话题,是汽车。在我们中国,有车,是一个人地位的象征;开豪华车,是一个人财富的象征。因此,车对于我们许多人来说,是生活中极为重要的一个伙伴。大家在聊天中也问我一个问题:"日本最有钱人都在开什么车?"我觉得这是一个很有趣的话题。

前不久,我坐在东京的办公室里浏览网页,看到一位中国著名影星的结婚报道。这场婚礼上出现了许多高级轿车。

看我浏览这么多婚礼轿车照片,同事中村先生伸过头来。他惊叫了一下:"中国也有黑社会?"我说人家结婚,你怎说人家是黑社会?中村说:"这在日本,只有黑社会才会摆这么个排场。"

我对中村说:你也太不了解中国了,这就叫"阔"。我用中文写了一个"阔"字给他,再解释道:"就是咱爷们有钱了。你们日本人在70年代时也不是这样的吗?"

在日本,如果同时出现3辆奔驰车的话,谁都会认为"黑社会老大来了"。因为在日本,开豪华奔驰车的人大多数是两种人,一是黑社会,二是暴发户。

那一天下午,刚好到日本国会去看望一位议员朋友。经过议员先生们的停车场,我刻意地留意了一下:国会议员们都坐的是什么样的车。

结果发现,100多辆轿车,全部是黑色的日本国产车,80%是丰田,20%是日产,竟然没有一辆外国车,自然是看不到宝马、奔驰。

我的议员朋友名叫河野太郎,54岁,当过两次部长。他的父亲河野洋平曾经当过日本众议院议长(相当于中国的全国人民代表大会委员会委员长)。我问他:你开的是什么车?他说是丰田。那你为什么不买奔驰?他的话告诉我一种日本社会有头有脸人的情怀，就是需要向社会表达爱国情怀之外，还有一种隐晦的东西，那就是顺应社会均富的潮流，不要张扬，以免引起别人的讨厌。

奔驰车在日本是不是卖得很贵？我家附近有一家奔驰二手车店，我路过时，偶尔也会去转悠一下。奔驰200，只开了25000公里，看上去跟新车没啥两样，大家知道卖多少钱吗？只要150万日元，这是啥概念？就是说，你只要掏出8万元人民币，就可以把这辆奔驰车开回家。所以，下次有朋友开着奔驰车到东京成田机场去接你的时候，你千万别激动，别以为遇到了土豪大款。

日本的人均GDP是中国的5倍，富裕程度自然超过中国，这是否就意味着日本满大街跑的都是豪华车呢？

前不久，我去日本的九州地区出差，特别留意高速公路的休息区，那里停放的汽车都是什么车，结果在熊本县和福冈县看到，停车场里的车，50%以上是黄牌照的车。

在日本，黄牌照的车意味着什么？意味着是排气量在660cc以下，属于QQ型车，日本称为"轻型车"。

一般的民众是买平民车开，那么当今日本最富裕的人，也就是被美国《福布斯》杂志评为日本首富的企业家，他们每天都开什么车呢？

我们先来说说日本首富，最近10年来，日本首富有两位，第一位是日本软银集团的创始人兼总裁孙正义，第二位是日本优衣库的创始人兼总裁柳井正。这两位首富的办公室，跟我的办公室的直线距离是100米。这100米，就拉开了我与他们的天大距离。2016年，柳井正的个人财富是146亿美元，排在世界财富榜的第57位，而孙正义的个人财富因为投资受损，排在第117位，其首富座椅让给了柳井正。

这两位日本首富，几乎是轮流坐庄。孙正义领导的软银集团，是一家集投资、通信和互联网事业的新兴产业集团，软银集团是阿里巴巴的最大股东，也是日本最大的门户网站雅虎的拥有者。而优衣库是一家专业从事休闲服开发生产销售的公司，没有从事其他的产业。马云将柳井正奉为他最佩服的两位企业家之一，他说："全世界有很多卖衣服的，但只有柳井先生卖出了优衣库，卖成了日本首富。"

首富与首富之间，往往会有竞争。但是，柳井正和孙正义却不相同，他们都在靠近六本木的东京中城，也就是东京最高的大楼里办公，两人还是楼上楼下的关系,是一对好邻居。不仅如此,两人还是生意场上的合作伙伴。柳井正从来不在自己公司之外的机构里担任职务,但是他接受了孙正义的邀请,担任了孙正义领导的软银集团的独立董事。

孙正义和柳井正常常一起结伴去打高尔夫球,因为在同一栋楼里工作,有时候两人还招呼着去酒馆里喝杯酒。我采访过柳井社长几次,并为他翻译了《一胜九败》等几本书,发现他有一个很大的特点,就是勤奋和低调。柳井社长每天早上7点钟到公司上班,下午5点之前准时离开办公室直接回家。他很少应酬,也很少接受记者的采访。那么,像他这样的一名日本首富,他开什么豪车呢?他的座驾是一辆丰田汽车公司生产的雷克萨斯,在日本的销售价格是800万日元,相当于50万元人民币。

日本民众对于柳井社长到底有多少辆豪车,展开过一次网上大侦查,最后发现,柳井社长家里没有一辆汽车,雷克萨斯还是公司买的车。最后大家得出结论,说柳井社长是一位对物质没有欲望的人。

那么,孙正义平时开什么车呢?他的座驾也是一辆雷克萨斯,与柳井正的车一模一样。但是,孙正义个人还有一辆车,是日产汽车公司生产的"月桂树",这辆汽车已经有20多年的历史,当时买的时候是300万日元,大约20万元人民币。孙正义为什么喜欢这一辆破车?因为这一辆破车伴随他一路走来,见证了孙正义从一名软件销售商成为日本首富的奋斗历史。

除了日本这两位首富之外,比如日本丰田汽车公司老板丰田章男社长,他自己开什么车呢?他每天是开自己生产的雷克萨斯上班。但是他自己也有一辆爱车,是美国的特斯拉跑车,这一辆新型的电动跑车,是丰田社长拼命在研究的一辆车,喜欢参加赛车比赛的丰田社长,他一直很在乎这辆电动汽车的速度,他从全世界众多的汽车中,最终挑选了特斯拉跑车作为自己休闲时外出开的私人车,他也许在琢磨这辆电动跑车的性能与技术。

我讲述了日本首富还有丰田汽车公司老板开什么车的故事,并不是说,外国豪华车在日本没有市场,我们偶然的也会在街头看到外国车,但是除了奔驰之外,最多的是奥迪和大众,都是进口车,基本上是德国制造。美国的通用和福特,在日本是无法成为座上宾的。法拉利偶然可以看到,但是很少看到悍马。

在日本也有买豪车的一群人,这群人大多是IT公司老板、金融投资者和酒店饭馆经营者，也有一些艺人。相对来说，年纪大多数是在 40 岁左右，大多数居住在东京市中心的六本木的豪华公寓楼里，因此这群人也被称为"六本木族"。对于开豪华车的人，许多日本人并不羡慕，而是一种冷眼，因为往往把他们看作暴发户。而在日本，暴发户的印象，就是轻狂和没有修养的标志。

所以，在日本社会，越是有钱的人，越是低调，越是不张扬。这并不是说，日本社会有一种极端的仇富心里，而是整个社会的价值观，就是谦虚和内敛。如果你做不到谦虚和内敛，而是故意张扬自己的财富，那么，你会发现朋友会远离你，而事业也会遭遇挫折，从而会对你的人品和个人道德修养产生怀疑。这一点，恰恰与我们中国的社会文化有比较大的差异。在我们中国，也许豪车越多朋友也会越多，而且生意会越兴旺。所以社会文化的不同，我们很难评说哪种文化是对的，哪种文化是错的。

理解了日本社会的基本的价值观，我们就可以理解，柳井正和孙正义这样的日本首富，为何不买世界著名的豪车，因为他们的内心已经十分的丰富，对于事业和精神的追求，超越了对于物质的欲望，同时也不希望成为日本社会大众的敌人。

19. "天妇罗之神"的匠心厨艺

我在东京有一位很要好的朋友桂小川，是广西桂林人。桂小川在东京经营一家很大的不动产管理公司，最近他刚买下两栋公寓楼，我说要庆贺一番，他说那我带你去吃天妇罗，那家店就在他买下的大楼的一层，主人是一位老大爷，一辈子做天妇罗，他的师父曾经是日本昭和天皇的御用厨师。我听了他的介绍，特别来劲，就和他一起来到这家天妇罗店，想见识一下日本大厨的手艺。

这家天妇罗店位于东京的平河町，平河町就在日本国会附近，以前是各地诸侯在东京的安身之处，所以过去有许多的诸侯府。如今也是各地方政府驻东京办事处和各种全国协会办公机构最为集中的一个地方。

从我在赤坂的办公室打车过去十几分钟就到了平河町。天妇罗店虽然是在公寓楼的一楼，而且不是面朝大街，但是这家寿司店十分精致。门口种了好几棵盆栽树，店门口挂了一块招牌，上面写了两个汉字"天真"。

桂小川是这里的主人，也是这里的常客，所以，老板娘亲自出来迎接。进门一看，发现这家店实在太小，除了一个小小的包房之外，就是一个吧台和一张桌子，最多只能容纳 15 个人。

店主人是一位很矮小的老大爷，光溜溜的头，在灯光下闪闪发亮。我发现凡是在日本高级的寿司店和天妇罗店里的厨师，要么是寸头，要么就是光头。问大爷为啥理了光头，他说是为了防止自己的头发掉落天妇罗里，光头干净，更能赢得客人的信任。

店主人看上去是一位很敦厚的人，交换名片后，得知店主人名叫樟山真荣，今年 66 岁。

大爷有着非凡的传奇，他年轻的时候在银座最有名的天妇罗店"天政"跟随老板桥井典男当学徒。这一当就当了整整 19 年。他的师父，也就是老板，是昭和天皇的御用厨师。昭和天皇想吃天妇罗时，就会派人把大爷的师父请到皇宫里现场做。樟山先生刚开始时，是跟着师父去皇宫当下手，师父年纪大了，樟山先生作为大弟子，就接替师父去皇宫给天皇炸天妇罗。

　　樟山先生给我讲了一个故事。有一次，皇宫里举行酒会，樟山先生被叫去给客人们炸天妇罗。当昭和天皇来到樟山先生的油锅前时，樟山先生恭恭敬敬地将刚出锅的天妇罗双手递给了天皇。但是，昭和天皇端了盘子后也没吃，而是站在油锅前不动。樟山先生觉得很奇怪，但是又不便询问。昭和天皇一直站了一分多钟，站在边上的皇后才醒悟过来，原来是天皇拿了一次性筷子不会用。皇后把筷子拿过来，告诉他，这种一次性筷子需要掰开才能用。昭和天皇笑着说了一句："喔，筷子原来是连在一起的。"

　　天妇罗是日式料理中的油炸食品，用面粉、鸡蛋与水和成浆，将新鲜的鱼虾和时令蔬菜裹上浆，放入油锅炸成金黄色，然后蘸上萝卜泥调成的汁，鲜嫩美味，香而不腻。

　　据说，天妇罗的名称来自葡萄牙语 rápido，意思是"快一点"。16 世纪，也就是在中国的明朝时期，由葡萄牙传教士传入日本，后来开始在日本流行开来，幕府将军德川家康就非常喜欢吃这种天妇罗。

　　樟山先生端上来的天妇罗有一个很明显的特征，就是放天妇罗的白纸上没有一点油迹。我问樟山先生，炸天妇罗有什么讲究。他说有三个讲究，第一是口感，第二是味道，第三是视觉。口感一定要香脆；味道一定要做到香而不腻；视觉一定要有造型感，能唤起食欲。

　　那如何才能做到这三点？樟山先生告诉我两个秘密。第一，要用好油。第二，要用新鲜的食材。

　　樟山先生炸天妇罗的油不是从超市里买来的，而是自己特别配制的。樟山先生不用豆油，也不用花生油，而是用棉籽油加芝麻油，棉籽油一定要日本九州地区产的，芝麻油则是指定使用三重县四日市的一家百年老店"九鬼"的芝麻油，然后按照 7:3 的比例配制。他说："不一样的油，会产生不一样的味道。而这种细微的味道差异，一般人是感觉不出的，但是如果遇到天妇罗专家的话，那一吃就知道。"所以，"天真"店的油只用一次，绝不重复使用。

樟山先生的另一个秘密是选食材。做天妇罗的食材主要是海鲜和新鲜蔬菜。海鲜要根据不同的季节使用不同产地的海鲜。而蔬菜，大多数是使用京都的蔬菜，因为京都的蔬菜自古以来是皇室御用蔬菜，种植得很精细，而且味道很特别。所以从全国各地采购新鲜特定的食材，导致成本上涨，但是樟山先生似乎不怎么在意这一成本，他说："食材的品质是天妇罗美味的根本。"

"天真"天妇罗店的菜单，是根据季节的变化随时调整的，目的是让客人吃上最时令的蔬菜。昨夜我在樟山先生那里，就吃到了刚刚上市的春笋，还有幼小的鲇鱼。

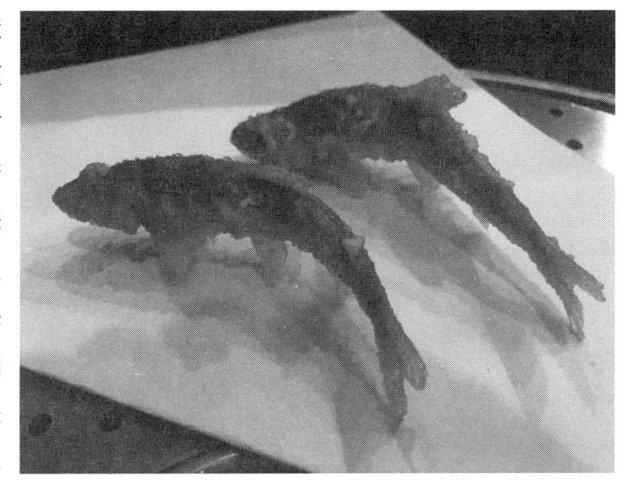

鲇鱼是生长在清澈透明的山间溪水之中，现在刚好是鲇鱼幼苗成长的时期，因此鲇鱼只有一根香烟那么长。当鲇鱼端上来时，我发现这两条鲇鱼虽然经过油炸，但是依然保持了游动的姿态，搁在油漆过的木板盘子上，就是活生生的一个游动的标本。

我很好奇，樟山先生为什么会把鲇鱼炸成如此生动的造型。他告诉我，这鲇鱼被钓上来后，要马上加冰让它冬眠，送到店里时，这鱼是处于冬眠的状态。整条鱼下锅后，它开始苏醒，苏醒后的鲇鱼在油锅里游动，在游动中被瞬间炸熟了，因此能够保持最优美的游动姿态。

我感觉这样的工艺有点残酷，但是，确实能够保持鲇鱼最鲜美的味道和最动人的姿态。这就是功夫，这功夫，也是一门艺术。

海虾是日本天妇罗料理中必不可少的一道名菜。虾必须要用活的，保持它的最高的鲜度。一只虾有两种吃法，虾头取下来，单独油炸，吃下来很脆很香。然后虾身蘸上特制的天妇罗面酱下锅，油温必须保持150度，油炸的时间控制在40秒，这样炸出来的天妇罗虾，带有一种甜甜的味道，一咬，满口鲜嫩的感觉。

除了食材之外，佐料也是十分的讲究。细盐用的是冲绳县宫古岛出产的，叫作"雪盐"，雪盐是日本海盐中的第一名品，含有丰富的矿物质。青柚子则使用日本大分县出产的新鲜的青柚子榨汁。而萝卜末，则是使用北海道的萝卜，又脆又甜。所以，从配制天妇罗油开始到选用食材，再到选用佐料，每一道程序都体现了主人的精心和细腻。我问樟山先生："你是不是Ａ型血？"他笑着说："是的。"日本Ａ型血的人多，追求完美成了日本人工匠精神的一种天赋。

樟山先生给我上了8道菜，最后是天妇罗虾段和天妇罗油渣拌的天妇罗饭，整个套餐的基本费用是15000日元，相当于900元人民币，加上酒水和消费税等，估计至少一个人也得2万日元。

出门时，樟山先生夫妇来送我们。樟山先生18岁高中毕业后就开始当学徒，当了19年，自己开店又开了29年，前后加起来，炸天妇罗就炸了48年，近半个世纪。而他的夫人从开店的那一刻起，就一直陪伴丈夫经营着这家小小的天妇罗店，过着夫唱妇随的生活。

这家店里来过不少名人，日本皇太子妃雅子在没有结婚前经常和爸爸妈妈一起到这里来吃饭。不少政治家和艺人，也是这里的常客。真所谓"店小名气大"，酒香不怕巷子深，如果大家想去品尝的话，得提前一个星期预约，否则会没有座位的。

20. 滞留中国 70 多年的日本女人水崎秀子

一条新闻引起了诸多人的关注：一位日本女性滞留中国 75 年，先后嫁过 5 个中国男人，如今是陕西省丹凤县竹林关镇李家湾村的村民，已经 88 岁。

我把这条消息转给了相识的日本驻中国大使馆官员。没想到，日本大使馆掌握这位日本老太太的情况，因为认定过她"残留孤儿"的身份。

这位满口陕南话已经说不清日语的老人，中国名叫王玉兰，日本名叫水崎秀子。1929 年，她出生在日本福冈县福冈市的一个名叫浜崎今津的渔港小村。

水崎秀子的小学，是在家乡的今津小学校念的。这所小学创建于明治三十一年（1889 年），校舍的背后，是 13 世纪时当地军队抗击元朝军队进攻的阵地，现在还留存着当年的土垒。

水崎秀子为什么会来到中国？这要从她的家庭变故说起。

水崎是家中的独生女，在她 11 岁时父母离异（一说是母亲病故），父亲水崎寺太郎娶了第二位妻子，也就是水崎的继母。继母对她非打即骂，还把她父亲存的钱卷走，不知去向。13 岁时，水崎来到中国长春，投奔做生意的姑父宫本三郎，并在姑父的杂货店里帮忙。1945 年日本战败，16 岁的秀子因害怕回到日本继续受到继母的虐待，选择留在中国，并在姑母的撮合下，嫁给了国民党军官宗开国。

不久，宗开国在与解放军作战中失踪，她只好寄身在另一个国民党军官李会新家中。长春解放后，李会新怕落下"两个老婆"之名，将她嫁给另一国民党军人雷国顺。1949年新中国成立后，她随雷国顺被遣返回位于陕西商南的雷国顺的老家，到达雷家之后才知道他已有妻室，不愿委曲求全的水崎，跑到乡政府要求离婚。离婚后，秀子嫁给了老实巴交的农民宋智富。其间一直未能生育的秀子抱养了一个女儿。7年之后，第四个男人宋智富因患不治之症病逝，这一年水崎才35岁。水崎守寡到47岁，此时抱养的女儿也长大成人。

1976年，经人介绍，水崎改嫁到丹凤县竹林关镇李家湾村，成了李明堂的妻子。2015年，老伴李明堂去世，水崎又成为孤单一人。好在有女儿、女婿照顾，基本生活还能保证。

水崎秀子命苦，不仅苦在自己的婚姻与生活上，还苦在自己作为"残留孤儿"的日本人的身份曾遭到一名中国老太太的冒用。

1993年，一名中国老太太拿着"水崎秀子"的个人资料向日本厚生劳动省申请"残留孤儿"资格认定。厚生劳动省根据这位老太太递交的资料和所作的经历陈述，认定她就是战争结束后遗留在中国的"水崎秀子"。1995年，这名假冒的"水崎秀子"带着儿子孙子一家六口进入日本，并领取了日本政府的残留孤儿生活补助和住宅，全家还获得了日本国籍。

2002年，住在秦岭深山的水崎得知日本人可以回国了，于是千里迢迢赶到北京，向日本驻中国大使馆提出回国申请。但是，日本大使馆向厚生劳动省查询后，发现"水崎秀子"早已经回到日本。于是认定这位名叫"王玉兰"的女人是假冒，并多次拒绝了水崎秀子的身份认定申请。

虽然离开日本这么多年，读过初中的水崎毕竟还有点文化，于是她开始往老家学校写信，引起了学校和诸多老同学的关注。在日本市民团体的帮助下，日本警方开始调查"水崎秀子真假案"，结果发现，已经在日本生活了9年的"水崎秀子"是一名与日本毫不搭界的中国老太太，她和她的丈夫通过蛇头组织花钱买到了"水崎秀子"的个人资料，继而搞定了当地的官员，最后冒充"水崎秀子"偕全家进入日本。

2005年，日本警察逮捕了以"水崎秀子"孙子的名义在东京都葛饰区的一家中国餐馆工作的"水崎贤忠",继而以"违反入国管理法罪",逮捕了假"水崎秀子"和其家人。

对于这起"假冒残留孤儿偷渡日本"的事件,我当时还写过报道。只是没有想到,与今天的这一新闻串联了起来。

2005年12月,日本厚生劳动省终于认定家住凤凰县竹林关镇李家湾村的"王玉兰"才是真正的"水崎秀子"。

当时日本大使馆约谈水崎时,根据日本政府处理残留孤儿的政策,向她提出了两点建议:一是回日本定居;二是由日本政府出资安排两次回国探亲。

水崎当时已经得知父亲去世,自己又没有兄弟姐妹,回到日本估计难以生活,加上自己在陕西已经有了新家,因此她选择留在中国生活。

2006年4月,水崎和老伴李明堂一起回到了别离64年的日本,回到了自己的故乡。在故乡,她见到了唯一的亲人——叔伯姐夫妇。

在故乡几天,水崎除了简单的问候语,日语已经忘光,需要翻译帮忙。又看到姐夫生病还半身不遂,于是更坚定了她在中国生活的决心。

在日本逗留十天左右,水崎与丈夫经上海返回了陕西。但回到中国后,因为不知道日本侨民身份认定及户籍方面的相关规定,未及时去陕西省公安厅登记并换取永久居留证,水崎失去了成为中国公民的机会,也没有去办理日本的护照,去自己的老家政府恢复自己的户籍资料,水崎因此成了既无中国户籍又无外国人居住证的"黑户口",中国和日本两边的养老金与高龄生活补贴,都难以领到。

但是,当地政府都知道水崎是一位"日本人",在她80岁生日的时候,镇政府还送来了一个大蛋糕。几个月前,陕西省公安厅曾致电水崎的女婿,希望他带水崎的资料到日本驻华大使馆重新认定身份以便解决其国籍问题。但子女顾及老人身体每况愈下,不能舟车劳顿且路途费用极高无力负担等客观原因,一直未能去北京的日本大使馆申请。

水崎老太太估计这辈子是不会离开秦岭深山回日本了。但是,今天的新闻已经引起了日本大使馆的关注,或许外交官们的努力能够让水崎老太太享受一些日本政府救济"残留孤儿"的政策,感受自己祖国的最后一点儿温暖。

21. 怎样才能当上日本首相

日本有一位专门负责 2011 年东北大地震灾后重建的"复兴大臣",名叫今村雅弘,今年 70 岁。前几天,他在会见记者时说了一句话,称"幸亏这次地震发生在东北地区",并称灾民在遭受核辐射的背景下背井离乡躲走他处与政府没有太大的关系,完全取决于个人的决定。

这一言论激起了东北地区灾民极大的愤慨,也遭到了舆论和在野党的追究。死扛了近一个月,今村在执政的自民党的酒会上,终于宣布引咎辞职。

有人说:"当官当到大臣的位子,实在不易,就因为一句话丢了帽子,实在可惜。"但是,日本内阁府的干部们不这么想,他们认为,谁来当大臣都是一样,因为大臣(政府部长)在日本的国家管理体制中,永远只是一个"流水的兵"。

为什么这么说?因为日本社会有一个管理国家的官僚集体,也就是我们通常所说的公务员,他们才是国家管理体制中的"基石"。也就是说,日本国家的管理体制,由两部分人组成,一部分是雷打不动的官僚队伍,另一部分是今天上台也许明天就可能下台的政治家队伍,就像今村先生。

日本的公务员分为国家公务员和地方公务员,国家公务员只服务于中央机关,而地方公务员只能在各地方政府机关工作。两者之间的录用考核标准和工资标准也有差别,地方公务员不能被直接提拔成国家公务员。而国家公务员努力几十年,最高能够当的官,也只是一个中央部委的常务副部长,日本叫"事务次官",想当部长是不可能的,因为部长和部长以上的官,都是由政治家,也就是国会议员们来当的,或者是首相聘请的非官僚的民间人士来当的。

今村就是一名政治家,他毕业于东京大学,原来是铁路公司的一名干部。1996 年通过竞选当选为众议院议员,苦熬了 20 年,好不容易在 2016 年 8 月的安倍内阁改造中当选为大臣，负责东北地区的灾后重建，但是仅仅当了几个月，就得灰溜溜离开内阁府的大臣办公室。

在日本，官僚与政治家的分工是，政治家制定政策，官僚实施政策。打一个比喻，就是政治家是管脑袋的，而官僚是管四肢的。两者协调得好，那就是一个头脑发达、四肢灵活的健康身体。如果有一天，脑子出了问题或者四肢不灵的话，那么整个身体就需要动手术，就需要社会革命。

官僚是从大学毕业生中直接考试招收的，无论首相换成谁，政府换成哪一个政党，对他们来说都不会有什么大的影响，因为官僚集团只是为国家服务、为国民服务，不是为了某一个政府或者政党服务。也就是说，官僚集团是属于国家的，而政治家是属于政府的。

那么，能够被日本社会称为"政治家"的人，都是些什么人呢？都是国会议员。

国会议员分成众议院议员和参议院议员。众议院议员相当于我们中国的人大代表，参议院议员相当于政协委员。但是有一点不同的是，中国的政协委员是实行聘任制或者邀请担任制，而日本的参议院议员是实现全国普选制，他必须要经过竞选才能当选为参议院议员。

150年前，日本实行了明治维新，打开国门实行改革开放，全面引进了西方的政治与社会等制度。英国的议会制度也是在那个时候引进日本的，建立了在维护天皇权威之下的民主宪政体制。当时的日本，众议院是选举产生，但是贵族院是邀请制。1945年，日本战败之后，联合国军解散了日本贵族院，废除了贵族阶层，于是，贵族院改成了参议院。

日本目前的众议院议员有475名，参议院议员有242名。这些议员统称国会议员。

那么，这些国会议员是怎么当选的？日本的每一位国会议员都是通过你死我活般的竞选才能当选。

日本有1.3亿人口，虽然与中国相比它是一个小国家，但是，按照人口比例来算的话，它还是排名世界第10位的人口大国，仅仅比俄罗斯少了2000万人。

通常，日本是按照10万人划为一个选区，也有一些偏僻地方是3万人划为一个选区。一个选区中产生1名众议员议员或者1名参议院议员，同时再产生1名政党代表议员。因此，在一个选区内，最多也只有3名国会议员。而通常只有2名。

　　日本的国会议员是硬碰硬，由选区内年满18岁的有选举权的居民用无记名投票的方式一票一票选举出来的。以得票最高的人当选。

　　为了竞选国会议员，各个政党都会推举出自己的候选人，按照宪法规定，年满25岁的国民都可以自由地参加竞选。因此，为了争夺一个议员名额，往往有十几个候选人参加竞选，包括政党推举的候选人和没有政党支持自己想竞选的普通老百姓。

　　竞选不是一件轻松的活儿，为了让10万选民都能够认识你，记住你的名字和竞选纲领，然后投票给你，你必须要走遍选区的各个角落，无论是农村还是高山部落，你必须在选举开始前1个月到这些地方都要走一遍，呼吁当地的选民投自己一票。所以，在选举期间，竞选者真的会喉咙喊得沙哑、手握得抽筋、两腿沉重得迈不开步子。但是不管怎样，你必须要这么做，否则你当不上国会议员。

　　有许多人是花了很多钱，累得死去活来，最后也未能当选为国会议员，所以，日本的一位银行家曾经对我说过这么一句话：日本的政治家是最没有金融信誉的，他都不如一名小学教师。因为小学教师每个月都有工资收入，而政治家的话，今天当选为国会议员，他有工资收入；一旦他落选了，他就没有了收入。所以，银行一般是不接受政治家做担保人的，除非他有许多财产。

　　成为国会议员是当选首相的先决条件，因为日本的首相不是全民投票选举产生的，而是由国会议员投票选举产生的。那么，如何控制这些国会议员来推举自己成为日本首相，这就需要控制政党。

　　日本目前有大大小小十几个政党，最大的政党是自民党。每个政党都有一个基本的规定，就是党的主席可以成为首相的候选人。因此，要控制国会，就必须先要在国会中占据更多的席位。而席位的获得，就是靠一个选区一个选区的努力竞选。只要有一个政党在众议院获得超过半数的席位，那么，这个政党的主席就可以当选首相，因为日本国会法有两条最基本的规定，一是当选首相必须获得超过半数以上的议员赞同，二是众议院通过当选的首相，如果在参议院遭到否决，则以众议院的投票结果为准。这也就意味着，控制了众议院超过半数的议席，就等于控制了政权。

像安倍首相，他领导的自民党在2012年的大选中击败了当时执政的民主党，一举夺取了政权。他就是因为自己是自民党的主席，同时自民党在众议院大选中获得了超过半数的议席。

那么安倍为什么这次当首相可以当这么长时间，一当已经当了近5年，据说还想再当5年。就是因为他领导的自民党获得了国会大多数人的支持，在众议院联合公明党，已经获得了超过三分之二的议席，在参议院也超过了60%以上的议席，无论在野党在国会内如何折腾反对，都无法撼动安倍政权，也使得自民党想在国会通过的法案，可以不用顾及在野党们的感受和意见，都可以凭借自己在国会中的大多数势力，强行予以通过。

当然，安倍当首相的前提，首先必须要当上自民党的主席。这个主席也是在党内竞选上岗的。自民党内有许多派别，他必须游说多数派别来支持他，才有可能获得大多数党员议员的支持，当选为党的主席。2018年9月，对于安倍来说是一个重要的坎儿，因为他的党主席任期到期，必须要重新参加选举，如果一旦他未能获得连任的话，那么，他也就只能被迫辞去首相职务。

所以，要在日本当首相，必须要成为一个有力量的政党的党员，然后通过竞选去当上国会议员，然后再成为党内大佬，最后才有机会成为首相。

　　名义上来说，日本这个国家是由一群政治家在领导，因为首相和内阁成员都是由政治家组成，而非官僚参与。但是，这群政治家毕竟是一个少数的精英集团，他只能出主意出政策，具体实施还是需要官僚集团来实施。因此，政治家与官僚集团的良性互动，是保证日本这个国家稳定发展的根本。

22. 日本女人嫁给中国男人是啥结果

对于日本女性，我们总有一种憧憬，觉得娶回家一定是一位善理家务、相夫教子的贤妻良母。因为有一种说法，说"拿美国工资，住英国房子，吃中国大餐，娶日本老婆"是一个男人最大的幸福。如今，这四个目标也成了不少中国男人的追求。

那么，当真娶了一个日本女子回家，结果会是怎样呢？前几天，日本电视台播了一个节目，介绍了一名日本女孩嫁到中国成为上海媳妇的故事。这一节目在日本社会引起了轩然大波！

这位嫁到上海的日本媳妇，名叫伊民佳织。佳织小姐今年30岁，高中毕业后来到中国留学，在大学里认识了丈夫汪涵。毕业之后，两人恋爱三年，然后佳织小姐就嫁给了汪涵，成了上海媳妇。

虽然来自不同的国家，有着不同的语言、文化和习俗，但是结婚3年来，两个人一直相亲相爱，还生了一个可爱的孩子。

日本电视台在上海采访了佳织小姐的家庭生活。在被问到嫁给中国男人的感想时，她说了这么一句话："当初决定嫁给中国人真是太明智了！日本的小伙伴们，实在对不住了。"

佳织小姐用一句话概括了自己的幸福，那就是无微不至！

在我们不少人的印象中，娶一个日本夫人是一件比较美妙的事情，因为日本女人给人的印象是：勤劳持家，相夫教子，谦逊隐忍。尤其是会把老公照顾得异常周到，不让老公洗一个碗，做一道菜。

对于日本女人的这种美好印象，是在20世纪80年代出现的。那时候，随着中日邦交正常化，日本电影开始在中国解禁，在高仓健、中野良子、吉永小百合等主演的系列电影中，日本女人那种温婉、礼貌、轻声细语，对于老公恭恭敬敬的姿态，还有见人甜甜一笑的妩媚，令不少中国男人产生了渴望和遐想。再后来，日本著名歌手兼影星山口百惠在她21岁最走红时突然宣告引退，嫁给日本影星三浦友和一心做家庭主妇，更让不少人对于日本女性的"传统美德"刮目相看。

"娶一个日本女人做太太"，确实是当时中国社会不少男人的梦想。你一早出门上班时，太太早早地为你做好了早餐，还把烫得线条清晰的西装和衬衫放在沙发上，并为你选好了领带。在你出门时，太太送你到门口，深深地一鞠躬："请您走好。"晚上下班回家，太太听到门铃声，会一路小跑地过来开门，甜蜜地喊一声"您回来了"，一手接过老公的公文包，一边帮老公脱西装，说："累了吧？是先洗澡还是先吃饭？"电影中的这一幕幕情景，让大家坚信：娶一位日本女性做太太，绝对幸福！

在现实的日本社会中，这样的贤妻良母型的妻子是否依然很多？我跟我的日本同事探讨了这一问题。大家告诉我：可能在日本东北地区或者北海道的乡下农村，还能找到这样传统的日本女性。在东京，估计需要卫星扫描，还不一定能找到几个。

经济的高速发展和现代互联网生活模式极大地冲击了日本女性群体，使得现代日本女性不愿意去过她的母亲一代过的那种对丈夫唯唯诺诺、在家相夫教子的主妇生活。现在的日本女性，尤其是在大都市生活工作的女性，个性越来越独立，而且不少女性不愿意结婚，结了婚也不愿意生孩子，生了孩子也不愿意退休离职当家庭主妇。因此，传统的婚姻观念和家庭观念已经产生了很大的质变，再要日本女性每天鞠躬送老公上班，回家还帮老公脱西装拿公文包，也变得越来越困难。更多的女性是离开家庭，走进社会，在众多的领域施展自己的才华与梦想，甚至带领一群日本男人去创业去工作。因此，我们印象中的那种贤妻良母式的日本女性，已经逐渐淡出了我们的视线。

那么，我们来看看日本电视台介绍的这位伊民佳织小姐，做上海媳妇几年，是不是像我们印象中的日本女性那样相夫教子呢？

佳织小姐与汪涵先生结婚时，最感到意外的是，公公婆婆送给了他们一套大房子，这套房子位于上海市中心，当初买下的时候价格大约280万元人民币，

相当于4400万日元。而他们自己没有花一分钱，白白拿了一套房子。佳织小姐说："怎么也不会想到结婚还能得到房子！这在日本是绝对不可能有的事。"

更让大家感到震惊的是，佳织小姐在家里居然不做家务，洗碗做菜倒垃圾洗衣服，所有的家务事都被她的中国老公包了。

而佳织小姐每天早晨只需要负责遛狗，遛完狗回到家，老公已经准备好香喷喷的早餐。除非老公实在起不来，佳织小姐才会自己热两片面包冲一杯咖啡解决。

佳织小姐是在一家日本美容院里上班。上班的时候，婆婆便会来她家帮忙做家务打扫卫生。而每天照顾孩子，不是佳织小姐的事，也是婆婆的事。在中国，佳织小姐成了一位被全家人无微不至照顾的"日本公主"，而不是一位里里外外勤劳持家的"日本媳妇"。

这一节目自然令不少日本女性产生了一种冲动："嫁到中国去，去享受公主一样的生活。"

不过，我们在祝福佳织小姐幸福生活的同时，也想提醒中国的丈夫们，如果你娶一个日本女孩回家，只想当花瓶供着来满足一下自己的虚荣心或者对于异国婚姻的猎奇心的话，那只会惯坏日本太太。所以，既然娶了日本女孩做太太，那就要让她充分发挥出日本女性那种贤妻良母型的美好品性，给自己的生活增添更多的美丽，别让"吃中国大餐，娶日本老婆"的理想变成笑话。

23. 日本人新年上班第一天都忙啥

春节期间，我回了浙江老家陪伴父母亲过年。时间也确实过得很快，一眨眼，这新年就快过完了。新年上班的第一天，在中国，机关单位和企事业单位总是会举行一个新年动员会，布置一下新的一年的工作，确定一下新年的目标，给大家鼓鼓劲。那么，日本人新年上班第一天都干什么呢？

日本过新年过的是元旦，从 12 月 28 日开始放假，到 1 月 3 日结束。政府机关在 1 月 4 日就开始新年的第一天上班。

作为国家的最高领导人，日本首相在新年上班的第一天干什么呢？他要从东京赶到 800 公里之远的三重县的伊势市去参拜伊势神宫。也就是说，参拜伊势神宫，是日本首相在新年上班第一天要做的第一份公务。

日本首相为什么在新年上班第一天先要去伊势神宫参拜呢？我们得先来说一说伊势神宫是一个什么样的地方。

伊势神宫是日本影响最大、规格最高的神宫，供奉着天照大神。天照大神是日本最核心的女神——太阳女神，被奉为日本皇室的祖先，尊为神道教的主神。天照大神开垦田地，种植粮食，传授养蚕和织布技艺，使得天下太平，民众过上安逸和平的生活。而日本天皇是天照大神万世一系的子孙。所以，天照大神不仅是日本国家的保护神，也是日本皇室的先祖之神，因此在日本人的心目中，伊势神宫是亿万日本人的精神圣地，每年到这里来朝拜的人有 800 多万人次。2016 年，七国首脑峰会在三重县伊势市举行，开会第一天，安倍首相就举行了这么个仪式：在伊势神宫的神门前迎接各国首脑，并带领各国首脑访问伊势神宫，在供奉天照大神的内宫前合影留念。

以前，在每年的新年年初，日本天皇都要派宫内大员千里迢迢赶到伊势神宫参拜。1967年，当时的日本首相佐藤荣作在新年上班的第一天赶到伊势神宫参拜，从此定下了一个规矩：1月4日上班第一天，日本首相就必须到伊势神宫参拜天照大神，祈求大神保护日本一年平平安安，国民生活幸福安康。

据悉，伊势神宫创建于公元690年，距今已经有1300多年的历史。伊势神宫主要由内宫和外宫构成，另外加上别宫和附属神社，供奉着天照大神和各路神仙，总共有125个设施。伊势神宫有100多名神职人员，日夜侍奉着这些大神。神宫的最高官员叫"祭主"，由皇室成员担任，而且必须是女性，现在的祭主是天皇的女儿清子。

天照大神供奉在内宫，内宫是不向一般民众开放的。日本首相带领主要的政府官员抵达时，在神职人员的陪伴下进入内宫参拜。祭神时，神宫要取火点灯，叫作忌火。取火方法采用传统的钻木方法，钻木取火工具也传承了1000多年。

我在3年前访问过伊势神宫。神宫的宫司告诉我，伊势神宫作为神道教最神圣古老的神道场所，从建成后一直不允许外国人进入，直到1957年后才对外国人开放。

宫司打开了通往内宫的门，让我站在日本首相参拜的位置上参拜。应该说，这是伊势神宫给予我的一种特殊的礼遇，我站在那里，祈祷家人平安健康，自己工作顺利。在祈祷后，我特别看了看内宫的深处，发现并没有天照大神的塑像。事后问宫司，为何不见天照大神的塑像？

宫司告诉我，伊势神宫与佛教的寺院不同，它是没有塑像的。神无处不在，就在你的心里，就在你的冥想世界里。你只要参拜了伊势神宫，神就会一直伴随你，一直保佑你。

这一解释，让我有点意外。但是让我理解了精神世界那种"空灵"的意境。

中国人相信古老的东西，似乎越老旧就越是灵性。可是在伊势神宫，天照大神居住的内宫每隔20年就要搬一次家，叫"式年迁宫"，为的是维持神性不至于减弱，永葆青春。

"式年迁宫"就是每隔20年给天照大神搬一次家，在旁边的土地上重新建一座一样的神宫，而且这个活动从1300年前就开始了。日本国民都以这个传统自豪，因为他们是世界上为数不多的能将一个活动坚持了一千多年的国家。

每次迁宫的时候，民众从四面八方赶来只为见证这一历史的时刻。传说在迁宫的那一年，日本将被天照大神的光辉笼罩，国家会带来好运。举个例子来说，60多年前的1953年，它带领日本进入经济的高度成长期；20多年前的1993年，日本皇室喜逢大事：皇太子和小和田雅子结婚；而2013年，安倍首相上台，日本经济开始出现了十多年来少有的复苏迹象。

所以，日本首相在新年上班第一天去伊势神宫参拜，不仅仅是为了国泰民安，也是为了祈求自己执政能够取得业绩。

首相作为一国领导人，在上班第一天去参拜国家保护神，自然可以理解，那么，一般的企业人士在新年上班第一天干什么呢？不是开会，也不是立即投入工作，而是参拜财神，祈求在新一年里生意兴隆、财源广进。

在东京，有一个神社是新年上班第一天最为热闹的地方，那就是神田神社。神田神社距离秋叶原电器街不远，供奉着神田明神。神田神社创建于公元730年。在1600年，日本历史上发生了一次著名的战役，叫"关原合战"，在决战当天，德川家康率领的东军在神田神社举行了祈祷，随后投入决战，结果大获全胜，取得天下霸权。此后，神田神社作为江户，也就是东京的保护神，受到民众的敬崇。

神田明神不仅被奉为东京的保护神，在企业家眼中也被视为财神。因此，新年的第一个工作日，东京各大企业人士都会前去参拜。尤其是上市公司的1000多名老总和主要干部会集体赶到神田神社参拜，祈求日本经济在新的一年里能够蒸蒸日上，股市能够继续飙升。

除了参拜神田明神之外，日本全国各地的企业人士还会参拜日本的商业之神惠比寿，惠比寿是日本的财神爷，也是土地神。形象是怀抱鲷鱼，赋予美好的寓意，许多人喜欢把惠比寿神的塑像当作吉祥物供奉在公司或者商店里，希望能带来好运。

日本有一个词，叫"迷信"。在日本，迷信这个词不是贬义词，而是一个褒义词，它寓意着遵循传统文化，恪守古老的传承，寄托自己的愿望，祈求家人安康，公司生意兴隆。正因为如此，日本人在新年上班的第一天，才会如此认真地赶往神社。

24. 男子演唱组 SMAP 为何不欢而散

日本国民偶像演唱组 SMAP 解散了！好端端的 5 个大男人，从小摸爬滚打在一起，为何突然宣布分手，难道友谊的小船真的说翻就翻？

2016 年 12 月 26 日晚，SMAP 的 5 名成员聚在一起演唱他们心中最后的歌曲。富士电视台的这档 SMAP 冠名节目，从晚上 6 时 30 分开播，一直延续了整整 5 个小时，许许多多的日本人含着眼泪守在电视机前，看着这 5 名成员回顾 28 年来的成长历史，因为 SMAP 伴随了他们的青春，伴随了他们的人生。节目结束时，5 人最后合唱了 SMAP 的金曲《世界上唯一的一朵花》，并向陪伴多年的观众们鞠躬告别，为日本现代演艺史上最著名的一个男子演唱组画上了一个句号。

这档节目其实是在 12 月 1 日录制的，为何选择富士电视台作为自己最后的告别舞台？理由很简单，SMAP 最早的一档综艺节目，就是在富士电视台播出的，富士电视台是他们的老东家，这个恩情不能忘。现场的工作人员称，节目录完之后，SMAP 队长中居正广号啕大哭，木村拓哉一个人留在舞台上久久不忍离去。

SMAP 成立于 1988 年，由中居正广、木村拓哉、稻垣吾郎、草彅刚、香取慎吾 5 位成员组成。截至 2016 年，SMAP 在日本娱乐界已经活跃了整整 28 年。

刚出道时，中居正广是 15 岁，木村拓哉也是 15 岁，稻垣吾郎是 14 岁，草彅刚是 13 岁，最小的香取慎吾只有 11 岁，5 个人加起来也不过 68 岁。但是现在成员年龄都涨了 28 岁，中学生变成了中年男人。

SMAP 在出道后连续 3 次获得日本最具权威的音乐公信榜专辑冠军，歌曲受到了不同年龄人群的喜爱，最出名的歌曲《世界上唯一的一朵花》，一直是日本最畅销的金曲。

SMAP不仅成了日本家喻户晓的偶像团体，也受到了亚洲各国歌迷的喜爱。2008年，上海举行世博会时，曾邀请SMAP出演。但是因为韩国歌手的演出导致了事故的发生，最终也取消了SMAP的演出。2011年，时任中国国务院总理温家宝访问日本，单独会见了SMAP全体成员，并盛情邀请他们到中国演出。这一年的9月16日，SMAP在北京工人体育场举行了出道20周年首次海外演唱会，据说一张面值1980元的票被炒到了7000元。

5名成员除了演唱之外，还主演电影和电视剧、主持电视节目，尤其是木村拓哉成了最近20年来身价最高的影星，木村在1994年，出演电视剧《爱情白皮书》而受到好评，同年凭借电影《足球风云》获日本奥斯卡金像奖最佳新人奖。此后他主演爱情剧《悠长假期》，其最高瞬间收视率为44%，创下纪录。2000年主演的爱情剧《美丽人生》，最高单集收视率为41%。2001年，木村主演的刑事剧"HERO"成为日本民间电视台唯一一部每集收视率均超过30%的电视剧。2007年，主演TBS电视台创立55周年纪念电视剧《华丽一族》。2013年11月，主演科幻电视剧《安堂机器人》，均成为日本社会的话题之作。

而SMAP队长中居正广成了日本一位著名的节目主持人，他曾连续4年主持NHK电视台的跨年红白歌会，也主持过2014年的索契冬季奥运会的现场直播。与木村的高傲相比，中居正广是一个很好玩的人，平易近人，爱开玩笑。中居的一个手机可以用12年，直到坏到不能修才换新手机。他自称自己懒得弄发型，所以喜欢戴帽子，这样就可以省下整理头发的时间来赖赖床。中居正广还是位读书爱好者，无论工作多忙，也一直坚持读书。喜欢的类型是推理小说，尤其喜欢松本清张和东野圭吾的侦探小说。

SMAP的5名成员中，虽然传有各种爱情故事，但是结婚的只有木村一个人。2000年12月5日，28岁的木村拓哉和30岁的歌手工藤静香宣布结婚，引起了整个日本社会的轰动。中居最近在电视节目中透露，自己看来不适宜结婚，还是当单身老男人好。

早在2016年1月，以《周刊新潮》为首的各大媒体就曝出SMAP内部分裂、组合濒临解散的消息。不过在1月18日，SMAP向公众道歉，并表示组合会继续向前，可具体落实到组合前景，却没有正面答复。

8月份，演唱组所属的经纪公司杰尼斯发表了一份声明，称"在年初的解散骚动过后，从2月到8月10日，我们花了半年多时间，和成员逐个甚至全体展开多次谈话，给他们提出了许多发展建议，比如像往年一样上音乐节目，开演唱会，甚至提出了25周年纪念的计划。"但遗憾的是，数名成员一致表示，"按照我们现在5个人的情况，恐怕再一起出席活动相当困难"。

众多的歌迷们苦苦等待的SMAP25周年演唱会，最终化为泡影。SMAP选择在2016年12月31日正式解散，结束28年辉煌的历史。

许多人很纳闷，好端端的一个演唱组为什么要解散呢？

我们不得不先来说一说SMAP的经纪人，被称为SMAP母亲的女人饭岛三智。

SMAP刚出道时，反响平平，杰尼斯公司里几乎无人愿意去照顾这几名小男孩。饭岛主动接手了SMAP经济人的工作并确定了走综艺偶像的路线。在饭岛的苦心经营下，SMAP逐渐走红，最后在综艺节目大放光彩。

这几年杰尼斯陷入了内部争权斗争，创始人喜多川面临退休，社长之位引发争斗，争斗的两方就是藤岛景子和一手培养SMAP的经纪人饭岛三智，而藤岛景子正是喜多川姐姐的女儿。最终饭岛三智离开公司，藤岛景子取得胜利，SMAP的成员与饭岛都有深厚的感情，他们觉得，没有饭岛守护他们，他们在杰尼斯将日子难过。于是有几个成员想跟随饭岛离开公司，但木村拓哉表示要留在杰尼斯，SMAP成员之间产生了隔阂。

导致SMAP解散的，还有一位女人，就是木村拓哉的夫人工藤静香。

根据杰尼斯内部人士透露，饭岛早在去年夏天就开始考虑离开事务所，自立门户。她与SMAP成员也有过多次商谈，除了木村之外，其余成员都决定跟随饭岛。而木村不愿跟随饭岛离去的原因，是因为工藤静香要求他继续留在杰尼斯。

工藤静香在20世纪90年代是日本最著名的偶像级歌星，当初与木村结婚时，许多人并不看好这位姐姐夫人，但是结婚十几年，木村在夫人的支持帮助下，在演艺界越来越红，因此，工藤静香对于木村的影响很大。

据悉，工藤静香劝说丈夫不要背叛藤岛景子，为了孩子考虑留在杰尼斯。木村最终听从妻子的劝告，决定留在杰尼斯，毕竟杰尼斯的舞台要比还没有成立的饭岛事务所来得大。工藤静香考虑得很实际。

同舟共济了28年的友谊小船，说翻就翻。SMAP的解散，也惊动了日本政府。日本内阁官房长官菅义伟在27日的记者会上称："SMAP作为日本国民偶像团体，活跃多年至今，不仅发表了众多脍炙人口的歌曲，还是电视中一个非常重要的存在，成员们各自发挥独特的才华，作为演员、主持人等，在各大领域活跃至今。对于他们的解散，我深感遗憾。希望他们今后能够充分利用这些经验，各自都成为独一无二的人，给粉丝们带去梦想和希望。我想粉丝们都期待着未来有一天SMAP还能再度合体活跃在电视舞台上。"

对于SMAP解散感到惋惜的还有中国驻日本大使馆。在SMAP的官方网站上，中国驻日本大使馆的一段留言，也轰动了日本社会。这段留言很简单，但是用了中日两国的文字：**ありがとう**SMAP，谢谢，SMAP。留言中还发了当年温家宝总理会见他们和SMAP在中国演出的照片。一些日本网友纷纷跟帖，称SMAP为中日友好作出了贡献，友谊长存。

SMAP解散了，它曾经给许许多多的人带来过梦想，带来过快乐。2012年，我在一次活动中见到过他们，我曾经对木村说，期望你们能够再次去中国公演，木村回答说，有机会的话，一定会再去中国，北京烤鸭真的很好吃，我们还想在万里长城上录唱《世界上唯一的一朵花》。

如今，SMAP的这个梦想也将成为一个传说。

25. 日本女人为何抛弃 LV

有一只好包，用起来舒适，拎出去有感觉，从某种意义上来说，还是一个人身份与地位的象征。所以，不少人喜欢买名牌包来装点自己的生活。以前有过一个报道，说日本女性的 90% 有路易威登，也就是 LV 的包，但是你现在在东京的街头去兜一圈，会发现日本女性已经不拎 LV 的包，那么日本人的路易威登都去哪里了呢？

在我们聊日本女人与路易威登包之前，先来一起了解一下这一名牌包诞生的故事。

1835 年，路易威登的传奇开始于一段跨越万水千山的步行之旅。这一年，只有 14 岁的路易·威登先生告别家乡瑞士，徒步 250 公里远赴巴黎闯天下。他从行李箱工匠的学徒开始，一步步成为首席助理，并最终成为法国皇后的御用工匠。1854 年，路易·威登创立自己的公司，在巴黎尊贵地段开设了首家店铺，选址跟梵登广场及后来兴建的歌剧院仅咫尺之遥，成为巴黎奢侈品的一大象征。

在世界名牌包当中，LV 是一个特殊的存在，因为它有自己特殊的花纹和很明显的 Logo，让人一目了然。

日本是在 2005 年前后开始出现 LV 的热潮，那时候，LV 成了东京街头一道最亮丽的时尚风景，日本女性几乎到了人人拥有的地步，跟今天的 iPhone 手机热一样。

为了这只 LV 的包，日本社会曾经发生过两件案件。一起是一位高中女生为了得到一只 LV 的包，跟一位 70 多岁的有钱的男人搞援助交际。这位老大爷给她买了六七款包，然后这个女孩子就拿这个名牌包去上学，结果在同学当中就炸开了，因为大家知道她家买不起这款包。这件事情很快被学校发现，警察找上门来，然后以"性侵未成年人罪"将老大爷逮捕了。还有一个案件是一起凶杀案，一位男子谈恋爱，女朋友一直渴望一个LV的包，他没钱买，于是他就去银座街头的角落里蹲点。一天深夜1点钟，他看到一位酒吧小姐从店里出来，拎着一只很昂贵的LV的包，他就上去抢劫，结果这位女孩子抵抗，他就用刀把这位女孩子杀死了。这起案件当时在日本引起了很大的轰动，被称为"路易威登杀人案"。从这两个案件当中我们就可以看到，当时的日本社会，女性对于LV包崇拜到了何种的地步。

东京是亚洲最大的时尚中心，在银座最繁华的街区，有一栋大楼专卖LV包。这家专卖店曾经是日本女性心中的圣地。而LV公司在日本发行了一本杂志，专门介绍LV的新款产品，所以，东京的LV包与巴黎的LV包是同步发行的。也就是说，在东京买的LV的包都是世界最新款的。

我专门去了一趟银座的LV专卖店，店员很客气，觉得我看上去像是一个有钱人，还特地给我冲了咖啡。店里的包，最便宜的都要10万日元以上，贵的有100多万日元，也就是说在1万元到10万元人民币之间。

日本的一位女大学生刚毕业的时候，她的工资平均是20万元不到，要拿出一个月的工资去买一个LV包，对于许多女生来讲，是不现实的事情，所以许多人为了买一个名牌包，只能刷信用卡，每个月分期付款，以满足自己的虚荣心。十年前，在东京的街头，你到处可以看到日本女人背着LV包，有些人还买了LV的旅行箱去海外旅游。LV的热情不仅影响了日本女性，也影响了日本男人，一些公司的年轻老板也喜欢去买一个LV的包作为自己的公文包，然后拎着去谈生意。在10年前的日本社会，这是一种时尚。

那么，日本女性为什么如此崇拜LV包呢？日本时尚大师福田玲奈是这样解释的。她说，第一个原因，在欧洲的名牌包当中，LV品牌的价格是最高的，所以，如果想买个名牌包的话，许多人的第一选择就会选择LV。第二个原因，是一种从众心理，当你的朋友、同事都去买LV包的时候，你如果没有，就会显得与大家格格不入，同时大家也会觉得，你买不起这个包。

那为什么会在2005年前后，日本社会出现了这种狂买LV包的热潮呢？福田女士说，日本的泡沫经济是在1990年后崩溃的，泡沫经济的崩溃，给日本社会和日本人的生活与精神世界带来了极大的冲击，大家看不到希望。所以

日本人

经过十多年的萧条以后，日本不少女性感到一种很大的压抑，自己的努力需要得到一种自我的肯定，于是，觉得花一笔大钱去买一个自己喜爱的名包，也是对自己辛苦的一种奖励。

所以，日本在2005年这个节点上就出现了购买LV的热潮。当一款新品上市的时候，在银座的LV专卖店前一大早就排起了长长的队伍。LV的专卖店原来在银座的一个比较隐秘的街区，后来因为赚钱赚得太多，所以直接就搬到了银座最繁华的十字路口的边上，而且租下了整栋大楼作为日本的旗舰店。

但是，日本社会的这种LV的热潮仅仅持续了大概5年。因为当一种东西成为人人拥有的泛滥品的时候，它就变得不值钱了。所以在进入21世纪之后，日本街头的LV包突然消失了。如果你现在还拎着一个LV包在逛街的话，那么很有可能会被当成乡下人或者外国人。因为LV包在日本已经被打上了一种暴发户的印记。

我在银座的LV专卖店里遇到了一对中国夫妻，他们居然叫出了我的名字，一聊，还是我的博客读友，说前几天来日本之前，专门去喜马拉雅FM听了我的"静说日本"的节目。

他们告诉我，东京的LV包的价格要比中国LV包的价格便宜，大概可以便宜20%—30%。我没有做过市场调查，不知道这一比较是否合理，可能因为中日两国的奢侈品关税和其他的税金不一样，东京相对便宜点。这对北京来的夫妻还告诉我他们到东京买包的一个原因，是觉得在东京专卖店里买的LV的包正宗，没有假货。

经过这轮的浮华之后，日本女人现在都在背什么样的包，这是我们比较关心的问题。我特地选了一个傍晚的时间去银座看，因为这个时候是白领下班、银座酒吧小姐准备上班的时间。结果我发现东京的白领们身上背的包，大多数是普通的商务人员用包，价格是在1万—2万日元，也就是600元—1000元人民币之间。这种包有一个很大的特点，就是它可以放进A4尺寸的纸，可以装一些资料文件，还可以放一个中午吃的便当。

而银座小姐们拎的是什么包？你一眼看不出品牌，因为没有明显的标志。你能从包的款式和材质上感觉到价格不菲。也许大家已经感悟到，隐约才是一种美。过去的张扬与浮华，在日本已经渐渐消失，人们在经历了泡沫经济的浮华和这几年低速生活的沉淀之后,开始寻找一种本真的生活,回归质朴、自然的生活本质。人是活给自己看的,不是活给别人看的。

那么日本女性在这些年买的 LV 包都去哪里了呢?他们都拿到当店当掉了。日本有一个当店行业协会,不久前在东京举行了一场规模很大的世界名牌包跳蚤市场销售会。这个销售会上了日本各大电视台的新闻节目,因为记者们发现来抢购这些名牌包的大多数是来自中国和东南亚国家的女性。其中有一位中国的女同胞,两手拎了二十几只 LV 的包,一下子就付了 100 多万日元的现金。

日本二手的 LV,正在流向中国。

26. 安倍首相家的婆媳之战

安倍首相的家终于爆发了一场战争。安倍的老母亲洋子夫人看不惯儿媳妇的添乱，训斥儿媳妇"要守妇道本分，不要给自己的丈夫添麻烦"。

日本《女性自身》杂志在 2017 年 3 月 28 日发行的最新一期中透露说，3 月上旬的一天，安倍首相的家爆发了一场婆媳大战，住在 3 楼的安倍首相的母亲洋子夫人，把住在 2 楼的儿媳妇昭惠叫到自己家里，严厉训斥说："你是不是不知道自己鲁莽的行动给晋三带来了多大的麻烦？""你作为首相夫人，要坚守自己的特殊立场，不是遇到什么人都可以交往！"

婆婆的这场训斥，源自安倍夫妇参与大阪"森友学园"廉价购买国有土地建小学的丑闻案。该学园理事长笼池泰典在国会做证时，称安倍夫人担任了新建小学的名誉校长，同时替安倍捐赠了 100 万日元的建校资金。而昭惠夫人在学园购买国有土地过程中向财务省施加了压力。

洋子老太太认为，森友学园问题已经严重威胁到了儿子的执政，而导致儿子遭到舆论和在野党攻击的主要原因，是因为儿媳妇昭惠自由奔放的性格！因此，洋子老太太一直觉得，这位儿媳妇不是旺夫命，弄不好会是扫帚星。

洋子老太太可不是一般的女性，她是 20 世纪 50 年代缔结《日美安保条约》的首相岸信介的大女儿，她的叔叔佐藤荣作也当过日本首相。嫁入安倍家后，她曾经一门心思辅助丈夫安倍晋太郎竞选首相，但是，丈夫大器不足，最后只当到外务大臣而早早辞世。

洋子老太太虽然生了三个儿子，但是最中意的还是二儿子安倍晋三。所以，在父亲还当外务大臣时，安倍晋三就已经在日本政治的中心地——永田町当上了父亲的大臣秘书官。在父亲去世后，晋三就继承了父亲的政治遗志，当上了众议院议员,成为一名职业政治家。

与婆婆相比,昭惠女士虽然没有如此坚硬的政治背景,但也不是一个平民女子。昭惠女士的曾祖父是日本最老牌的食品公司之一森永制果公司的创始人,在她与安倍相识并最终在1987年结婚时,昭惠女士的父亲是森永制果公司的第五代社长。因此,昭惠女士也是日本显赫家族的大家闺秀。

据说,洋子老太太对于儿媳妇的不满,首先来自其未生育孩子。昭惠女士比安倍要小8岁,不知是谁的原因,反正年过半百,两人至今没有孩子。这就意味着安倍政治世家有可能会断香火。这是洋子老太太最不想看到的结果。

安倍首相是一个大孝子,恋母情结也挺重。已经88岁的洋子夫人,一直以来就与安倍一家住在一起。昭惠女士有一次在接受媒体采访时说:"我们家有四口人,安倍和我,还有一位老妇人和一条狗。"说者无意,听者有心。所以当安倍第二次当首相时,洋子老太太死活不同意搬到首相公邸里去居住,宁愿与狗狗一起守在老家房子里。结果孝顺的安倍只好打消了到首相公邸居住的念头,天天回家陪母亲。而昭惠夫人见老太太不愿意挪窝，干脆在首相公邸楼上养起了蜜蜂。

2012年12月，在儿子第二次当上日本首相后，洋子老太太给儿媳妇提出了四条要求：第一，在晋三结束首相工作回家之前，昭惠必须先回家，在家等候；第二，不准让晋三去昭惠经营的酒馆里喝酒；第三，昭惠必须做最基本的家务；第四，必须经常回山口县的选举区笼络选民。

但是，除了第四条之外，昭惠女士对于前三条基本没有做到。安倍累了一天回到家，常常不见老婆的影子，昭惠女士不是在忙乎自己的小酒馆，就是与朋友小聚，结果，安倍只好跑到母亲那里去蹭晚饭。

在这次森友学园事件中，最让舆论感到惊讶的是在事情已经完全暴露的时候，昭惠女士还在与学园理事长夫人通手机短信，结果这些短信都被公布了出来，安倍内阁的支持率暴跌了10个百分点。许多人劝安倍首相说："你得好好管管自己的媳妇。"

但是，真的轮到安倍教训妻子时，他又转身扮演了一位好丈夫的角色。在国会答辩中，安倍处处替妻子辩解，同时拒绝了在野党提出的传唤昭惠女士到国会做证的要求。他说，虽然妻子的许多观念和行为准则与自己不一样，但是人生的目标是一致的。安倍要当护花使者，而且绝不离婚。儿子的这一做法，也多少让洋子老太太失望，据说洋子老太太如今几乎都在自己的三楼家里抱着狗玩，很少下楼与儿媳妇碰面。

27. 日本女星为何爱奉子成婚

日本民众心目中的"清纯派女星"武井咲突然宣布结婚。出道 11 年，很少传过绯闻的武井才 23 岁，而且事业正是如日中天的时候，为何突然宣布要与一名 32 岁的歌手结婚，原因很简单，因为她已经怀有三个月的身孕，2018 年春天就要升级做妈妈。

武井是日本当今最走红的影星，每年必定主演 2—3 部电视连续剧，除了不久前刚刚演完的《黑色笔记本》，接下来还出演新戏，从春季演到秋季，一路工作到年底，一直没有停歇过。武井的手上握有至少 10 家厂商的广告代言，代言大多是上班族服装、旅行社，和孕妇的形象并不搭，她代言的"花粉症鼻炎药"还注明孕妇慎用。因此，突然宣布要做妈妈，清纯的形象自然受损，据悉有可能遭到广告商高达 10 亿日元（约 6000 万人民币）违约金的索赔。为何武井愿意支付巨额的违约金也要奉子结婚，从中可以看出日本女性对于新生命意外降临的一种态度。

记得 2009 年 3 月的时候，日本著名女影星宫泽理惠被发现已经怀孕 6 个月。这一消息让整个日本列岛震惊。经过媒体追查，终于查出孩子父亲是一位不知名的贸易商。宫泽随后表示，自己将与这名普通男子结婚，预产期是在 6 月份。

宫泽理惠曾是日本"玉女"的代表，由于她的父亲是一名波兰人，因此她作为一个混血儿，虽然长得很日本，却有一种特有的"洋气"。宫泽很小时，父母就离异了，父亲回波兰后就断了联系。宫泽 11 岁时成为少女模特儿，后参加电影拍摄，成为一名影星。18 岁时，宫泽拍摄了一本裸体写真集，轰动了整个日本。短短几个月的时间里，销售量突破 120 万册，创下日本写真集的最高销售量。1992 年，20 岁的宫泽与当时日本最有名的相扑选手贵乃花定亲，这对金童玉女的定亲记者招待会现场直播,再度轰动日本列岛。但是,没过多久,贵乃花家宣布废除婚约。据说原因是宫泽主张结婚后还希望继续从影,而贵乃花家希望她能够成为传统而规矩的相扑训练场的女当家。意见不合,宫泽的母亲一气之下就毁了这门亲。

宫泽已经不是第一位奉子成婚的影星。日本另一位大明星长谷川京子突然宣布结婚,其实也是未婚先孕。只是她当时没有承认。直到两个月之后,她才在自己的网页上承认自己已经怀孕几个月。长谷川说:"结婚发表没有多久,也是在无意识中,我自己也感到十分的惊讶。自己在感到成为母亲的喜悦的同时,也深深地感到自己的一种责任。今后，自己作为一位演员、一位妻子、一位母亲，将以新的长谷川的形象出现在大家的面前，希望得到大家的支持和关爱。"

长谷川是与作曲家新藤晴一结婚的，她与宫泽一样，也将在6月生下小宝宝。

再追溯早的话，还有竹内结子和酒井法子。竹内是日本清纯派影星的代表，不仅形象美丽清纯，而且守身如玉，很少闹出什么绯闻。不过，2005年突然宣布怀孕，让众多的影迷伤透了心。这一年，竹内在电影《现在，我去见你》中，与歌舞伎演员中村狮童演一对生死恋人，没有想到假戏真做，两人在拍戏期间就同床共枕，结果等电影拍完，竹内已经怀孕在身，不得不紧急宣布结婚。5月结婚，11月份孩子出生，虽然影迷们叹息不已，但是依然祝福她，因为她丈夫中村出身著名的梨园世家，也是一位很有前途的演员。

不过，让不少影迷们伤感的是，两人后来离婚了，原因是中村有了婚外情。家里有这么一个漂亮的老婆，中村为什么还要搞婚外情，一直到现在，日本男人们还不得其解。

日本厚生劳动省公布的一份《日本人口动态统计特殊报告》显示，在2009年内产下第一胎的女性中，每4人里就有1人属结婚前就怀孕的"奉子成婚"。其中15—19岁结婚的女性有八成是"奉子成婚"。

日本第二次生育高峰期(1971—1974年)之后出生的"70后"女性中，有近半数在30岁时尚未生育，晚育倾向越发明显，而与此相反，越是年轻的女性因怀孕而结婚的概率越高。

厚生省的报告显示，奉子成婚的比例自开始统计的1995年的18%开始逐渐攀升，至2006年的26%达到峰值后基本持平。2009年的"奉子成婚"女性中除15—19岁年龄段外，20—24岁占六成，25—29岁占两成，30岁之后占一成。

早在2015年，日本媒体对200名20—30岁的男性进行调查，评选出"感觉将来会奉子成婚的20代人气女星前10位排行榜"，武井排名第4位，认为她做什么事都有一鼓作气的干劲，因此认为即使艺人经纪公司不同意，她也会强行结婚。不过，大家预测武井的结婚时间是在26岁，现在提前了3年。

武井咲所属的经纪公司，是日本最大的奥斯卡公司，公司有禁止恋爱的条例，规定旗下艺人25岁前不准恋爱，武井这次23岁奉子成婚的事直接破坏了公的规定，让公司十分头疼。不过，武井在17岁的时候就说过，希望在23岁结婚，她实现了自己的诺言。看得出，这是一位很有主见的女孩子。正因为有这种强烈的个性，武井并没有因为奉子成婚而遭到演艺界的排斥，反而受到日本社会的赞誉，认为她是一个很有爱心和责任感的女孩。

奉子成婚，对于女明星来说，是一种极度冒险的决定，像歌手安室奈美惠、影星广末凉子，都是事业巅峰时突然怀孕，然后结婚，结果婚后人气凋零，损失惨重。安室奈美惠最近宣布引退。在竞争激烈的娱乐圈，女明星们为什么宁可损失赖以生存的事业也要奉子成婚呢？

我办公室的一位日本女职员告诉我，日本人认为怀孕后做流产手术，是对生命的扼杀，是一大罪孽。因此，"怀孕就结婚"成为日本人的一个基本理念，女明星们也一样。并且，单身母亲备受艰辛的故事给社会带来了很大的阴暗面，媒体开始引导舆论，对"未婚先孕"予以了宽厚的看法，大多解释为只是"顺序搞错"，而不是道德问题。这一引导，也使得日本医院里流产率大为降低，奉子成婚不再是一件令家族蒙羞的事，而是一件令全家高兴的喜事。

28. 日本人如何吃生鱼片

来日本旅游，有三件事是必须做的：第一是睡一次榻榻米房间，第二是泡一次天然温泉，第三是吃一顿生鱼片。

几位读者朋友曾经问过我，是不是日本人天天吃生鱼片？我告诉他们：日本人如果天天吃生鱼片的话，月底他会揭不开锅。因为生鱼片是日本饮食文化当中"高级佳肴"的代名词，并非大白菜的价格。那么，日本人到底是在什么样的场合才会去吃生鱼片？又是如何吃生鱼片的呢？

我的老家在浙江省舟山市。舟山是一个群岛，有1000多个大大小小的岛屿，因此以前在外面读书时常有同学问我："你们在老家打篮球，是不是会掉到海里去？"其实我们要跑到海边去，还需要骑十几分钟自行车，舟山人最近就喜欢说自己是"大舟山帝国"，其实舟山地方还是挺大的，尤其是建成与宁波相连的海上大桥后，舟山事实上也就成了半岛。

舟山人是不是也吃生鱼片？可以说，从来不吃。唯一吃的就是适当用盐水腌制过的螃蟹和对虾。因此，我到了日本之后，对于生鱼片还是充满抗拒，总觉得味道怪怪的。记得第一次吃生鱼片，是一块鱼肉咬成三次吃，小心翼翼，好在深更半夜没有拉肚子。当然我现在在日本吃生鱼片，已经吃得很溜，每次从海外出差回到日本，第一顿晚饭总是会跑到家附近的一家居酒屋去吃生鱼片和烤鱼。

日本人并不是天天吃生鱼片，因为生鱼片的价格不低，一般的家庭不是每天吃得起。

那么，日本人一般会在什么时候吃生鱼片呢？一般会在喜庆的时候，比如家里来了客人、过年过节，或者孩子、老人过生日，或者特别想吃的时候，才会从超市或者鱼市场买回一段或者已经加工好的一盒生鱼片带回家来一起吃。

我父母来日本的时候，我带他们去超市，他们很快发现日本人的精明，说舟山人卖鱼是一条一条卖的，而日本人卖鱼是一片一片卖的。仔细想来，还真是如此，日本人不仅把鱼切成一片一片卖，而且会根据鱼的不同的部位卖不同的价钱，比如金枪鱼，就是切割成五六个部位，取不同的名称，按照不同的价格卖。

在日本的生鱼片中，金枪鱼是最有代表性的一种做生鱼片的鱼类。

金枪鱼在日文中念作"マグロ"，英文念作"tuna"，所以香港人把它叫作"吞拿鱼"。澳门人用葡萄牙语的发音，称金枪鱼为"亚冬鱼"。

金枪鱼的鱼肉有点像牛肉，是紫红色的。它有两大特点，一是血红素含量高，可以平衡身体所需要的营养；二是低脂肪低热量、高蛋白，所以营养价值高，而且是日本女性轻松减肥的理想鱼类。

金枪鱼的形状也很奇特，它呈流线形，鱼体较长，粗壮而圆，体重可达700公斤以上。

金枪鱼中，最为名贵的品种是蓝鳍金枪鱼。蓝鳍金枪鱼也叫黑金枪鱼，它的脂肪含量高，口味好，主要适用于做高档生鱼片。

在东京的筑地鱼市场，每天清晨5点之前，最好的蓝鳍金枪鱼边总是会被高级料理店、寿司店抢购一空，一条普通的蓝鳍金枪鱼可以卖到50万元人民币。

金枪鱼最贵的部位在鱼的腹部，这个部位的油脂最为密集，日本人把它称为"大トロ"，汉字写成"大脂"，就是脂肪很多的意思。其次是"中脂"，日语念作"中トロ"。"中トロ"的部位是在金枪鱼的背部和腹部与背部之间的那一段，脂肪相对少一些。那么除了"大脂"和"中脂"这两部位价格最高、味道最好之外，剩下的部位都叫作"赤身"，就是"红色的肉"的意思，价格就便宜。我们如果在日本吃到的那种感觉不到有柔嫩脂肪的金枪鱼，都是最便宜的赤身部位。

金枪鱼是日本生鱼片中最为大众化的鱼。除了金枪鱼之外，日本还有哪些鱼可以用来做生鱼片呢？

用得比较多的是鰤鱼，鰤鱼是日本比较常见的生鱼片品种，在中国比较少见。鰤鱼脂肪含量丰富，鱼肉比较透明。

然后是鲷鱼。鲷鱼肉质偏白透明，肉质紧实，常见的做法有普通生鱼片和松皮生鱼片。松皮生鱼片是用开水烫过表皮之后，带皮切成两片连在一起的刺身，相对来说，嚼劲比较足。

鲭鱼一般并不直接作为生鱼片，而是先用盐腌制一段时间，然后使用米醋腌制一段时间去除腥味，直到鱼肉中蛋白质变质了，口感比较柔软时，才端出来做成生鱼片。

新鲜的乌贼也常用来做生鱼片，生乌贼晶莹剔透，口感爽脆。

甜虾往往也被当作生鱼片系列中的一道名菜，味道有点甜，口感美味。除此之外，扇贝和赤贝也都是生鱼片大拼盘中必不可少的。

我们中国人吃生鱼片，最喜欢吃三文鱼。但是在日本，三文鱼属于最低档次的鱼。至少在5年前，日本的超市和寿司店里是不卖三文鱼的生鱼片的。因为三文鱼中有比较多的寄生虫，日本人在过去吃了三文鱼的生鱼片，往往会拉肚子或者生病。因此，三文鱼一直是红烧吃，或者火烤着吃。但是近些年，由于超低温冷冻技术的普及，三文鱼被抓上来之后立即进行低温速冻，因此许多寄生虫被冻死，日本人才开始有胆量来品尝三文鱼的生鱼片。

还有一种名贵的鱼也可以做成生鱼片，那就是河豚。日本的河豚生长在海里，主要的产地是山口县，也就是安倍首相的老家。另外是石川县的能登半岛，还有福冈县。这三个地方是日本河豚鱼的三大产地。大家知道，河豚有毒，而且做不好，吃了会毒死人，因此在日本，做河豚料理需要日本厚生劳动大臣，也就是国家卫生部部长颁发的特别许可证和资格证书，因此在一般的居酒屋里，不可能有这样资格证书的厨师，所以要吃河豚生鱼片，必须要到专门做河豚料理的店里去吃。在居酒屋里，是吃不到河豚生鱼片的。在专门店里吃一个河豚套餐，至少一个人要1000元人民币。

那么，我们在日本想吃生鱼片，应该到哪里去吃？可以到一般的居酒屋里去吃，居酒屋里都有生鱼片。拿到菜单后如何来点生鱼片，我告诉你一个常识。一般的日本居酒屋，会将生鱼片分为单品、三种拼盘、五种拼盘、八种拼盘和渔船拼盘几种，三种拼盘的价格一般是在800日元，大约是50元人民币，五种拼盘一般是在1500日元，约90元人民币。如果朋友请你吃饭，拿出一条小木船做的生鱼片拼盘的话，那是大价钱了，少说也得千把元人民币。

吃生鱼片，一定要蘸一点芥末，日语叫作"わさび"。日本的"わさび"大多是用新鲜的芥末磨出来的，所以不冲鼻子。中国国内供应的芥末，大多数是用粉末加其他原料做的，稍微蘸一点，就会很冲鼻子。所以，你到日本吃生鱼片，一般不需要担心芥末会冲鼻子。芥末是从中国传入日本的，它具有很好的杀菌作用，目前日本最大的芥末产地是在静冈县的伊豆半岛，在清冽的山间溪水中长大，一棵新鲜的芥末要卖到30元人民币。

"生鱼片"是我们中国人的叫法，在日本叫作"刺身"，日语念作"さしみ"。据传，吃さしみ是在12世纪的镰仓时代开始流行起来的。原来只是渔夫们为了贪图简单，抓上鱼后把鱼切成薄片生吃。当时还没有酱油，所以把鱼肉切成细丁佐以芥末和姜丝来吃。后来伴随着酱油的产生和普及，演变成现在这样蘸芥末酱油的吃法。但是因为古代时酱油是非常高档的调味品，只有那些身份比较高的人才能吃得到。所以，吃生鱼片在日本老百姓中普及开来，是在酱油普及之后的江户时代末期，也就是中国的晚清时代。江户城内甚至流行起专门做生鱼片的店，这样的店被称为"刺身屋"。到了2015年，以生鱼片为代表的日本和食料理，被联合国教科文组织列入世界自然文化遗产。所以，大家到日本的话，一定要去吃一顿日本的生鱼片，记住，日语的叫法叫作"さしみ"。

29. 日本人为何越来越不愿意结婚

我跟几位朋友一起在东京六本木的一家意大利餐厅吃饭，厨师是一位日本人，不过他在意大利学了5年，做出来的菜很具艺术性。聊天时，他问了我一个问题，说你们中国马上要过春节了，听说男人们都喜欢租一个女朋友回家去蒙亲人。我说你听谁说的，他说前几天在报纸上看到的。厨师是50多岁的男人，我问他，他的孩子结婚了没有，他叹了一口气，说女儿都已经30多岁了，还不想找对象。看来，中日两国社会面临的问题真有许多的相同之处。

日本政府的厚生劳动省根据人口动态调查，发表了一份日本最新的婚姻状态的调查报告，这份报告显示，2016年，日本人初次结婚的平均年龄，男子为30.7岁，女子为29岁，这一数据与20年前相比，男人晚了2.4岁，女人晚了2.9岁。

这一数字说明什么问题呢？说明日本社会晚婚问题越来越严重。

日本跟中国一样，大学生毕业时，基本上在22岁左右。有一点不同的是，日本大学生毕业后，95%会找工作上班，读研究生的比例只有不到3%。

参加工作两三年之后，这些年轻人都到了谈婚论嫁的年龄，他们对于自己的婚姻问题是如何考虑的呢？日本经济新闻社在2016年6月对刚刚从大学毕业进入企业工作的5000名年轻人进行了一次调查，发现有80%左右的年轻人表示今后要考虑结婚成家，但居然有20%的年轻人觉得自己没有必要一定要结婚。

那么，这些年轻人当中，在工作5年之内考虑结婚的比例有多少呢？只有36%，也就是说，大部分人在参加工作5年内，也就是在二十七八岁之前，并不考虑结婚。

虽然日本年轻人晚婚的意愿比较高，但是对于许多年轻人来讲，30岁，依然是他们婚姻的一条红线。对男人来讲，到了30岁，自己工作比较稳定，人生观也基本形成，可以考虑找对象结婚。但是对于许多女性来讲，30%的人希望在28岁之前结婚，希望在30岁以后结婚的比例只有16%。许多女性都把30岁看作自己离开公司成为家庭主妇的标志性年龄。

这几天，日本电视台在播一个叫《东京タラレバ娘》电视连续剧，由当今走红的影星吉高由里子、大岛优子等三人主演，讲述的是三个年龄已经33岁的女性，由于错过了找对象的最佳时机，结果三个人只好组成了一个"女子会"，每天一起喝酒一起聊天。为了找对象，三个人还去相亲酒吧喝酒，发现里面全是20多岁的女孩子，这些年轻的女孩子把她们叫作"阿姨"，这让她们的自尊心遭到极大的挫伤，只好落荒而逃。这部电视连续剧收视率还挺高。

这部电视连续剧冒出了一个新的流行语，叫"タラレバ娘"，タラレバ是"过时"的意思，むすめ、在日文中写成"姑娘"的娘，是指女孩子。所以，"タラレバ娘"可以翻译成"过时的女孩子"，或者按照我们中国的说法，直接翻

译成"剩女"。那么日本社会的剩女比例有多高呢？日本政府的调查数据显示，在 30 岁到 40 岁的女性中，还没有结婚的剩女达到了 23%，也就是说，4 个 30 多岁的女性中，有 1 个是"**タラレバ娘**"。

现在日本女性找对象，有 60% 的人希望对方的年收入在 500 万日元以上，也就是年收入在 30 万元人民币以上。但是符合这一条件的 25 岁至 35 岁的男性中，4 个人中只有 1 个。大多数男子在这个年龄段的收入都在 300 万日元左右，也就是 20 万元人民币左右。这一收入与大部分女性所期望的收入目标差距太大，这也导致不少女性认为自己找不到合适的对象。

日本年轻人选择晚婚，女子晚婚的第一原因是经济问题，第二原因是担心自己结婚后不幸福；男子晚婚的第一原因是不愿意放弃自己的自由，第二原因是不愿意过早地承担起养育孩子的责任。

日本还有一份报告，是内阁府在 2015 年对 7000 名年轻人发起的调查，结果显示 20 多岁的单身男女中，高达 40% 的人"根本不想找对象"。问及原因时，他们回答最多的是"谈恋爱很麻烦"或"愿意花时间在自己的爱好上"。

日本一些专家认为，与父辈一代相比，日本当代年轻人不愿结婚是因为他们看到父母的婚姻生活不够幸福，不想自己重复那种痛苦的生活。另外，沉迷网络也是不少男性不愿谈恋爱的原因。

从事性教育的民间组织"日本家族计划协会"主席北村邦夫说，日本近年来经济不景气、前景不明朗是导致年轻人不愿谈恋爱甚至没"性趣"的原因。这一点在男性身上体现得尤为明显。23 岁的年轻人木村就是其中一个代表。他是负责安装光纤设备的临时工，月薪 15 万日元（约合 8220 元人民币）。每月租房和购买生活必需品后，他只剩下 2 万日元（1096 元人民币）。他说："我连买好衣服的钱都没有，哪个女人会看上我这样的人？"

与男性相比，女性不愿结婚的原因除经济因素之外，还有不少人是因为不愿离开公司、放弃事业。21 岁的女大学生里香说，与其谈恋爱，她更愿意和朋友聚会并寻找工作机会，她的理想是成为一名商界女强人。

也许是看多了日本 AV 片的缘故，我们中国社会中有一种印象，觉得日本的女孩子都很乱，尤其是性生活很开放。但是事实上又是如何呢？

日本政府的国立社会保障人口问题研究所对 7000 名未婚男女进行了一次

社会调查，发现一个很意外的现象，日本女性的处女率在出现大幅的上升，最新的调查显示，日本 25 岁到 29 岁之间的处女比例是 29.6%，也就是说，3 个人当中有 1 个是处女。在 30 岁到 35 岁之间，日本女性的处女比例依然高达 23.8%，而男子的童真率也达到 26.1%。这两个数据都比 2005 年的调查数据高出了 5 个百分点。

日本社会为什么会出现处女率增加的情况呢？很大的一个原因是日本男人对于性生活的兴趣越来越淡。为什么日本男人对于性生活不感兴趣？婚姻专家分析出了这么几个原因。

第一，现代生活的多样性，从游戏机、手机、电脑中可以获取各种资讯，尤其是手机占据了人们太多的时间，以至于不少人宁愿看手机，也不愿意看女人漂亮的脸。

第二，日本泡沫经济崩溃以后，日本社会陷入了一种不景气的状态，"90 后"是在不景气的环境中长大的，因此对于生活的要求越来越低。日本经济高速发展的 20 世纪七八十年代，年轻人最喜欢做的一件事情是买辆汽车带上女朋友去兜风，两人的第一次结合，几乎都是在兜风的情人旅馆或者温泉酒店中完成的。但是，现在的日本年轻人，越来越不喜欢汽车，在大城市里，年轻人买汽车会被认为是脑子进水。

第三，受太多动漫和时尚潮流的影响，日本"90 后"一代的中性化色彩越来越浓，男人的雄性和野性出现退化。

日本社会还有一个现象是越来越多的年轻女孩子愿意嫁给老男人。《东京生活杂志》做过一次调查，问了 2000 名 20 岁至 30 岁的女性，你希望自己的丈夫跟自己差多少岁？调查结果显示，觉得差 5 岁比较好的比例只有 18%，觉得差 10 岁最好的比例，高达 42%。有 27% 的女人愿意嫁给比自己大 15 岁的男人。愿意嫁给比自己大 20 岁的女性比例也占到了 13%。

为什么那么多日本女孩子愿意嫁给比自己大许多的老男人呢？调查也告诉我们三大理由，第一个理由是经济原因，她们认为中年男子的经济能力比同龄人要好。第二个理由是，年纪比自己大的男人，包容力强，做事理性，能够带来更多的安心感。第三个理由是，同龄的男人像个没有长大的孩子，自己不仅得不到许多的关爱，相反地要不断地去关爱他，生活会很累。

我们编辑部有一位 25 岁的女孩子，男朋友是一位 41 岁的电视台摄影记者。我问她为什么会喜欢大龄男人，她笑着告诉我，她的第一个男朋友是大学的同学，两个人在一起出去玩，吃饭买饮料，甚至去情人旅馆，都是 AA 制，因为大家都是穷学生，男朋友也没钱。有一次跟一位比自己大的男性一起去吃饭，这位男子一下子把 2 万日元的饭钱都付了，她突然感觉到一种做女人的幸福感。于是下定决心，一定要找一个年纪比自己大、有一定经济实力的男人结婚。

日本女孩子愿意嫁给老男人的风潮，也助长了男人的野心。《东京生活杂志》的调查称，有 60% 的日本未婚的中年男子，希望找 30 岁以下的年轻女子结婚。但是，还有一个数字也会吓人一跳，日本未婚的中年女性中，有多少人希望找一个比自己小的小鲜肉结婚？这一比例居然高达 74%。她们的理由很简单，年轻男人有活力。

30. 日本女人生孩子能得到多少政府补贴

我在喜马拉雅 FM"徐静波频道"上曾经谈到过一个问题，就是日本泡沫经济崩溃之后 20 年，它到底失去了什么？这个节目播出以后，引起了大家热烈的讨论。我的观点是，日本在这 20 年当中，它失去的只是 GDP 的高增长率，获得的是产业结构调整和更加接地气的经济发展模式。正如一位听众朋友在留言中所说过的那样，要让一个人均 GDP 已经达到 38000 美元的国家，继续保持 5% 以上的增长率，是不现实的。

有一个现象很值得关注，20 世纪 90 年代初，日本泡沫经济崩溃后，日本社会进入了低速增长期，房地产价格跌了一半，个人资产大量缩水，工资收入也出现减少，但是，日本国民的满足感并没有大打折扣，日本社会还是长期处于一个稳定的状态，是什么保证了日本国民还能安居乐业？一个很重要的因素是日本拥有完善的社会保障制度。

我在日本的东北城市青森县访问时，考察了青森县地方的中小企业，了解他们的技术研发和发展经营状况。青森县是日本红富士苹果的产地。

青森县位于日本东北地区的最北端，与北海道隔海相望。在回东京前，我去了一趟八甲田山。八甲田山是日本东北地区很著名的一座山。明治时期，日俄战争爆发在即，日本为了去中国的大连攻击盘踞旅顺港的俄罗斯军队，将一个连队 500 多人带到大雪纷飞的八甲田山进行训练，结果有 200 人迷路冻死，酿成了日本历史上最严重的集体山难事故。1977 年，由著名影星高仓健主演，日本电影公司耗巨资完成了日本电影史上著名的史诗巨片《八甲田山》，引起海内外轰动，获得了许多的国际奖项。

这部电影上映后，八甲田山也因此成了一个著名的旅游胜地。我坐缆车来到了山顶，山顶海拔是1584米。让我感到惊讶的是，我到了山顶，居然发现有三位残障人坐着轮椅在山顶观光。轮椅是如何登上山顶的？自然不是人扛上来的。一个人坐着轮椅从家里出来，要坐上能够停放轮椅的汽车，到旅游景点以后，有轮椅可以使用的专用的无障碍车道，然后在缆车车站有升降式电梯可以让他们来到缆车的搭乘平台，同时到了山顶以后，又有升降式电梯可以让他们顺利地走出车站来到山顶观光台，这件事看起来有些简单，但是要做到却很难，因为它不是一个简单的设施问题，而是整个社会保障为残障者如何提供系统服务的问题，让残障人能够像正常人一样出行，体现了一个社会文明的力量。

社会保障制度，一般可以理解为两个方面，一个是医疗保障制度，另一个是退休养老制度。日本的医疗保障制度已经完全实现了全国统一化，城市居民和山区农民的标准是一样的，政府官员与一般国民的标准也是一样的，没有人能够搞特殊化。日本前首相村山富市因为患了白内障需要去医院做手术，医生告诉他，如果你想做完手术后远近都看得清楚，需要安装特殊的晶片，但是手术费就要增加几十万日元。村山老先生说，我这么大年纪了，已经无所谓，手术不需要做得这么精细。村山前首相为什么不愿意安装特殊晶片呢？原因很简单，虽然他贵为日本前首相，但是他的医疗保险同普通的日本国民一样，只能报销30%，而不是100%的全包，而且安装晶片多出来的几十万日元，不能列入医保范围，必须自己掏腰包。

我在青森县认识一位朋友海燕，她大学毕业后嫁给了青森县当地的一位日本人，2016年，她的丈夫突发心肌梗死，被送到医院以后抢救了过来，并安装了一个心脏起搏器，整个抢救医疗、住院和安装心脏起搏器的费用是144万日元，相当于9万元人民币。由于他加入了国民医疗保险，再加上他属于大病，因此最终个人承担的医疗费只有59000日元，大概是3600元人民币。不仅如此，因为他安装了心脏起搏器，所以，日本政府按照相关的法律规定，认定他是一级残废。其实安装一个心脏起搏器对于他的生活并没有多大的影响，但是因为他有了一级残废的证书，所以可以享受许多特殊待遇，比如他们家有一辆汽车可以作为残疾人的专用汽车，享受三年免税免费的待遇；同时汽车上高速公路，高速过路费可以减免一半。在超市也好，市政府等公共机构的停车场也好，可以享用残疾人专用停车位。坐公交大巴，享受免费待遇。去医院看病，医疗费本人承担的部分由原来的30%降到10%。孩子在上学和家庭缴纳人头税等方面，都享受一定的减免优惠。所以，一旦你被认定是残疾人，那么整个社会的服务系统，都将为你开放绿灯。

医疗保障如此，日本的退休养老金也实现了全国统一的待遇标准。日本养老保险制度由国民养老保险和厚生养老年金构成。国民养老保险又称为基础养老保险，凡20岁以上、65岁以下的公民必须参加入保。厚生养老年金是在国民养老保险的基础上设定的一种附加年金，投保对象限定为工薪阶层，强制性要求加入厚生养老年金，保费由政府、企业、个人共同负担。无论是你是公司白领、政府官员还是山区农民，待遇都一样。国民养老金待遇占老人家庭收入的64%，这一制度成为人们老年时生活的主要保障，一直发挥着非常重要的作用。

当然，如果你实在感觉到生活困难的话，你还可以向政府申请低保，日本政府规定的国民最低生活保障标准是14万日元（约8800元人民币），你的收入不足14万日元的话，可以向政府申请领取不足的部分。如果你完全没有收入的话，则可以向政府申请领取14万日元全额的低保补助。

为了养活整个日本社会，让每一个日本国民都能享受到国家完善的社会保障制度，日本政府承担了很大的财政负担。以2016年为例，日本的国家预算为95万亿日元，但是，用于整个社会保障的支出，却高达32万亿日元，也就是说，日本国家预算的三分之一是用于国民的医疗和养老等社会保障支出的。所以，有人说，日本是一个民主社会主义国家，或许也有道理。

日本社会目前面临的最头疼的问题就是少子化和老龄化问题。虽然这个问题在许多国家都已经出现，包括我们中国，但是，少子化、老龄化问题在日本已经成为阻碍社会发展的一个很关键的问题。首先是日本的出生率越来越低，日本育龄女性的生育率现在已经降到了1.4，也就是说一个育龄女性一生只生1.4个孩子，而过去，日本育龄女性的生育率是2.9。

日本政府为了鼓励更多的女性生孩子，制定了许多的补助政策，比如女人每生一个孩子，政府补贴她42万日元（约25000元人民币）出产费。也就是说生孩子个人不需要承担费用，全部由政府来负担，如果不是难产动大手术的话，一般来说，还可以赚20万日元。

那么孩子生下来以后，日本政府又有哪些补助政策呢？

政府每月还会支付从出生到15岁的孩子一笔生活补贴费：

0至3岁：每人每月15000日元（约940元人民币）。

3岁至小学毕业：第1胎10000日元，第2胎10000日元，第3胎（或以上）15000日元。

小学毕业至15岁初中毕业：每月10000日元。

在孩子成长到6岁之前，医疗费用的其中一部分也都由地方政府承担。对于单亲家庭的儿童也有特别补助，在孩子18岁之前，第一胎每月补贴42330日元（约2700元人民币），第二胎每月补贴52330日元，第三胎每月补贴58330日元（约3650元人民币），三胎以上多一胎每月增加6000日元。可以说，无须担心经济问题。

残疾儿童还有特别的扶养津贴，普通的残疾儿童每个月可以领到33800日元，重度残疾的儿童每月可以领到50750日元。

总的来说，生活在日本的儿童完全不用担心没钱读书或者没钱看病。

即使如此，日本女性依然不愿意多生孩子，甚至结婚后不愿意生孩子，还有许多女性不愿意结婚，只喜欢享受自己的生活。日本把这种社会问题称为"现代病"，现代社会生活让日本女性有了更多享受生活的领域，而且生活的注意力也更加分散，越来越多的人远离传统的家庭生活。面对这种趋势，即使日本政府采取更多的补贴政策，看来也难以扭转出生率日益低下的问题。

在出生率低下的同时，日本人却越来越长寿，日本已经连续20年保持了世界最长寿国家的荣誉。女性的平均寿命为86.83岁，男性为80.50岁，超过中国人平均10岁。长寿虽然是好事，但是对于政府来说社会保障负担却越来越重。而出生率低，意味着缴纳社会保障经费的人越来越少，领取社会保障经费的人越来越多。社保基金出现严重亏损，已经成为日本国家财政支出的一个大窟窿。

为了填补社保基金的空缺，日本政府采取了提高消费税的办法，在2014年已经将消费税从5%提高到8%，并计划在2018年提高到10%，以增税的收入来补充社保基金。但是消费税的提高使得日本国民的消费欲望大为降低，市场消费出现了低迷。而市场的低迷拖累了日本国内的经济，所以，日本社会目前出现了一个恶性循环的问题。

日本政府一方面将社保基金进行有效的投资运作，比如购买国债等比较靠谱的投资，另一方面也不得不推迟养老金的领取年龄。目前，日本人退休之后，还可以从 62 岁开始领取养老金。但是预计到 2030 年，领取养老金的开始年龄应该是在 68 岁，甚至有可能是 70 岁。虽然日本人退休时有一笔企业给予的退休金。但是如果真的从 70 岁开始才能领取养老金，那么，60 岁退休之后 10 年间，不去打工，还真的难以好好生活。

　　日本社会目前面临的问题，今后也将会成为中国社会必然遭遇的问题。所以，在如何应对少子化、老龄化问题上，中日两国之间有许多可以合作和相互学习的空间。

日本社会

1. 东京大学和北京大学有啥不同

每到我们中国孩子报考日本各个大学的报名期，都会有好多读者问我同一个问题，就是"日本的大学与中国的大学到底有什么区别？"这个问题过于宽泛，够得上我写一本书。我只想比较一下中国、日本两所著名大学，从中我们去观察一下这两所著名学府有什么不同，去发现这两所大学的各自特征。这两所大学，一所是中国的北京大学，另一所是日本的东京大学。

在我们中国人的心目中，北京大学是中国的最高学府，与理工科的清华大学一样，都是中国教育的骄傲。

北京大学创建于 1898 年，距今已有 120 年的历史。北京大学最初叫"京师大学堂"，是中国近代第一所国立大学，它的成立标志着中国近代高等教育的开端。北京大学是中国近代以来唯一以国家最高学府身份创立的学校，最初也是国家最高教育行政机关，行使教育部职能，统管全国教育。北京大学催生了中国最早的现代学制，开创了中国最早的文科、理科、社科、农科、医科等大学学科，是近代以来中国高等教育的奠基者。

1912 年 5 月，京师大学堂改称"北京大学校"，由严复先生担任第一任校长。1916 年，蔡元培先生出任校长，他一当就当了 10 年，蔡校长提倡"循思想自由原则、取兼容并包之义"，把北京大学办成全国的学术和思想中心，使北京大学成为新文化运动的中心、五四运动的策源地。

1937 年抗日战争爆发，北京大学与清华大学、南开大学南迁长沙，组成"国立长沙临时大学"。不久迁往昆明，改称"国立西南联合大学"。1946 年 10 月在北平复学。1952 年院系调整，校园从内城的沙滩红楼迁至西北郊的燕园。

北京大学培养过许多影响中国近现代史的杰出学子，近代的，如李大钊、陈独秀、邓稼先、茅盾、朱自清。现代的，如李克强总理、诺贝尔医学奖获得者屠呦呦。

北京大学以前最牛的，应该是人文学部、经济与管理学部和社会科学部。现在，理学部、信息与工程科学部、医学部、跨学科部等新兴学科，也都成为名列世界前列的专业。

北京大学目前有学生约3万人，教职员工15000余人，其中教授1700人，副教授2050人。

东京大学诞生于1877年，比北京大学早21年。它是由"东京开成学校"与"东京医学校"合并改制而成，初设法学、理学、文学、医学四个学部和一所大学预备学校，是日本第一所国立综合性大学，也是亚洲最早的西方学制的大学之一。

作为资本主义文明浪潮冲击下的直接产物，东京大学在日本社会有着举足轻重的历史性地位。学校于1886年改名为"帝国大学"，1897年，更名为"东京帝国大学"，以区别于同年在京都创立的京都帝国大学，也就是现在的京都大学。第二次世界大战结束后的1947年9月，正式定名为"东京大学"。

东京大学已经培养了9名诺贝尔奖得主、16位日本首相、21位国会议长，还有一大批学术名家、工商巨子，在日本国内的影响力和知名度都无可比拟。东京大学除了本乡、驹场、柏三个主校区之外，附属机构遍布日本全国。

东京大学最著名的学科，是教养学部、文学部、法学部、农学部、医学部。天皇动手术也去东京大学的附属医院。最近几年，工程、信息、宇宙科学、经济学、艺术与科学等学科也成为世界领先的学科。东京大学的学生有28000人，只比北京大学少2000人。但是教职工比北京大学少了一半。其中教授为1200人，副教授为900人，也比北京大学少了40%。

重视教养教育是东京大学教育的最大特征。也就是说，考入东京大学的本科生，第一学年和第二学年，必须共同学习文科和理科各个专业。包括各国语言、法律和政治、经济学、历史学、文化人类学、物理、化学、生物、数学等。到了三年级之后，才开始文理分科，学习自己专业的内容。所以，东京大学在本科阶段，实施的是一种能文能理的综合素质教育。到了研究生阶段，才可以正儿八经地主攻研究专业。

东京大学的另外一个特点，就是实施"教授治校"和导师负责制，学校是教授为大，校长也是由教授会推荐担任。教授对于学校、院系和学生拥有绝对的自主管理权，因此学术自由的风气比较浓郁。

在世界著名大学排行榜上，东京大学一直是亚洲第一。在2016年软科世界大学学术排名中东京大学是第20位，北京大学稍微靠后一些，是第71位。但是在2017年QS世界大学排名榜上，东京大学是第34名，北京大学是第40名，已经十分相近。

北京大学和东京大学，分别是中国和日本最著名的学府。两所大学有一些共同的特点。首先，两个大学的校园以前都是王府，北京大学以前就是王府的一部分，东京大学的校园以前也是日本诸侯加贺前田藩主的府邸。因此，北京大学的校门与东京大学的校门十分相似，都是古色古香的木质红门，东京大学校门叫"赤门"。两个大学的校园内都有湖泊，北京大学叫"未名湖"，东京大学叫"三四郎池"。

两个大学都有一段很辉煌的革命历史，北京大学学生发动过著名的"五四运动"，东京大学在20世纪60年代初，也就是安倍首相的外祖父岸信介当时担任首相时，要在国会强行通过日美安保条约的时候，东京大学等学校学生掀起了反安保运动，他们占据东大讲堂，与警察展开了长时间的对峙，成为日本社会反日美安保的最大堡垒。

不过，因为国情的不同，两所大学的招生制度有很大不同。如果你想报考东京大学的话，不管你是北海道的考生，还是东京的考生，一律按照考试分数的高低录取，没有地区名额的限制。而北京大学目前还做不到这一点。

那么，当你走进北京大学和东京大学的校园，你会发现，两个大学不同的地方还真不少。

最近，日本媒体采访了两位毕业于北京大学，目前在东京大学留学的中国留学生，他们都是24岁的小伙子，其中小吴来自新疆维吾尔自治区，毕业于北京大学新闻学院，以前学的是广告学，目前在东京大学攻读国际协力学硕士研究生。小苏是天津人，在北京大学医学院攻读药学，获得硕士学位后，现在在东京大学的药学系攻读博士研究生。

这两名小伙子都是中国社会很优秀的青年，而且都读了中国最有名的大学和日本最有名的大学，那么在他们眼里，北京大学和东京大学到底有什么区别呢？

他们认为，最大的区别，在于校园。北京大学和中国的其他大学一样，是一个小社会，你进了这个大学，从住宿、读书、娱乐，几乎所有的生活都在学校里完成。所以，校园就是一个学生的全部。但是东京大学和日本的其他大学一样，学生都是走读的，所以，校园就是一个学习和研究的地方，没有任何的社会色彩。

正因为如此，他们发现两个大学的校园风景也是不一样的。在东京大学，你根本看不到有手牵手的恋人，即使有的话，也是秘密交往，直到毕业的时候，才会让同学有所察觉。但是在北京大学，因为大家都生活在一个校园里，恋人之间手牵手走在校园里是很正常的风景，有时到了晚上11点，在女同学的宿舍楼前，一对恋人拥抱亲吻，依依分别，都是北大校园的一道美丽的风景。这种情景在东京大学的校园里，你根本就看不到。

东京大学和北京大学之间还有一个很大的不同，在于食堂。因为东京大学的学生都是走读的，所以学校提供的食堂餐一般都是中餐，晚餐很少。而且品种较少，最多是各种套餐，其次是咖喱饭和拉面，而北京大学的食堂，不仅有麻辣火锅、刀削面，还有五香小龙虾，各色炒菜应有尽有，而且对信仰伊斯兰教的老师、同学，开设有清真食堂，但东京大学的食堂就没有这么热闹。这使得吃惯了北京大学食堂的年轻人，走进东京大学食堂，总有一种吃不饱的感觉。

还有一点，你在北京大学里，到处可以看到骑自行车的人，但是在东京大学的校园里，你很少看到骑自行车的人，大家都是默默地行走在校园里，宁静而淡泊，学习场所的气氛较浓。

小吴和小苏还感到惊讶的一点是，在东京大学的研究生院，日本叫大学院，他们的同学当中，有许多是已经参加了工作的社会人士，也就是企业的白领，或者是政府机关的公务员。但是在中国读研究生院的学生，大多数是为了以后能够找到好工作的年轻人。也就是说，日本人是先工作，再读研究生，而中国人是读完研究生以后再去找工作。

对比两所大学，两人感到不可思议的地方还有一点，那就是东京大学的教授不管多么有名、不管年纪多大，都还在自己的研究第一线里默默地从事研究工作，还自己在做实验。如果在北京大学的话，这样年龄的教授基本上已经在各种管理岗位上当干部，很少还有教授在实验室里做实验。所以他们觉得，东京大学的教授是活到老研究到老，以做一名学者和科学家为人生的最高目标。所以，国情不同，也显示北京大学与东京大学既有共同的特征，也有个性。

2. 日本和服的背后为啥有一个结

说到日本女人，闪现在我们脑海里的首先是穿和服的和风美人。虽然和服是从中国传入日本的，但是经过几次改良，和服已经成为日本民族的服饰，而且是世界各民族中最令人欣赏的服饰之一。所以不少外国女性到了京都，都期望能够体验一次穿和服的感觉，哪怕是穿上简单的浴衣，也期望在京都的大街小巷里走几圈，留下自己穿和服的美景。

和服的美，美在哪里？其实美在背后的那个结上，没有这个结，就难以成就和服的整体之美。有朋友跟我说，日本女人背后背的那个结，是不是起到一个枕头的作用？这一猜想显然是一种很暧昧的联想。那么，和服的背后为什么有这么一个结，它到底是干什么用的？

"和服"这一名称，其实是中国人取的，大概是日本民族叫"大和民族"的缘故。日本社会并没有这样的叫法，她们把和服叫作"着物"，意思是"穿着用的衣物"，日文念作"kimono"。但是在古代日语中，和服还有一个名称"吴服"，吴是三国时期江浙一带的国家，吴国盛产丝绸，以苏州的丝绸最为出名。顾名思义，"吴服"是当年吴国官民穿的服饰。

三国时期，中日之间已有海上往来。吴服应该是在公元3世纪的时候传入日本。到了隋唐时期，大量的日本留学生以"遣隋使""遣唐使"的名义来中国朝贡和留学，带回去中国华丽的服饰，使得和服在日本开始成为官服，也成为宫廷女子追捧的服饰。当时，日本朝廷颁布了一份《衣服令》，规定了皇室成员和政府官员的礼服、朝服和制服，这是日本奈良时代模仿中国唐朝的法规制定的制度之一。直到现在，在奈良博物馆里，还收藏着中国唐朝的服饰。

由于受到材料和工艺的限制，日本奈良时代和服的色彩还比较简单，而且材料大多是廉价的麻布。到了8世纪的平安时代，日本恒武天皇将首都从奈良迁到京都，并鼓励全国种桑养蚕，学习中国的丝绸纺织技术，从那个时候开始，日本和服的色彩开始多样化，衣袖也向宽大方向发展。由于国家开始富裕，和服也开始出现多层重叠，显示其厚重奢华。

但是，日本和服在平安时代是没有腰带的，古代的日本女性，其身材比例比较糟糕，上身长、腿短，这种体型穿上宽松的和服，身材自然是惨不忍睹，毫无婀娜多姿的美感。如何才能掩盖日本女性身材的缺陷呢？这是日本和服实施第一次革新的动因。

到了日本的桃山时代，也就是中国的明代，当时主政日本的是丰臣秀吉。丰臣秀吉鼓励日本开放，鼓励商人从事海外贸易，于是大量的外国商品涌入日本，甚至到了日本人都难以消化的地步。跟随外国商品涌入日本的还有外国的传教士，尤其是基督教的传教士。基督教传教士穿的长袍，中间有个腰带，这根腰带给了日本人一个很大的启发。同时，丰臣秀吉还出兵攻打朝鲜，在朝鲜看到朝鲜人的长袍中间也有一个扁平的腰带。现在我们看韩国的古代剧，都能看到韩国男女穿的服饰中有么个腰带。

传教士与朝鲜人的腰带让日本人豁然开朗，于是日本人对和服实施了一次改造，也扎起了一个腰带。有了腰带，日本女性的腰身有了一种紧凑感，初步满足了日本女性对于体型美的追求。

但是，日本和服的腰带，最初是系在腰间，宽宽的腰带在腰间缠上几圈，事实上让许多女性的身材变成了水桶一样的臃肿。怎么才能把腰身显示出来呢？又经过100年的探索，日本人终于发现，把腰带往上提，提到胃的部位再系，不仅可以让腰身显示出来，而且可以掩盖下身短的缺陷。和服这一完美的黄金比例，就在桃山时代的后期诞生了，并一直延续至今。

系腰带需要打结，和服的腰带结最初是打在胸前的。后来为了增加它的装饰性，腰带的结越打越大。相反，原来女性和服上的金银饰品越来越少，后来就完全取消，以腰带结作为和服最大的装饰品。据说，日本古代的腰带结的打法多达200多种。

腰带结打得过大，造成一个很大的问题，那就是女人走路时看不到自己的脚。所以，为了保持走路的平稳，穿上和服后必须保持一种昂首挺胸的姿态。同时，为了防止摔倒，走路不能太快，更不能大踏步前行，只能小心翼翼地往前走，于是就形成了和服美人碎步前行的特别步态。

到了300多年前的元禄时代，日本的女人终于感觉到，胸前戴着这么大的一个结，在生活上实在很不方便。所以和服开始了第三次革命，就是把胸前的这个腰带结移到背后去。这一移动，改变了和服整体的观感，也就是说，以前男人看女人，是看正面。自从腰带结移到背后之后，男人看女人的焦点，也从前面移到了后背，因为背着一个漂亮腰带结的女性，她的背影更加美丽动人。一个腰带结的移动，也促使日本社会的审美观发生了一次大革命。

日本考古学大使樋口清之教授曾经在《梅干与日本刀》一书中说，腰带结的革命，使得和服的美感从胸前转移到了背后，宽宽的腰带缠住了女性美丽的胸部，唯有背后的结，让男人们浮想联翩。这一审美观的改变，使得女性也开始刻意地装点自己的背影来掩饰自己并不秀美的面容。她们把腰带结做成各种造型以吸引更多男性的视线，同时她们撩起自己的头发，将头颈部的细发一根根拔掉，然后抹上粉白的化妆粉，露出一块迷人的香脖，让自己的背影对男性释放出一种独特的魅力。而这种魅力，在舞台剧当中也得到了淋漓尽致的表现。在歌舞伎戏剧中，女性向自己的恋人诉说爱的时候，她不是以正面一步一步地走向男人，而是让自己的背影一步一步紧逼男人的胸口。樋口教授说，这种不让对方看到自己的脸而以背影谈恋爱的方式，全世界大概也只有日本女性才能做得到。

那么日本女性在穿和服时，胸间系一根宽宽的腰带，会不会影响血液循环、损害身体健康呢？现代日本医学专家们对这一问题进行了调查研究，发现系一个腰带对于女性的身体其实大有好处。由于日本女性身材是上身长，因此很容易导致胃下垂。而这个腰带托住了胃，对于防止胃下垂有很好的预防作用。同时，对于生完孩子的女性来讲，系上这个腰带以后，会使得自己的身材变得苗条，可以防止生育之后的体态臃肿。

和服属于平面裁剪，几乎全部由直线构成，以直线创造和服的美感。和服裁剪几乎没有曲线，只是在领口处开出了一个 20 厘米的弧形口子，让男人们可以窥视女性身体的一部分，并为此产生对于女性的爱慕与渴求。如将和服拆开，我们可以看到，用以制作和服的面料，仍然是一个完整的长方形。日本人将他们对艺术的感觉淋漓尽致地表现在了和服上，这也是日本和服制作的智慧所在。

和服依照四季的不同，从种类、材质、花纹乃至饰品小物有其搭配的规则，特别是修习茶道、花道、舞踊等日本传统技艺者，更注重和服的分类，什么场合该穿什么样的服饰，什么季节该更换什么样的内衬。春天的梅、夏天的菖蒲、秋天的枫叶、冬天的松枝，这些和服上常用的花纹元素，与日本人的季节感直接相关。而和服下摆的风花雪月花纹，走动时会如何摆动、会增添多少女人的韵味，都是经过细心研究后才被设计出的。

日本人大体上说来是一个勤俭的民族。拥有一套华丽的和服，是许多女人终身的憧憬。因为和服实在太美丽，太诱人。这美丽，也是世世代代的日本人潜心发扬出来的美。一种高度艺术与编织印染技术的结晶。我上次去京都的时候，特地到和服设计大师富田伸明先生的公司去参观，他拿出一套自己设计并在意大利国际时装节上获奖的和服,告诉我这套和服的价值为1000万日元,也就是60万元人民币。日本一些著名女歌手,几乎都有十几套甚至几十套华丽的和服,一生的积蓄都用在了购买和服上。所以,日本人有一个习惯,就是自己的奶奶或者母亲过世后,和服不是烧掉,而是代代传下去。因此,30多岁的女子穿上已在天国的奶奶留下的和服,在日本是再正常不过的事情,许多女性并以此为自豪,以此来向人们说明她的祖辈是多么的富裕,能够买得起如此华丽的和服。

读完以上的内容,我们可以知道,日本的和服源自中国三国时期的吴服,后来因为得到许多中国盛唐时期的华丽服饰而进一步提升,在后来的发展过程当中,和服也吸纳了西方服饰和朝鲜半岛服饰的一些元素,加上日本本土的服饰文化,使得一个外来文化的服饰综合体,配合日本人的体型,岛国的风土环境、风俗文化,使得和服脱胎换骨,成为世界上独一无二的美丽服饰。

华丽的和服与日本的和式建筑、绚丽斑斓的屏风以及需要跪坐的榻榻米相融合,造就了日本女人娴静优雅的步行举动与娇滴滴的说话姿态,令全世界的男人为之倾倒。所谓"最幸福的生活,莫过于娶日本老婆,雇中国厨师,请法国管家,住美国房子"的说法,大概就源于这种倾倒。

3. 什么东西最能体现日本男人的脸面

在日本,什么东西最能体现一个男人的品位？是西装,名牌夹克,还是手表？其实都不是,说出来,大家可能不相信,是皮鞋。

一双皮鞋为何能体现男人的品位？这与日本人的社会环境与生活习惯有很大的关系。

我的一位朋友去美国旅游,回国时在东京逗留几天来看我。我请他喝日本清酒,吃生鱼片。一圈兜下来,聊起中美日三个国家的差异,他作了这么个总结,说"在中国是忙于查包,去美国是忙于解皮带,到日本是忙于脱鞋"。

听他一说,我还真觉得有道理。去美国,到哪儿都有安检,男女不管,有皮带都必须解下来。而在日本,除了机场,没有地方再搞安检,只是到了许多地方,都要求脱鞋。

日本人的传统是使用榻榻米,因此日本人长期以来就形成了一个习惯,无论是进家门、进办公室,还是去温泉旅馆、进高级料理店,大多要脱鞋。

正因为要到处脱鞋,鞋子的重要性就凸显出来。

当你去朋友家做客,你进门之后的第一个动作是脱下鞋子。对于这个动作,大家不会感到稀奇,因为我们中国人去别人家做客,也是要脱鞋子的。问题是,女主人接下来有一个动作,中国人很少做到,那就是,你脱下鞋子后,女主人一定会走过来,把你的鞋子掉个头,鞋头朝门外整齐地放好,为了你离开时穿鞋方便。

女主人的这个动作,看似简单,其实内含深刻意义。女主人从你的鞋子品牌、干净度、皮鞋的亮度、有没有臭味等几个方面可以立刻判断出你的品位、生活态度和性格特征,甚至可以知道你有没有结婚,若结了婚,也可以看出你的夫人是不是一位勤劳持家的女人。为什么这么说？因为单身男人一般不会天天擦皮鞋。如果天天擦的人，一定是一个做事很认真的人。如果一个男人已经结了婚，皮鞋依然是脏兮兮的话，只能说明这户人家的主妇是个比较懒惰的女人。如果你的皮鞋是漂亮的名牌皮鞋，那说明你是一位有钱人。

也就是说，虽然你是第一次去朋友家做客，但是，女主人从你的皮鞋上就已经把你的情况摸透了一半。

听我这么一说，大家一定能够感到皮鞋的重要性。

不仅是去朋友家做客，如果去高级的料理店吃饭，服务员和老板娘也照样可以掂量你。

我办公室所在的赤坂地区，因为邻近日本国会和首相官邸，因此有不少高级的日本料理店，专门用于接待政治家们聚餐。其中有一家店已经开了70多年，老板娘已经是第三代。前几天我接待客人去了那家店，与老板娘聊天时，她告诉我，小泉纯一郎当首相时，三天两头来店里吃饭，他的皮鞋永远是臭烘烘的。小泉为什么会这样呢？因为他是单身汉，身边没有女人照顾他的生活，他自己也很少有时间打理皮鞋。因此每次小泉来吃饭，脱下皮鞋后，店里的服务员总是在第一时间把他的皮鞋拿到办公室擦亮。每次离开店里的时候，小泉都会向服务员表示感谢，说为了皮鞋，也得天天来店里吃饭。

正因为日本社会如此在乎男人的皮鞋，所以当日本人一早起来想到今天要去朋友家做客，或者晚上要和客人一起去高级料理店吃饭，他要做的第一件事就是把皮鞋擦亮，同时往皮鞋里喷消臭剂，以免自己的脚臭影响大家的情绪，损害自己的体面。

所以，日本男人一般有五六双皮鞋，有的多达十几双。皮鞋是配西装的，不同颜色的西装要配不同颜色的皮鞋，不能一双皮鞋穿到底，最合理的穿法是一天换一双皮鞋，让穿过的皮鞋可以透透气，消除湿气，防止细菌滋生，消除臭味。

4. 在日本机场丢了东西如何找回来

在福州参加完2017年世界华文传媒大会，连忙赶回东京，接待中国出租车产业联盟访日代表团。赶回东京后，下了新干线就直接去会场，做了一场有关"21世纪的中日关系"的演讲。然后再赶回办公室处理工作事务，忙到深夜打车回家。第二天一早赶往成田机场，这次带20多家日本企业和政府机构代表去浙江省舟山市考察浙江自贸区。

人一忙，就容易疲惫，一疲惫，就容易出错。结果在成田机场把手机忘在了厕所里，人过了安检进了候机大厅才想起来。最后在机场各方的协助之下，终于在飞机起飞前把手机找了回来。其中的过程，我想讲给大家听，主要目的是想告诉大家，万一在日本的机场里丢了东西，可以通过什么途径把它找回来。

我是在日本成田机场搭乘日本航空公司的客机飞上海。办完登机牌后，上了一趟洗手间，拿手机浏览了一会儿新闻，顺手把手机搁在放卫生纸的平板台上（我发现有平板台不好，容易往上面搁东西，也容易导致忘记）。

过了安检，通过出境审查，我去免税店买了一瓶清酒，这时才发现手机不在口袋里。停住脚步深呼吸三秒，想起一定忘在厕所里，于是开始了找手机行动。

我的第一反应跟许多人一样：我得出去找找。出境审查官很客气地告诉我：进来了，你就出不去。

那我该找谁呢？审查官告诉我：你坐哪家航空公司的飞机就找哪家航空公司。

我坐的是日航，我得找日航工作人员。他们在哪里呢？他们在登机口。

去登机口的路上，刚好看到一个问询服务台，有一位女职员坐在那里。我停下脚步，跟她把事情一讲，她说请你等一下。她马上上电脑查，在他们的内部服务系统上，确实显示捡到了一部手机，这时距离我丢失手机大概有半小时的时间。

这位女职员详细询问了我的手机型号、颜色、屏幕显示照片、有无护套等一系列问题，并请我写下姓名、手机号码、地址。然后她与保管这部手机的出发大厅服务管理中心通了电话，进行核实（在这里，要请大家注意：成田机场的每个候机楼和每层的管理中心是不一样的，所以你要准确告诉其丢失的具体位置）。

女职员核实完毕，确定是我的手机。然后她拿出一张印刷好的纸条，在上面勾画了出发大厅管理中心的电话号码，然后写了一个号码，告诉我这是我手机的保管编号，叫我马上去登机口，因为只有我搭乘的航空公司的工作人员才有资格去取。

临别，她还特别嘱咐我一句：离登机时间已近，万一航空公司工作人员没有时间去取，那么你一定要给航空公司工作人员留下自己的联系方式，或者你再回来告诉我，让航空公司替你保管，等你回日本后去他们公司的柜台取，不然会移送给机场警察署的失物中心处理。

这里需要强调的是，我没有听从出境审查官的意见直接去登机口找日航工作人员，而是先找了问询服务台是万分正确的，因为事后我问了日航工作人员，他们在登机口看不到出发大厅管理服务中心的内部网页，也就是说，他们无法上网查询我的手机到底有没有被捡到。

于是，我赶到登机口，向日航工作人员说明情况并递上纸条。这时离登机时间还有10分钟。日航的几个工作人员碰了碰头，叫我等一下，然后开始根据纸条上的电话号码给管理中心打电话，确认了手机之后，通知在候机厅外办理登机牌的日航工作人员帮我去取手机。

在飞机起飞前20分钟，看到一位日本航空公司的女职员一路小跑赶到登机口，然后微笑着把手机交到我的手中。从登机口工作人员打电话通知外边人员去取手机到手机送到我手里，这前后的过程也就15分钟。

从我丢失手机到找回手机，可以看到成田机场在管理乘客遗失物品时的整个流程是这样的：首先是有人发现了这部手机，并把它交给了机场工作人员。机场工作人员立即把手机送到出发大厅管理中心，管理中心马上在他们的内部网站上登记显示出来，让整个机场的管理人员都可以看到。然后一旦确认是乘客的遗失物品，就可以让航空公司的工作人员取走，交到乘客手中。

所以，了解了这个工作流程之后，你就可以知道万一自己在日本的机场丢失了东西，而自己已经进入候机大厅，该如何寻找。最直接的方法是去问询服务台，叫问询服务台帮助寻找。成田机场候机大厅的问询服务台在通过出境审查后的出口处。

因为我懂日语，与服务台的工作人员沟通不成问题，万一有朋友不懂日语，你最好先用英语或者中文，写一张纸条，把东西遗失的具体位置、时间、东西的外形和内容、自己的姓名、联络电话和地址写上，然后递交给问询服务台的工作人员帮助寻找。如果写中文的话，能写繁体字的最好写繁体字，因为日语中许多汉字都是繁体字，日本人不懂中文，看到繁体字一般也都能猜出一些内容。

如果问询服务台找不着你的失物的话，你应该马上去自己航班的登机口，去找航空公司的工作人员帮你寻找。

如果你不懂日语，也不懂英文，那该怎么办？还有一招，那就是去候机大厅的免税店里，那里的售货员有一部分是中国人，你可以寻求他们的帮助和指点。你见到售货员就可以直接用中文问"你是中国人吗？"如果遇上的是日本人，她会叫中国售货员过来和你说话。

但是，大家还要留意一点。如果问询服务台的工作人员和航空公司的工作人员找不到你丢失的东西，那就有两种可能：一种是被人拿走了；另一种可能是捡到的人交给了机场的警察。我上次在成田机场的厕所里捡到一只钱包，我就交给了警察，因为小时候我们受到的教育，就是捡到东西要交给警察叔叔。不过，交给警察后，警察会拿回警察署处理，这样的话，在机场管理中心的内部网页上不一定会显示出来。在这样的情况下，建议你要求咨询服务台的工作人员联系一下机场警察署，看警察署有没有你丢失的东西。同时，在这里也提醒一下大家，如果你在日本的机场捡到东西的话，最好是直接交给机场的问询服务台，并留下你的联系方式。

在日本，丢了东西可以找回来的概率是 90%。因为，日本的法律规定如果你捡到东西不上交警察或者公共机构的话，你就犯了侵吞他人财产罪，会面临被逮捕或者罚款。但是如果你上交的话，你有权利获得失主给予你的谢礼，一般捡到现金的话，你可以获得现金总额的 10% 作为谢礼。如果半年之后，这笔钱没人认领的话，警察局会通知捡到钱的人，这笔钱就会全额归捡到的人所有。

但是，像成田这样的国际机场是属于人员流动性大、人员比较杂的地方。日本人大多数能够做到拾金不昧，但是很难保证其他国家的乘客都能做到。所以，最重要的还是要看管好自己的东西。

上个月，有一位网友在微博上给我留言，她的女儿从东京车站搭乘列车去成田机场，结果抵达成田机场下车后把一个包忘在了车上，问我怎么办？我告诉她，马上叫女儿找成田火车站的工作人员，车站工作人员会联系你搭乘的列车，叫列车乘务员帮你寻找。但是你一定要说清楚大约在哪节车厢丢的，是靠近车头还是车尾，还是列车的中间车厢，说得越详细，对方找起来就越快。结果，10 分钟之后这个包就找到了。

所以，在日本丢了东西不要着急，即使在吃饭的店里忘了东西，打电话给这家店，一般也都能找回来。重要的是要记清是在什么地方丢的。

5. 在日本当政治家的一条铁规则

华人参议院议员莲舫宣布辞去党主席职务后,日本最大的在野党——民进党于 2017 年 9 月 1 日举行了新的主席选举,这次选举被认为是民进党拯救自己的最后行动,因为自从 2012 年被安倍晋三领导的自民党夺回政权之后,民进党(前身为"民主党")在国民中的支持率一落千丈,一些骨干党员纷纷离党,霸气十足的莲舫也自觉难以驾驭这一政党,提前宣布辞职。民进党因此进入分裂的危险状态。

新的主席选举,选出了前外务大臣前原诚司。前原 54 岁,在日本是一位知名度很高的鹰派政治家,他的当选,至少让日本国民感觉到"民进党还算有点人才"。但是没有想到,在前原刚当上主席才一天的时间,民进党出了一个天大的丑闻:已经内定担任党的二把手——干事长的美女议员山尾志樱里,在接到内定通知的当夜,居然与比自己小 9 岁的情人躲在东京的一家高级酒店里偷欢,被媒体记者逮了个正着。

日本《周刊文春》杂志透露说,在民进党选举前原诚司出任新的主席的第二天(9 月 2 日),民进党举行众、参两院议员大会,内定山尾出任党的干事长。山尾虽然只当过两届议员,但是由于她是检察院检察官出身,口齿伶俐,长相秀丽,常常代表民进党出演电视评论节目,在日本社会的知名度较高,已担任过民进党的政策调查会长。

也许是因为当干事长这一大官过于兴奋忘乎所以,或许以前当检察官时只是查别人,而没有想到别人也会暗查自己,因此就在内定出任干事长的当天夜里,山尾悄悄地来到东京的一家高级酒店开房。而 20 分钟后,一名年轻男子也抵达酒店,并带了红酒和啤酒,来到山尾入住的 36 楼的房间。两人一直在房间里待到第二天早晨才离开。

两人在房间里云雨欢合之时，根本没有想到《周刊文春》的两名记者也在酒店里蹲守了一夜。

《周刊文春》称，这名与山尾一起过夜的男子，是经常出演电视节目的律师仓持麟太郎，两人是在一起出演电视节目时相识的。在民进党新党首选举大会之前，杂志社已经获知山尾与仓持每周相逢4次的消息，因此派出狗仔队对两人实施了跟踪。两人均已结婚。

山尾万万没有想到，就在她离开酒店之后不久，手机就响了起来，《周刊文春》的记者向她求证：晚上是否与男人过夜？山尾大吃一惊，矢口否认。记者又打电话到山尾的办公室，办公室则称"两人商量工作"。

山尾与已婚男人在酒店里过夜的消息很快传到了前原诚司的耳朵里，前原立即召见山尾进行确认，山尾也予以否认。但是《周刊文春》有名有姓有照片，一旦丑闻发表，对于民进党来说犹如炸弹袭击，一定会遍体鳞伤。于是，前原立即取消了任命她出任民进党干事长的决定。

《周刊文春》是一本花花绿绿的杂志，既刊美女裸照，也发表政治激评，其最大的杀手锏是随时暴露政治家和社会名流的丑闻以此拉升杂志的发行量。所以有许多政治家被《周刊文春》拉下马，也有许多偷情艺人被《周刊文春》搞得妻离子散。但是，日本的国民喜欢这本杂志，因为它也成了公众舆论监督政治家和社会名流行为的一把利器。所以在日本国会议员中有句话："天地都不怕，最怕文春打来电话。"

就在《周刊文春》刊出山尾丑闻的当天，山尾举行了记者会，向社会公众道歉。虽然她坚称自己是"一个人在房间"，但是还是宣布退党，以避免给民进党带来麻烦。不过，因为她举行记者会没有接受记者提问，这种躲避的行为更加深了舆论对于她婚外恋情的猜测。

不管山尾如何辩解，"过夜女人"的印象已经无法抹去，这对于一名政治家来说是致命的打击。因为日本社会有一条铁规则，那就是："你要当政治家当官，不可睡错床，揣错口袋。"企业家乱纪可以，政治家与官员不行，因为政治家与官员是国民纳税供养的，必须是社会的道德模范。

6. 市长酒店召妓该如何处理

日本古都奈良县有一个天理市，天理市最近闹出了一起轰动全国的大事，年仅 38 岁的市长並河健在东京参加全国市长会议期间，在酒店里召妓为自己提供性服务，这件事被媒体曝了光，市民惊讶，舆论哗然。

天理市是一个只有 6 万人口的城市，虽然人口不多，但是其行政级别相当于中国的三线城市。天理市市长並河健在日本也是一位比较有名的市长，因为他在 34 岁的时候就通过竞选当上了这座城市的市长，而且一当就是 4 年。

並河健从小被称为天才少年，高中毕业后考入防卫大学攻读国际政治学。但是读了两年，因为讨厌毕业后要当自卫官，于是提出退学。第二年，他又考入东京大学法学部，学习国际外交。毕业后进入日本外务省，当了一名外交官。在外务省工作期间，他又先后去埃及开罗大学和美国乔治城大学留学，并获得硕士学位。

並河健先后担任过日本国驻埃及大使馆二等秘书官，日本 APEC 准备事务局课长助理、阿富汗支援室课长助理等职务，是一位很有前途的外交官。但是 2011 年他突然离职，到日本最大的广告公司电通去上班。2013 年，他辞去电通的工作，去奈良县天理市参加市长竞选，以其年轻而辉煌的经历，一举击败多名竞选者，成了天理市的年轻市长。

市民们说，並河健是一个干劲十足、精力充沛的男人，他当市长已经 4 年，业绩也比较可观，甚至自己到学校给学生上课，所以在市民当中口碑较好。他结了婚，有两个孩子，妻子是家庭主妇，一家人过得很和睦。

2017 年 2 月和 6 月，並河健到东京出差，晚上一个人在酒店里耐不住寂寞，于是就打电话召了妓女提供性服务。这件事情不知怎么让《周刊新潮》杂志的记者知道，在 8 月 31 日出版的《周刊新潮》杂志上公开了他召妓的全过程，而且有一名曾经为他提供过服务的妓女的证词。

对于一个地方城市的行政长官来说，召妓是一个很大的丑闻。但是並河健倒也坦白，在杂志发行的当天他接受了媒体的采访，公开承认自己确实有在东京出差期间召妓女的事情，但是他只承认自己在道德问题上出现了不检点的行为，对不起市民和家人。但是，他同时觉得，自己没有花费一分钱公款，是自掏腰包接受性服务，并没有触犯法律，因此表示不会辞去市长的职务。

对于並河健市长召妓的问题，日本舆论是如何认为的呢？一部分舆论认为，作为一名市长，应该成为市民的道德模范，因此，即使是自掏腰包也不应该。况且你开房用的是公款。所以，並河健应该辞职。另外一部分舆论则认为，並河健虽然是市长，但是晚上的时间是工作之外的私人时间，做什么事情是他的自由，况且性服务并没有触犯法律，因此除了妻子有权指责他，其他人没有资格对他说三道四。

日本社会的舆论为什么会出现分歧？

首先给大家解读一下日本有关性服务的法律问题。日本有一部关于色情业的法律《风俗营业法》，"风俗"两个汉字传到日本之后，演变成一个特殊的概念，就是"色情"，所以我们到东京新宿的歌舞伎町去走一走，看到"风俗店"三个字，就可以知道它是提供色情服务的店。

在日本，色情行业是受法律保护的，但是也有法律的约束界限。比如色情行业的店铺，必须集中在一个地区，而且必须远离学校，这个区域称为"红灯区"。女性不能通过金钱交易与男性发生性关系，但是《风俗营业法》又默认女性可以通过嘴巴和手为男性提供性服务。也就是说，只要男女两人不直接发生性关系，不动真格，所有性服务都是不违法的。

这种默认，就导致了日本变相的卖淫嫖娼活动的合理化。

我记得十年前在手机还没完全普及的情况下，东京的各个电话亭里贴满了各种各样介绍女朋友的小广告，警察明明知道所谓的介绍女朋友其实就是变相的介绍妓女，但是根据现行的法律，警察却没法取缔它。我为这件事情去采访了东京警视厅，一名负责人是这样解释的。他说，小广告上只写了介绍女朋友，而且只写了一个电话号码，他没有说是介绍妓女，所以发行这份小广告本身构不成违法。如果有男人打了这个电话，电话那一头给你介绍一名女的，也不犯法，因为他只是介绍女朋友，而且不收你钱。至于你们两人进了酒店的房间，在房间里干了什么，那属于个人隐私，警察即使知道你们在里面干什么，也不能闯入，因为两个人相识，哪怕是第一次见面就去开房，也不犯法。有一条界线，就是女的进入房间之后，收取了男人的钱发生直接的性关系，那可以认定为卖淫。但是在一个没有第三者在场的房间里，男人给女人钱这件事是难以取证的。假如警察在房间里安了摄像头，那就变成是警察违法。所以，警察明明知道所谓的介绍女朋友完全是一种变相的卖淫嫖娼活动，但是就没有办法抓捕他们，因为风俗店就是打了法律的擦边球。

那么，警方后来是如何找到打击这种卖淫嫖娼活动的理由呢？警方认为，你在公共电话亭里面张贴小广告纸，是触犯了"损害公共财物罪"，以这条罪名来打击介绍嫖娼卖淫的店铺，效果还真十分明显，一夜之间，电话亭里的小广告不见了。

在电话亭里找不到小广告，但是在日本的一些小报和娱乐杂志上依然能够看到这样的广告，因为在报纸上刊登介绍女朋友的广告是不犯法的。估计，天理市市长就是从报纸上找到召妓电话的。

並河健市长召妓却又拒绝辞去市长职务，那么日本的哪个机构可以惩罚他？应该说，要惩罚他还真难。

警察找不到他与这位女性直接发生性关系的证据，自然无法逮捕他。他本人又不属于任何一个政党，也不属于公务员，他是一位民选的地方政府的领导，要解除他的市长职务，没有一个组织和机构有这样的权力。

日本任何一个地方城市的行政长官，包括市长和村长，都是通过竞选当选的，也就是说，他是获得了50%以上选民的赞同而当选的。如果要罢免他，也要根据《选举法》进行一次市民投票，而且必须要有三分之二的选民支持罢免案，才可以罢免他。这个罢免程序属于劳民伤财的行为，一般很少有地方愿意这么干。所以，只要並河健不主动提出辞职，他还照样当市长。

日本的这种民选制度有多厉害？我给大家举个例子，2011年，日本发生大地震并引发海啸，当时的日本首相菅直人赶去灾区慰问，一个灾区村长指着菅直人的鼻子骂："我们现在这么忙，你还来灾区视察，让我们组织灾民集合起来听你训话,你到底有没有良心?我们希望看到的是,政府尽快让村民们住上安置房。"一个村长居然在电视镜头面前公开辱骂一国首相,也许在别的国家里是不可想象,但是在日本,人们看到的景象是,菅直人不停地对这个村长道歉,没有任何还手之力,更没有权力免去这位村长的职务,因为这位村长是民选的,不是首相任命的。

日本有一种特殊的文化,叫"暧昧"。在色情行业中,日本也是打了暧昧的擦边球,才使得色情行业在日本得到合法的存在,并陷入泛滥的地步。正因为这种合法化,天理市市长並河健因此认为自己的行为并没有犯法,所以也没有必要辞职。只要太太不为难他,他可以平安无事。接下来,他只要好好工作,或许也可以获得市民的原谅。

並河健市长的法定任期是到2017年10月,市民们是否会继续支持他担任市长,完全取决于市民对于他的召妓行为如何理解。结果,天理市出现了1996年以来,相隔21年的无投票的市长再任,並河健还将当4年市长。

日本社会是一个奇葩的社会,从天理市市长召妓女这一件事上,我们可以看到日本的法律、社会政治制度与性文化的一个侧面。你搞婚外恋不行,事关道德。但是,嫖妓解决性欲,罪轻一等。

7. 到日本留学，如何培养坚强的心

不知为什么，一整天心里堵得慌，可能是北海道警方公布了失踪一个多月才被发现的福建小学女教师危秋洁的 DNA 的鉴定结果，正式证实她已经变成了星星，而不再是父母身边可爱的女儿。

从危秋洁的失踪到北海道钏路市海滩发现一具女性遗体，我和许许多多的朋友一起推理、猜测、祝福和期待，最终没能挽回她年轻的生命。

虽然她的亲人不相信危秋洁会选择自杀，但是司法鉴定的结果危秋洁属于溺水而死，基本上也就确定了是自杀。

2017 年 7 月，日本媒体报道了危秋洁离开札幌旅馆时给父母写的一封告别信。信中这样写道："对不起，这是离别的信。虽然活了 27 年，但已经努力不下去了。如果我不在了，请大家不要难过。我将会变成星星守护着大家。我从心里爱着大家。"

危秋洁的死让我想到一个问题，那就是留学日本的中国孩子该如何度过海外留学的感情脆弱期？

1990 年 10 月 17 日，危秋洁出生于福建省南平市。2013 年，危秋洁从四川工商学院英语专业毕业。2016 年 9 月 1 日，危秋洁在福建邵武市实验小学新天地分校开始了为期一年的教学实习。在那里，她教三年级语文和六年级英语，各带一个班。2017 年 1 月，她拿到中小学教师资格考试合格证明，并通过了新任教师公开招聘考试，即将成为一名有编制的老师，新的生活在向她招手。但是，新的学期即将开始，学生们却再也无法等到危老师的归来。

读到《南方都市报》记者刘苗写的一篇文章，说危秋洁表面上是一个很开朗的人，但是在和朋友嘻嘻哈哈的背后，危秋洁也有着细腻的心思和不为外人

所道的心事。她曾有过一段无疾而终的爱情，发现孤独是生命的常态，她说，"即便如此，也请笑着前进"。

2016 年 8 月 21 日，她在豆瓣上写下日记："偶尔还是要发生些什么事，才能越来越笃定自己的信念。我有自己的活法，不后悔的活法，随性自在的活法。一切的嘈杂我都不想要，我只想一个人，然后，我只想一个人。"

2017 年 6 月 25 日凌晨 1 点多，她在微博写道："人生永远是很矛盾的吧。再孤独也还是需要朋友，有了朋友还是解决不了孤独。"

一个月后，她一个人来到日本，来到北海道，还带了村上春树的随笔集《爱吃沙拉的狮子》。她写给父母的告别信就夹在这本书里。

在《爱吃沙拉的狮子》里，村上春树写道："正因为会发生未知的事情，旅行才有趣。假如一切都像当初计划的那样顺顺当当不出意外，旅行大概也就失去了意义。"

没人知道，危秋洁是否对此也有共鸣。

危秋洁很喜欢一首名为《迷失的星星》的歌，那是电影《再次出发之纽约遇见你》的主题曲。在那首歌中，英国女演员凯拉·奈特莉浅声吟唱："为何青春总虚耗在年少无知时？我们就像被狩猎的羔羊，只能盲目奔走，找寻着存在的意义。或许我们都是迷途的星星，试图驱散前路的黑暗……"

后来，人们在札幌旅馆门前的监控录像中发现，7 月 22 日早上，危秋洁写完告别信离开旅馆时，手里的 iPad 画面显示，她正在听这首《迷失的星星》。

我想危秋洁是一位很感性的女孩，也是一位很文艺的女青年。从她的成长经历可以看出，她不是一个很会读书的女孩，却是一位很会拼搏奋斗的女孩。从福建考到成都一所普通的大学，再努力做实习教师，再努力参加教师公开招聘考试，好不容易可以拿到一份正式的教师编制，但是蓦然回首，发现自己已经 27 岁，还没有男朋友，甚至才有了一份正式的工作，但是这份工作或许并不令她十分满足。在充满攀比与竞争的社会里，危秋洁会觉得自己是一个落伍者，是一位人生的失败者。最终才会有了独自一人来到异国他乡，在美丽的北海道结束自己美丽生命的选择。电影《非诚勿扰》中，舒淇扮演的梁笑笑就是在北海道的阿寒湖边彷徨，最后跳入了北海道的大海。危秋洁离开札幌的旅馆，坐车 7 个多小时，来到阿寒湖、来到钏路市，走的人生最后的路，就是梁笑笑走过的路，只不过，最后的结局是，梁笑笑被北海道的渔民救起，重新开始人生。而危秋洁被北海道渔民发现时，已经死去一个多月。

我们为危秋洁感到痛惜，愿她在天上变成一颗璀璨的星星，守护着我们。同时，她的死无形间也给许多的同龄人，尤其是在海外留学的孩子们留下了一份忠告：负起责任，珍爱生命，珍爱父母和家庭。

危秋洁的死，为何会给予我如此大的震动，是因为这几年日本社会发生的几起中国留学生自杀案，让我想到了年轻人脆弱的感情与留学生活的压力。

2016年，一位网友几次要求加我微信，说有事情请我帮忙。我同意了他的要求，加了他的微信，这位网友在微信里告诉我，他的女儿在东京大学留学，得了严重的忧郁症，几次自杀，求我帮帮忙。

我与这位女孩的父母一起去女孩的公寓里见了她，看到我，她规规矩矩地喊了我一声"徐老师"，但是，眼神是直直的，神情有些惶恐。

听女孩的父母说，孩子从小就很聪明也很好学，小学读的是重点小学，高中也是名牌高中，大学更是考上了中国一流的名校，最后获得交流留学的机会，直接进了东京大学攻读硕士研究生。对于女孩来说，这一路走来，虽付出了汗水，但可以说是一帆风顺，父母亲和家人更是把她当作才女宝贝，并以这样的女儿为荣。

问题就出在来日本留学。因为是学校与学校之间的交换生，这位女孩根本就没有经历过一般的留学生来日本读语言学校、打工和报考大学的艰辛努力，而是直接从中国一流的名校转到了日本一流的名校。虽然她英语很棒，但是没有日语基础，一下子让她陷入了孤独，除了导师，很少能够有机会与日本人进行英语交流，无论是上街还是买东西，都因为没有日语基础许多时候根本听不懂别人在说什么，因此，逐渐了产生了一种自卑感，而这种自卑感摧毁了她过去的一帆风顺与骄傲，还让她产生了一种焦虑与恐慌。加上东京大学都是走读制，同学与同学之间关系并没有像国内大学那样亲密，最终，她把自己关了起来，怕与别人接触，也怕与外界联系，患上了严重的抑郁症。

我很同情这位女孩，也很同情她的爸爸妈妈。女儿进了东京大学，本是一件很高兴的事，没有想到会落得如此的结果。导师很重视这件事，把她介绍到东京大学附属医院去治疗，但是抑郁症并非药物可以完全能够治愈，内心的那份脆弱，需要更多的心理疗法去帮助她。但是边读书边治疗，显然是无法做到的事，最后，女孩的父母决定帮孩子办理退学手续，带回老家养病。

最近，大阪的一名中国留学生也自杀了，自杀的原因是感觉到自己前途的渺茫。因为他明年3月就要毕业，很想留在日本，一方面已经习惯了日本的生活，喜欢日本的生活，另一方面对于回国能否找到自己满意的工作，觉得心中没底。但是他在日本已经向20多家企业投送了自己的求职简历，只有一家公司安排了面试，面试之后，也没有被录用。眼看自己在日本的留学生活就要结束，找不到工作就意味着拿不到继续留在日本的签证，各种压力和失望，最终摧毁了这个孩子的精神，他连遗书都没有留，在自己的公寓楼里上吊自杀了。

同类的悲剧在日本已经发生好几起，而且大多数是独生子女，令父母家人同学朋友万分痛惜。

所以，我很想对留学生的父母说几句话：第一，如果孩子留学的条件不成熟的话，不要为了面子让孩子出国留学，那样会让孩子承担许多无法承担的压力；第二，不要以为满足孩子出国留学的物质需要，就可以天下太平。满足孩子的精神需求，有时比金钱更为重要，所以要多与孩子沟通，不要经常给孩子设定目标和增加压力，这一代的孩子没有下过乡插过队，没有经历过与兄弟姐妹打打闹闹抢东西吃的时代，他们心里的承受力远远不及父母这一代，不要对他们要求过高，甚至要告诉他们，走自己的路，不要与别人攀比。退一步，海阔天空。雨过天晴时，再进一大步。

我也想跟在日本留学的孩子们说几句话：能出国留学，你已经比大多数同龄人幸运，所以即使没有考上一流的名校，能在日本读书，也应该感到满足。任何一个人的成功，并不完全依靠自己百分之一百的努力，还有许多的机遇、巧合，所以不要对别人的成功产生嫉妒和迷信，你要相信，自己成功和超越别人的那一天只是还没有到来，但是只要坚持不懈，辉煌的一天一定会到来。成功的马云只有一个，和马云同时创业的有几万个，几万人中途的倒下成就了辉煌的一个。所以，你的眼睛要看看倒下的那片奋斗者而不要盯着唯一的成功者，因为成功者总是少数。其实，对于没成功的人来说，每一段奋斗的过程其实也是一种成功的过程，因为你获得了别人难以获得的知识与体验，这也是一种财富。所以大学毕业后在日本找工作，未必一定要找世界500强企业，500强企业有500

强的压力，中小企业也有中小企业的快乐。"先找一家企业干着，以后慢慢调整"，拥有这样的心态，你就不会有过多的焦虑，幸福与快乐来自一点一滴细小的成功，而不只是登上舞台领奖的那一瞬间。

我的朋友张小兵是东京一所语言学校的校长，他跟我说了这么一句话："危秋洁老师这一代人，其实也有一份可怜，她们从小很少有机会受到责任与义务的教育，成长的阶段又赶上了一个追求结果忽略过程的年代。在压力与责任的面前，有时就会选择逃避。"

我觉得张小兵校长的分析很有道理，一个人的成功，并不是拥有多少财富和学位，而是获得多少人的尊重和自己对多少人付出着一份责任。今天没成功，并不意味着你一辈子不会成功。而今天的成功，也并不意味着以后还会成功。以平常心来看待自己的人生，你会感觉轻松与快乐！所以，珍爱自己，也带着一份责任心去珍爱家人比什么都重要。天上不会掉馅饼，但是只要你努力，馅饼一定会落入你的手中。

8. 20 岁中国女生在日本生子，为何自杀

　　2017 年的樱花盛开时节，在福冈县北九州市的专门学校里念书的一名 20 岁的中国女孩子，在自己的宿舍里独自生下一个男婴后自杀身亡，这件事情引起了日本社会尤其是中国留学生社会的极大关注。我在听到这一消息后，为这位女孩子如此结束自己年轻的生命感到万分痛惜，她的爸爸妈妈，她的家人朋友，一定更是痛不欲生，父母养大这么一个孩子不容易，她就这么自己一个人痛苦地走了，那一刻，她一定充满了绝望。

　　从这位女孩子自杀的事件中引出了两个问题：一是留学生在日本遇到困难时该怎么办？二是父母送孩子出国留学时该注意哪些问题？

　　根据日本警方透露的消息显示，这名 20 岁的中国女孩子，是在两年前高中毕业后来到福冈的一所日本语学校读书，2017 年 4 月刚刚考入一所当地的专门学校（中专）读书。与男朋友相恋后怀孕，一直没有告诉父母，也不愿意告诉老师。4 月 19 日，女孩独自在宿舍里生下了一名男婴，男婴生下以后就没有生命的迹象，对于一个女生来说，第一次做母亲，第一次面对如此重大的痛苦打击，她的内心所承受的压力、恐惧和绝望，都是我们所无法想象的。没有人能够帮她，她也不愿意求助别人，最终，她把孩子的遗体放在冰箱里，把自己关在密封的浴室里选择自杀。一个鲜活的生命，如此年轻的女孩，就这么匆匆地告别了这个世界，没有留下一句话留给所有爱她的人。

　　《新京报》的记者为此事采访我，希望我分析一下女孩自杀的原因，我回答说，这个中国女孩的自杀与日本社会应该没有太多的关系，除非她的男友是日本人。更多的问题牵涉到两个方面，一方面是孩子自身抗拒挫折的精神素养，另一方面反映出中国留学生低龄化所带来的种种问题。

我在20世纪90年代出国留学的时候，已经是27岁，大学毕业已经工作过许多年。语言学校的同班同学中，有的人年龄比我还大，有的年龄比我稍微小一点，基本上在25岁以上，大家都有一定的社会经验，而且经历过生活与人生的挫折与苦难。

与现在新一代的留日学生相比，我们当时留学的条件和环境要比现在的学生苦得多。首先，不论学费还是生活费，都得自己挣，父母不可能也拿不出钱来给我们付学费。因为当时日本一天的工资就抵得上国内一个月的收入，你要让父母付学费，对他们来说犹如天方夜谭，相反的，父母还寄希望于你寄一点钱回家。

当时的日本语学校也好，大学也好，学费的压力跟现在是一样的，没有多少变化。所以我们当时在日本留学，不仅要承受支付学费和生活费的压力，同时还要为升学问题苦恼。有的同学后来选择不再向学校交学费换签证，一心打工赚钱。不管怎么样，大家都以各种方式挺过来了，几乎没有听说有人自杀的事情。这取决于我们这代人从小有过的生活磨炼，拥有相对丰富的社会经验和处世能力。

但是现在的孩子与我们的成长经历相差太大，绝大多数是独生子女，从小没有吃过苦，也没有受过委屈，是在父母和家人的怀抱里长大的，他没有经历过人生的挫折和苦难，更多的是一种盲目的自尊。遇到事情既不愿意与父母商量，也不愿意向老师同学朋友求助，很容易把自己逼入一种绝境。

同时，现在的留学生在经济上要比我们当时富裕得多，许多孩子每个月的生活费和每年的学费都是由父母提供的，自己不需要打工挣钱。甚至有的父母怕孩子吃亏或者考虑到孩子的安全，一到日本就给孩子租高级公寓住，甚至直接在日本买一套房子给孩子住。不少孩子在海外留学，生活上甚至比在国内时还舒适自由。条件稍微差一点儿的家庭，也至少由父母承担每年的学费，生活费由孩子们自己在课余时间打工去挣。不管如何，现在留学生留学的条件与环境与我们那时的留学生活相比有着天壤之别。过于优越的留学生活环境，从某种意义上来说，也让孩子失去了人生少有的锻炼自己生活能力和提升人生经验的好机会，同时也让他们在面对困难时，更多地表现为脆弱和无助。

还有一个问题就是留学生低龄化的问题。现在有些父母因为种种原因，在孩子读初中的时候就把孩子送到海外留学，期望孩子能够早日成为一个成功的

"国际人"。殊不知,过早送孩子出国留学,也带来了许多的问题。他们的人生观、心智还都不成熟,往往经受不住打击。

我有一位同学,他在孩子读初中的时候就把孩子送到美国去留学。孩子很聪明,一路读到研究生。但是,现在他发现了问题:第一,孩子与父母分离太久少有亲情;第二,他的思维完全美国化,回到国内,对于社会制度、人权等问题总有许多的看不惯,对于中国的发展模式难以理解。他无法与中国同事相处,在美国人面前又找不到很好的感觉;第三,虽然中文会讲,英语更是顶呱呱,但是要把一篇英文翻译成中文,折腾一个晚上也翻译不出来,原因很简单,他的中文水平永远停留在初中阶段,没有足够的词汇量来翻译文章。最为关键的是,由于初中就离开国内去美国留学,因此,他回到国内工作后,没有高中同学圈,更没有大学同学圈,他的朋友圈几乎是一个空白,人生最需要的同学友情,他无法找到,内心感觉到极度的孤独与彷徨。

所以,我建议送孩子出国留学至少要等孩子高中毕业之后,最好是在大学毕业后到日本等国家攻读研究生。这样的话,国内的人脉关系依然广泛。在日本,由于自己有了一定的生活阅历,能够很好地与老师、同学相处,也能够构建起一个很好的人脉网络。这样的话,中文和日文、英文的基础都很扎实,为今后从事国际业务打下坚实的基础。

作为一名留日前辈,我想跟我们后辈的留日同学说几句知心话。

第一,与我们那个时代留日生活相比,你现在已经很轻松、很幸福,请珍惜这一美好时光,好好读书,多学知识。

第二,人生不可能一帆风顺,有高山,一定会有低谷。一个人不可能永远在高山,他会缺氧。一个人也不会永远在低谷见不到太阳。爬上了高山一定会走一段下坡路,这是人生的必然,不必惊慌。

第三,当一个人来到这个世界,就会受到许多人的关爱,爸爸妈妈,爷爷奶奶,外公外婆,长大后还有许多老师、同学与朋友。你接受了大家的爱,也就意味着你是属于大家的,因此,你的生命不只属于自己,也属于所有爱你的人,必须负起责任好好珍惜自己的生命。

第四,留日生活只是人生的一个阶段,是为了今后更好的发展。所以不管遇到什么事情,不要与别人做横向比较,要跟过去的自己做纵向比较,你会发现,自己的今天比昨天有了进步。

第五，虽然你一个人在日本留学是孤独的，但是你的周围其实有许多关爱你的人，所以遇到困难要跟父母说，全世界最爱你的是父母，父母帮你是无私的，父母也会帮你保守秘密。如果父母太遥远，那就跟学校里的老师说，老师一定会帮你。如果你实在觉得遇到了过不去的坎儿，请在新浪微博里找"徐静波微博"，给我发私信，徐老师一定会帮你一起想办法，共同渡过难关，千万不要一个人扛着！

我的孩子出国留学时，我嘱咐他三句话："一是不能犯罪，因为一旦犯罪，你会毁掉一切；二是不要吸毒，因为那是一生都难以戒掉的剧毒；三是遇到任何困难都不许自杀，因为你是爸妈唯一的孩子，是我们家族的希望。"这三句话，我也送给所有出国留学的孩子们。你们的人生才刚刚开始，遇到挫折十分正常，一步一个脚印往前走，摔倒了再爬起来，没什么大不了的事。锁定人生目标，不屈不挠地奋斗，你一定会成就自己灿烂的人生。

9. 东京都政府对公务员的八项规定

中国一个自来水公司代表团访问日本，希望考察东京的水务工程，并考虑购买日本的一些水处理设备。我帮他们联系了东京都政府的水道局，安排他们前去拜访和考察。代表团来日本之前向我咨询了一件事情，说去东京都水道局拜访时送什么礼物为好。我说，日本人还是比较喜欢喝茶，你们就送点茶叶吧。结果代表团买了几饼高级的普洱茶，每一饼的价格都要千元人民币。结果到了东京都水道局，当代表团给水道局的领导递上茶叶时，那位领导问了我一句话："徐先生，这茶叶值多少钱？"我想不能说实话吓坏他们，就说几千日元。这位领导就从自己的钱包里掏出一张 5000 日元递给我，说："本来我们是不能接受这份礼物的，因为有规定，但是因为是中国客人，我们就收下，但是这钱你们得收着，就算是我们买的。"

中国的企业家们十分看不懂，问我是不是日本人嫌我们的礼物太少，我说不会的。事后我问了水道局的一位干部，他告诉我因为东京都政府有八项规定，规定公务人员不能与企业发生任何的利益往来，包括接受礼物。

东京是日本的首都，它不仅是日本的政治中心和文化中心，同时也是日本的经济中心，日本各大公司的总部基本上设在东京，因此东京都的 GDP 占到日本全国 GDP 的三分之一。东京都的总人口为 1370 万，每天还有 600 万人从郊县赶到东京市中心来上班，因此东京都需要有一支庞大的公务员队伍来进行管理，这支公务员队伍总人数为 15 万人。

一听这个数据，大家可能会认为东京都政府是一个庞大的官僚机构，其实这 15 万人中，真正在东京都政府和下属 23 个区政府和 26 个市政府里工作的机关干部，只有 18000 人。最多的是公立中小学和大学的教师，有 63000 人。

警察有 46000 人，消防队员有 18000 人，消防队员的人数和机关干部的人数是一样的。另外还有 7000 名医生，6000 名地铁和公交大巴司机，都属于公务员。

东京都政府对于 15 万名公务人员颁布了一项《职员禁止事项》，规定了政府公务人员在与企业等机构打交道时必须遵守的廉政规定。规定刚好有八项，因此也称之为"东京都八项规定"。

这八项规定的主要内容是：

第一，在夏季的中元和年末等时节，不管什么理由，严禁接受有利害关系的机构单位任何的金钱和礼物赠送。

第二，严禁和与自己工作有利害关系的人员一起聚餐（包括参加朋友性质的聚会）。

第三，和与自己工作有利害关系的人员接触时，只准许接受简单的茶水招待。

第四，严禁和与自己工作有利害关系的人员一起游玩、一起参加体育活动，或者一起旅游。即使费用是各自承担也不允许。

第五，严禁向与自己的工作有利害关系的人员借钱，或者要求其代买各种活动的入场券等任何发生利益关系的行为。

第六，出差时，搭乘有利害关系者拥有的汽车，也将被视为接受利益好处。

第七，原则上禁止接受企业等机构用于宣传的挂历、笔记本、圆珠笔等礼物。

第八，政府职员调离工作岗位后，三年内依然禁止接受曾经的利害关系者的请客送礼。

知道了东京都政府的这八项规定之后，就可以理解中国企业代表团访问东京都水道局时送两包茶叶，他们也为何会这么紧张。如果告诉他们真实价格的话，绝对是不敢接受的。

2017 年，我遇到这么一件事。东京都税务局几位研究中国税法的公务人员来到我办公室，请教中国地税和国税的问题。

他们来我办公室的时候，特地带了一盒糕点，一般也就两三千日元，大约 150 元人民币。当他们把这盒糕点交给我的时候，特别慎重地说了一句："这盒糕点是我们几个人凑钱买的。"言下之意，不是用税务局的钱。谈完事情后，我送了我们亚洲通讯社出版的三份日文报纸《中国经济新闻》给他们，让他们好好了解中国经济。但是他们一定要付钱，说不付钱的话会违反东京都政府的规定。结果每人付了500日元，也就是30元人民币。我问他们，干吗搞得如此认真？他们告诉我，政府有一个八项规定，不能接受企业馈赠的有价礼物。他们说："因为你们亚洲通讯社是东京都税务局的纳税单位，所以即使是报纸的话，也不能白拿。"

政府如何与企业划清利益关系？东京都政府的这八项规定已经规定得十分明了，而且严格程度如同法律。

东京都政府如此，那么日本的中央政府又有哪些规定呢？日本政府制定一部《国家公务员伦理规程》，其中规定的公务员禁止条款，多达26条。其中最难以理解的是，比如国家公务员以职务身份参加有利害关系企业团体举行的活动，喝茶可以，吃糕点不行。如果拿一个盒饭的话，那就更违反规定。

我有一个要好的朋友，当了日本中央某一个部的事务次官，也就是常务副部长。每年过年的时候，我一般会送一瓶他喜欢的绍兴黄酒给他。虽然我和他没有任何业务往来，也就是不属于利害关系者，但是过不了几天，他一定会回赠一盒精美的食品，而且价值一定会超过我送给他的绍兴酒。值得注意的一个细节是，他回赠给我的礼品，都不是从家里直接寄出的，而是委托高级的百货公司代为购买和寄送，这就是说，他收了我的绍兴酒，然后回赠了我礼物，属于礼尚往来，而且还有据可查。不管哪个机构查这件事，都不会有任何的破绽被抓把柄。这就是日本国家公务员处理朋友关系的基本原则。

政府如此，那么企业如果出于各种原因必须向客户送礼的话，那又有什么规定呢？日本也制定有相关的法律规定，不准企业胡来。

日本政府对企业征税，有一部专门的《法人税法》，其中有一项对于"交际费"使用的规定，这项规定提出，企业可以送礼或者宴请，但是每人的最高金额不得超过5000日元（约300元人民币），超过部分将被征税，严重者还将接受行政督查。

我经常接待中国地方政府或者企业的代表团到日本拜访日本的大企业，出于礼貌，代表团都会准备一些有中国特色或者地方特色的礼物，不管我们送的礼物多贵重，日本企业都会回赠礼物，大多数是糕点或者清酒，甚至有指甲钳、圆珠笔，而不会赠送比我们更高级的礼物。为什么日本人这么小气？知道了日本《法人税法》中有这项交际费的规定，我们就可以知道日本企业小气的原因，是因为他们遵循法律规定，企业也不能大吃大喝。

　　但是在具体的接待中，不少企业还是会超标，尤其是举行欢迎宴会。因为每人5000日元的餐饮标准，只能带大家到居酒屋吃烤鱼，如果去高级的料理店，每人的标准绝对超过1万日元，甚至每人3万到5万日元的都有，那怎么办？要不老板自掏腰包，要不在做账时虚报人数，别让税务局逮着就行。但这样的超标宴请也只能偶而为之，因为日本的《法人税法》除了对于交际费每人的标准作出具体规定之外，还给企业设定了一个交际费总额的上限，那就是资本金在1亿日元（约650万元人民币）的企业，一年的各种交际费总额不得超过800万日元（约485000元人民币），超过部分就要加征重税。

　　所以，日本虽然是一个市场经济的国家，但是很少发生政府官员与企业之间的利益输送等腐败行为，原因很简单，因为有严格而明确的法律法规。当然规定是人制定的，重要的还在于公务人员的自觉执行和违反规定后的严厉处罚制度的落实。

10. 日本人长寿的秘密

根据世界卫生组织 2016 年公布的最新数据，日本人的平均寿命高达 83.7 岁，已经连续 20 年保持全球第一，其中女性的平均寿命为 86.8 岁，男性为 80.5 岁，双双刷新历史纪录。相比较，我们中国人的平均寿命是 74.8 岁，其中男性 72.3 岁，女性 77.3 岁。这就意味着日本人的平均寿命比我们中国人长了近 10 岁。日本人比我们中国人长寿，原因是什么呢？

一个国家的国民之所以长寿，并不仅仅依靠基因，因为日本人的基因和我们中国人的基因基本相同。更多是取决于他的饮食习惯、生活的富裕程度，还有完备的社会保障机制以及良好的自然环境。

我觉得日本的饮食结构是日本人健康长寿的关键。日本人的饮食有这么几个基本的原则：第一是少量多样，讲究七分饱；第二是蔬菜、海鲜、肉类均衡搭配；第三，味道清淡，少油、少盐。

日本是一个岛国，四面环海，所以日本人的食物多是海产品。海鲜是日本普通家庭的家常菜。作为一个人口只占世界人口 2% 的国家，日本消耗了全世界 10% 的鱼产量。鱼中的 DHA 可以改善记忆力和认知功能，EPA 则能降低血液里的中性脂肪和坏胆固醇，防止动脉硬化。还有，日本人喜欢吃海带，海带被日本人认为是长生不老的妙药，能预防肥胖、心血管硬化、高血压、心脏病等。所以，日本人认为，多吃海产品，有利于健康。

除了海产品之外，含有丰富植物蛋白质的豆制品，也是日本人餐桌上必不可少的。你走进超市，可以发现日本的豆腐品种多达十几种，还有十几种纳豆。纳豆是一种发酵过的黄豆，虽然吃起来有一种特别的味道，但是因为纳豆中含有丰富的酶，可以排除体内部分胆固醇、清洗血液，使异常血压恢复正常。还有味增汤，也属于豆制食品的一类。

还有就是蔬菜。日本人的蔬菜，大多喜欢生吃，也就是把各种蔬菜做成色拉生吃。比如萝卜、番茄、黄瓜、生菜、卷心菜、菠菜、洋葱等，基本上是属于生吃的蔬菜。正因为日本饮食文化中喜欢吃原汁原味的新鲜蔬菜，因此，日本的色拉酱也是十分丰富，各种材料调制的色拉酱多达 20 多种，可以根据你自己的嗜好和心情选择不同的色拉酱。当然，一个关键的因素，是日本的蔬菜安全，少用农药。

以上三类食物，是日本人每天必吃的东西，也是构成日本饮食的基础。至于像猪肉、牛肉、鸡肉，虽然也是日常食品，但是，并非是每餐必须的佳肴。

所以，我们去日本旅游的时候，吃日本的套餐，你会发现，主菜、配菜、水果、甜品一应俱全，而且盛食物的器皿都很小，每个器皿里面盛放食物的量也很少，既不会吃得过头，又营养全面均衡，保持一个基本吃饱吃好的水准。因为适当的饥饿感能调节人体的生长机能，并刺激人的长寿基因。

日本人长寿的另外一个很重要的原因是完善的社会保障机制，包括先进的医疗和全民体检以及养老保障、老人护理等机制。

日本的社会保险制度，包括三大部分。除了基本的国民健康保险和劳灾保险之外，还有一个老年人保险制度。国民健康保险简单来说相当于中国的医疗保险，而劳灾保险就是我们通常所说的工作单位给交的保险。这两个保险基本上已经能涵盖全民。而老年人医疗保险制度的主要受益对象为 70 岁以上的老年人以及 65 岁以上 70 岁以下的残疾人士。

也就是说，在日本，几乎百分之百的人参加了保险，包括在日本留学、工作、生活的外国人。只要持有医疗保险证，在日本任何地方的医疗机构都可以随时接受治疗，这大大地保证了日本人在生病或是受伤的情况下，可以比较方便而且不用考虑医疗费用问题及时接受治疗。日本国民医疗费总额中公费负担的比例高达 80%，从世界范围来看，仅有丹麦、瑞典等北欧福利国家以及英国等国能达到这个水准。

日本 1.26 亿人口，但人均拥有的病床数量却高居世界第一。不同于中国，日本病人入住普通病房不需要缴纳住院费。护士负责护理的同时还会陪同、照看病人，一日三餐都有护士专门送到病人床前，住院没有家人陪护也一点儿没问题。

对于常年卧床的病人和生活不能自理的老年人，日本政府还提供特别的护理保险，由专门的护理公司每周一次或两次上门为病人和老年人洗澡擦身、打扫卫生、做饭聊天。

日本长野县地处日本山区，远离海岸，缺少平原，历史上长野县曾经是日本最穷的地区，电影《野麦岭》曾经把当地的少男少女翻山越岭外出打工养家糊口的故事表现得淋漓尽致。如今，长野县的男女平均寿命都是日本第一，男性为 80.88 岁，女性达到 87.18 岁。为什么能够实现长寿健康？医疗保障是一个很重要的因素。

日本的全民医疗保险制度开始于 20 世纪 70 年代。伴随而生的是人人体检。那么，居住在这种山区，居住又十分分散，是如何做到人人体检的呢？《中国经济报》驻日本记者苏海河先生曾经采访长野县佐久综合医院，据这所医院的名誉院长夏川周介先生介绍，最初，医疗队是坐着牛车走乡串村给村民们体检。20 世纪 80 年代虽然有了体检车，但医疗设备仍相对简单。如今，医院专门建有体检科室，设备齐全的医疗队每年巡回出检 300 次以上，医院所在的佐久地区有 8 万多民众，都能保证每年体检一次。同时，医疗队带去了医疗健康知识。针对当地体检中发现的高血压、心脑血管疾病多发的问题，该医院设立了农村医学研究所和农村保健研修中心，从预防入手，将改变当地民众的饮食习惯与生活习惯相结合，有针对性地研究、普及健康生活知识，提高民众的健康意识。

日本的医疗水平一直处于世界前列。2015 年日本在世界卫生组织全球医疗水平评比中排名第一。先进的医疗技术为疑难病症的治疗提供了保障。据日本国立癌症研究中心公布的数据，日本所有经过治疗的癌症患者 5 年生存率平均达到 64%，东京更是高达 74%。这说明大部分癌症患者经科学治疗可以延长寿命。

我最近帮一位患脑部胶质瘤的国内友人到日本看病，日本医生检查后发现，在中国国内的一家三甲医院里动的手术，胶质瘤只切除了 40%，而在日本，一般可以切除 80% 以上。

除了日本人良好的饮食结构与饮食习惯以及完善的社会保险与医疗体系之外，均富的生活，良好的自然环境，也是日本人健康长寿的一大秘密。

2016 年，日本人均 GDP 达到了 34285 美元，而我们中国是 8516 美元。日本在过去几十年的高速经济发展时期，实现了两大目标：第一是基本消除了城乡差别和贫富差距，实现了全社会的平均富裕，使日本成为了一个中产社会；第二是建立了全民统一、城乡一体的国民社会保障体系，也就是说，山沟沟里的农民与东京这样大都市里的城市居民和退休官员一样，享受同样的医疗保险、养老保险和护理保险。

正因为生活富裕，日本人很重视健康和生活质量，比如能有效减少肛肠类疾病的电动冲洗马桶盖，基本上已经实现了家家户户都有，包括农村家庭。各种各样的健康食品、医疗辅助食品应有尽有，在任何的药妆店里都可以买到。

日本人喜欢入浴，每天都要洗澡，保持身体清洁，这样也极大地预防了感染疾病。日本从北到南有 7.5 万家温泉旅馆。每年日本约有 1.1 亿人次使用温泉，相当于日本的总人口数。从古代开始，日本人就喜欢温泉疗养。温泉中含有丰富的矿物质，不仅对多种疾病有治疗作用，而且有保健、美容、护肤等功效。

日本是一个岛国，四季分明，环境优美。春天看樱花，夏天泡海水，秋天看枫叶，冬天赏雪景。一年四季自然环境的赏心悦目，加上空气干净，污染少，讲究食品安全，这些都保证了日本人拥有一个良好的生存环境。

日本人退休以后都在干什么？没有人去打麻将，甚至很少有人回家看孙子，大多数人是去参加劳动。日本厚生劳动省实施的一项调查称，有 68% 的人在退休之后重新参加劳动。这种劳动包括从事新的工作和回老家参加农业劳动。

我们在日本的各个工作角色都可以看到日本老年人的身影。开出租车的大部分是老年人，日本老年人开出租车可以开到 75 岁，私人出租车更可以开到 80 岁；餐厅里端盘子的有许多老妈妈；打扫的基本上是老年人；还有公寓楼、办公楼的管理员，公司的保安，也都是以老年人为主；甚至我们走进银行营业大厅，那些为顾客跑前跑后的大堂经理们，基本上是退了休之后返聘的老员工；超市里一半的收银员，都是老妈妈。

日本老年人劳动欲望确实很高，而且社会参与意识很强，"劳动光荣"是日本社会的一种美德。日本内阁府的另外一项调查也显示，有 89% 的人选择 65 岁退休，37% 选择 70 岁退休。这么高的劳动意识，说明了一点，日本人的那种"活到老，干到老"的意识已经深入人心。所以我们就不奇怪，90 岁的老人还每天自己开车去拉面店或者寿司店里去上班。许多人根本不是为了钱，而是为了自己的健康，不是每天待在家里等待最后一天的到来，而是积极地接触社会，参与社会，通过劳动锻炼自己的身体，防止老年痴呆的发生，保持健康的身心，寻求最大可能的长寿。

　　日本人的这些长寿秘密，我想能够给大家带来许多的启发。健康长寿并不是靠吃补药可以补出来的，它需要结合良好的饮食习惯、健全的医疗与社会保障体系，还有良好的生活意识、劳动意识、环境意识，这几项要素的综合，才能造就一个健康长寿的社会环境。

11. 日本学校的午餐为何要让校长先吃

日本实行九年义务教育制度，因此从小学一年级到初中三年级，除了免交学杂费，还半免费性地向学生提供一顿营养午餐。这就是日本的"给食"制度。

学校午餐的人事费用由地方政府承担，原材料费用由家长承担一半，每月3000—4000日元，约合200元人民币，相当于一个临时工工作五六个小时的收入。贫困家庭学生的午餐费用则完全由政府负担。

日本学校的营养午餐，真的能够保证孩子们的营养，并能保证食品安全吗？就这些问题，我采访了日本的几所中小学校，查阅参考了一些资料。

日本提供的营养午餐有两种形式：一种是学校自己建食堂烹饪，另一种是委托配餐中心配餐。学校食堂只为本校提供配餐，配餐中心则为周围数所学校提供配餐，一般配送距离在4公里左右，这样可以保证午餐在10分钟以内送达。采用学校食堂还是配餐中心，一般由地方政府决定。

在日本的学校里，学生数超过600人就会配备专职营养师。不足600人的，可以两校或者多校合用一位。营养师必须是大学的营养专业毕业，毕业后还需要经过两年培训才可上岗。厨师由地方政府聘用，营养师和厨师都享受地方公务员待遇。

学校营养师会提前将下个月的菜单制定出来，让孩子交给家长参考，以便使家中的饮食尽可能地不要与学校菜单重复或者冲突。学校的菜单一个月内每餐都不会重复，并且会标明每餐的营养成分、食材的来源与产地，等等。

对于保障营养午餐的安全，日本有一套完整的制度，文部省专门制定了《学校给食卫生管理基准》，各地根据基准建立一系列卫生规章制度，概括起来主要有以下几个方面。

第一，从原材料开始，各类菜要分开存放、清洗；各操作间有固定的工作服，进入工作间前要消毒。

第二，原材料要从多家公司进货，不能只从普通的超市里购买；营养午餐中不能使用冷冻食品，所有食品必须高温加工，在75摄氏度以上高温煮1分钟以上；从做菜到学生吃饭，不能超过两个小时；每顿午餐要留样，并在零下20摄氏度保留两周，以备检查。

第三，学校校医每三个月要对学校食堂的卫生状况进行检查；当地卫生部门每年要对学校食堂及配餐中学进行两到三次检查；教育部门也要定期进行检查。

除了上述三大措施来保证学生午餐安全之外，还有一项更为重要的措施，那就是校长要在学生用餐之前试吃，而且要提前一个小时，在办公室里当着老师们的面吃。这一制度的好处在于如果有人在学生午餐中投毒或者食物发生变质，校长将会第一个倒下。这样的话，校长可能会以身殉职，而全校学生的生命则可以得到保护。

所以，日本的中小学校长就是一位"试毒者"，校长吃过之后没有问题，学生食堂才可以宣布开饭。

　　日本中小学校的营养午餐制度，也是一个鼓励学生热爱劳动的教育环节。日本政府鼓励学校建立农场，让学生参与种植和养殖，在其中感受劳作之苦，培养孩子们对食物的珍惜。同时，日本学校绝大多数没有专门的学生食堂，学生们的午餐都是在教室里吃的，因此分饭和清扫的工作也由学生自己来担当。班主任必须要和孩子们一起吃午餐。吃完饭后，学生必须自己洗碗和打扫教室，培养清洁与劳动观念。

　　时至今日，日本给食制度日益完善，不仅成为国家福利的重要内容，也是国家教育不可或缺的一部分，不论家庭富贵贫贱，孩子们吃着同样的食物，无形中，也传递着平等意识和团结协作的集体主义精神。

　　我们常常说，孩子是祖国的未来，教育是百年大计，日本的这种实施了一百多年的学校午餐制度，值得我们学习和参考。

12. 日本人为什么不喜欢分家产

2017年5月,我在日本大分县九重高原采访,九重高原海拔2000多米,四周青山连绵,温泉甚多。正是满山遍野杜鹃花盛开的季节,远远望去,一座座山就是一个个粉红的世界。我特别喜欢九重高原,这次来这里采访,就是想看看这杜鹃山。

陪同我的是当地一位很有名的企业家高桥裕次郎。高桥先生在当地经营着九州地区最大的一家滑雪场,同时也是整个九重高原自然保护会的会长。高桥先生在2016年参加过町长的竞选,他觉得,对于保护家乡山水,自己有一份责任。

晚上跟高桥先生一起喝酒,我们聊到一个话题,那就是日本的地方城市尤其是农村,为何还保留着兄弟姐妹不分家产,全由大哥继承的习俗?

日本的法律明确规定,父母的遗产由子女共同继承。也就是说,不管你是否已经出嫁,还是在国外生活,父母的财产,每一位子女都拥有继承权,都可以平均分配获得。

高桥先生却说,这一法律在大城市里也许有效,但是在日本的地方城市尤其是在农村,基本上无法实现。

那么,日本的农村是如何处理父母的财产呢?高桥先生首先跟我讲了一个道理。日本土地实行的是私有制,受到宪法和法律的绝对保护,没有人敢侵犯土地的私有权,包括政府。因此,对于一个家族来说,如何传承自己祖传的土地和财产是头等的大事。也就是说,保护和传承这些土地和家业的历史重任,要远远超过土地本身的价值。

因此,当父母年老或者过世后,作为子女,首先要考虑的不是我可以分得多少财产,而是委托谁来继承家业,传承这一片代代相传的土地的问题。

高桥先生陪我在九重高原走的时候，我问他一个问题："你们家的土地有多少？"他"嗯"了好长时间说不出一个数字，最后指着对面的山告诉我："从那个大岩石开始到这片杜鹃花山坡，都是我们家的。"我估算了一下，那片山估计有6平方公里。我说你可是大地主啊！他笑了笑，说："都是祖上传下来的土地，其实要维护它，挺花精力。"

　　高桥有三个兄弟姐妹，他的上面有一个哥哥和一个姐姐，下面有一个妹妹。他排行老三。当初父母年迈无力再种地的时候，家里开了一个家族会议，把家里的所有财产摊开来，总共有大半座山，还有6万平方米大约是90亩的稻田。

　　这个家族会议的结果是四个兄弟姐妹中包括高桥在内的三个都表示愿意放弃财产的继承权，把所有的财产都交给哥哥，由哥哥一人继承。但是哥哥和嫂子必须承担照顾父母和爷爷奶奶的责任。

　　高桥说，日本自古以来在继承家业的问题上大多采取这种办法，就是长兄承担继承家业和守护家业的责任。一旦长兄继承了家业，那么他就成了家族中的"本家"，而其他的兄弟则成为"分家"，这个"分家"是"分支"的意思。以后的家业也由本家的子孙代代相传，除非本家以后出现没有子孙的情况，才可以与"分家"们进行商量，由"分家"（也就是弟弟妹妹们）这一家系的人推举出新的继承人来继承家业。

　　所以，日本的许多家业为何能够传承几百年甚至上千年，这种特殊的家业与财产的传承文化起到了极为关键的作用。

　　那么，如果把祖传的土地财产瓜分了，会出现怎样的结果？高桥先生给我说了一个例子。比如像他们家，四个兄弟姐妹把父母的土地按照四分之一的比例平均瓜分之后，每个人确实可以得到一笔财产，但是像他本人忙于经营企业不可能会去种地，这样一来的话，就会考虑把土地卖掉换取现金。如果四个兄弟姐妹都这么想的话，祖传的家业在一瞬间就会消失殆尽。虽然大家都得到了现钱，获得了利益，但是祖祖辈辈流传下来的家业和财产全部葬送在他们这代子孙手中，他们将成为家族的罪人。因此，把所有的家业交给一个人打理，是最好的办法。这种财产的分配方法，与法律无关，与家族的传承有关。

　　高桥的哥哥和嫂子，加上侄子夫妇，一家四口就每天默默地忙乎在这90亩稻田上。2016年，因为修建高速公路服务区，高桥家的稻田被征用了一部分，获得了政府2亿日元的补偿金，2亿日元相当于1200万元人民币。他的哥哥提出来这笔赔偿金是变卖了祖传的土地，要不兄弟姐妹四个人平分，一人可以分得大约300万元人民币的钱款。高桥和姐姐妹妹商量后，认为把祖传的土地卖了，然后分钱，这就意味着祖传的土地面积已经大大缩水。维护家族原有的财产，比什么都重要。因此四个兄弟姐妹又凑在一起开了一个家族会议，最后决定用这2亿日元的赔偿金去购买新的土地，一分钱都不分。

为什么高桥一家把土地看得这么重？高桥先生给我做了这样的解释。

他说，"家"是一个什么概念？在日本人心中，那是一代一代人的精神家园。因为兄长继承了家业、继承了祖祖辈辈传下来的土地，你不管走到哪里，无论天涯海角，心中永远有一个"家"的归宿。因为祖传的土地在，祖传的房子在，祖传的果树依然在开花结果，自己儿时的记忆都留在这个家里。

尤其是到了8月份扫墓的时节或者到了过新年的时候，子孙们都会从四面八方回到故乡，回到自己的老家，回到兄长嫂子的身边，在老房子里欢聚一堂，喝酒叙旧。

高桥说，最开心的是可以在老房子里睡在自己以前的房间里，寻找儿时刻在家里柱子上的身高的划痕，然后一起去家族墓地给父母亲和祖宗烧香祭奠。兄弟姐妹又像回到童年时候那种纯真时代。

因为有家，有兄长继承家业，因此兄弟姐妹很少会因为父母的遗产问题而闹出意见。相反的，大家会感恩兄长，感恩他辛劳操持家业。而对于弟妹们来说，不管是生活在东京还是在当地，最开心的事是哥哥会不断地把自己家的土地上种出来的蔬菜、稻米委托送货公司送到弟弟妹妹的家里，让大家品尝自己家的果实。

日文中，有一个汉字，叫"绊"，日语中念作"**きずな**"，翻译成现代中文的话，可以翻译成"情结"或者"纽带"。日本人常常喜欢说：家里遇到什么事，全家人都齐心协力一起顶过去，是因为有"家族的绊"，也就是说，是家族的这一特殊的血缘关系维系着的特殊的情结让大家团结一心。

日本这个社会有个奇怪的现象，那就是无论是学校还是媒体，都不提"爱国主义教育"。问及原因，高桥的回答很简单，而且不带任何政治色彩。他说，日本人很喜欢用"国家"的"国"来问别人你的家乡在哪里，"你的国在哪里？"

这一问法看起来很奇怪,但是日本人都很习惯,因为日本以前都是由一个个众多的诸侯国组成的。所以,对于许多的日本人来说,爱国首先就是一个爱家乡的概念。而家乡之所以成为"家乡",是因为在那里,你的家人还在、你的家还在、祖祖辈辈留下来的东西还在,不管人在何处,根依然留在那里,你的心里,永远有这么一个归宿。

我觉得,高桥先生说得很有道理,如果我们的家都没有了,那还有什么家乡的概念呢?所以,日本人的这种传承家业不瓜分祖传遗产的做法,是一种维系家族兴旺、让家族代代相传的最好的做法。而这种做法,不仅维护了家族的稳定,同时也维护了社会的稳定,最终也维护了国家的稳定。

高桥先生已经 60 岁出头,每天除了打理滑雪场的事情之外,大多数的时候是开着一辆车巡视九重高原的各个角落,没有人给他发工资,就因为他是当地的自然保护会的会长。他不仅要保护好自己家乡的美好环境,更想把青山绿水留给子孙后代。

13. 日本的新干线地铁车站为何不搞安检

2015年6月30日下午，日本发生了一起罕见的新干线列车纵火事件，东京的一名70岁老年人因为在领取生活保护费问题上对自己所在的区政府不满，于是携带了几公斤汽油登上了从东京开往大阪的新干线列车。

当列车以每小时320公里的速度行驶到横滨市时，这位老年人拿着汽油瓶走到列车连接处，往自己的身上浇上汽油，然后用打火机点着了。结果大家可以想象，整节车厢当时有50几名乘客，大火燃烧以后，许多乘客往后边的车厢里跑，但是一名最靠近这位自杀老年人座位上的60岁女性被烧死，另有20余名乘客因吸入二氧化碳或跌倒而受伤。

这是1964年日本新干线投入运营以来发生的第一起新干线列车纵火案。这一事件发生以后，日本的国土交通省紧急下令，要求铁路公司对乘客携带的物品进行严格检查，以防止此类恶性事件再度发生。

那么对乘客携带的物品如何进行检查呢？最好的办法自然是像机场那样进行安检。但是铁路公司对于在车站内设置安检设备对乘客实施安检提出了强烈的反对。铁道公司提出强烈反对有以下三个理由。

第一，这起纵火案是新干线投入运营半个多世纪以来发生的唯一一起纵火案，这说明发生同类案件的概率很低。如果为了这么低概率的犯罪案而对所有的乘客实行安检，会对乘客的人格造成伤害。

第二，东京车站站台上下四层，是连接整个日本东西南北的最核心的枢纽车站。有20多条新干线、城际铁路和地铁在这里交会，为了保证乘客的进出便利，东京车站的检票口多达18个，如果在18个检票口全部设置安检设备的话，铁路公司至少要投资200亿日元（大约合12.5亿元人民币），而且每年需要大量的人力、物力进行管理运营，铁路公司将不得不通过提高票价来抵消这种成本支出，对于乘客的利益将会带来损害。

第三，东京车站一天的进出车次是 4000 次，客流量是 120 万人。如果这么多人全部要实行安检的话，那么会因此耽搁乘客的乘车，造成大量乘客的拥堵，无法保证新干线和城际列车的准点安全，导致整个车站的管理运营出现瘫痪。

鉴于以上三大原因，日本铁道公司拒绝了政府的要求，他们只答应不断地提醒乘客不要带危险品上车，如果发现危险品，要及时报告车站和乘务员。同时与东京警视厅和东京消防厅举行一次防止恶性事件发生的演练。

确实，从那起纵火案发生到现在，已经过去两年，日本全国的列车上没有再发生一起纵火、杀人、殴打等恶性事件。

日本的高铁车站、城际铁路车站和地铁车站，在设计中最突出的一个理念就是使乘客进出站便捷，也就是说保证乘客进站乘车快，下车出站快，避免在车站内出现大量的人员拥堵。为了做到这一点，除了自动检票系统、人工检票系统之外，增加检票口和车站的出口是关键。东京车站的检票口有 18 个之多，出口更多达 56 个。在东京车站，你只要提前 5 分钟抵达车站，就可以赶上新干线列车。

银座是日本最大的商业中心，每天的客流量在 200 万人左右。银座的地铁车站连接着 4 条地铁线，如何保证大量的乘客便捷地进出车站，最好的办法就是实现车站进出口的多样化。在寸土寸金的银座，一个地铁车站居然有 21 个出口，不仅有众多的地面出口，还有许多是直接连接周边的办公楼和百货公司，因此，一列地铁进站，1000 多人下车，可以通过各种出口迅速分流。而且日本地铁的自动检票口不采用我们中国部分城市的三根铁管的构造，而是一种自动开闭的两块挡板，不仅不会伤及身体，同时可以保证乘客的快捷通行。银座地铁车站曾经做了一次测试，每位乘客通过检票口的时间平均为 1.2 秒钟。这就意味着 100 名乘客出站的最短时间只需要 2 分钟。正因为日本采用了这样一个检票系统，保证了每天几百万乘客进出车站。

东京在 20 世纪 80 年代就已经基本上完成了城乡一体化建设，尤其是东京首都圈建设。也就是说，我们中国现在正在建设的京津唐一体化"北京首都圈"，日本在 30 多年前就已经建成。东京首都圈建成的一个最大标志，是首都圈一都六县的交通实现了完全的一体化。也就是说，我们现在还在讨论上海的地铁是否应该延伸到江苏的苏州，日本在 30 多年前就已经实现东京都与茨城县、栃木县、群马县、埼玉县、千叶县、神奈川县城际轻轨和地铁的大联通。整个东京首都圈的地铁、轻轨线多达 48 条，真可谓四通八达，正因为建成了世界上最为发达的城市公共铁路网络，才保证了东京首都圈 4000 万人的出行便捷，更保证了道路交通的畅通。

在日本，你住在横滨、千叶，每天到东京市中心来上班，路上坐半个小时甚至一个小时的地铁轻轨是十分正常的事。按照上海的概念，你住在江苏的无锡和浙江的嘉兴，每天利用轻轨地铁到上海市中心上下班，谁也不会感觉到奇怪。

日前，每天从周边城市到东京市中心来上班的人达到了 600 万，这 600 万人都不是开私家车来上班，都是利用地铁轻轨上下班，如果在每个车站都实行安检的话，那么整个东京首都圈就会陷入瘫痪，因为车站多达 1800 多个。

所以，在防止个别突发性事件的发生和如何保证这 600 万人每天能够迅速便捷地上下班和出行，在这两者之间，日本社会、铁路公司选择的是便捷，而不是单纯的安全。毕竟，恶性事件的发生概率在车站还是很低，这在过去半个世纪中已经证明。

日本律师协会对于要不要在车站设置安检设备提出过一个疑问，他们认为把大量的乘客当作一个犯罪嫌疑对象来对待，是对人权的一种侵害。因为铁路运输不同于航空运输，航空运输具有它的特殊性，一个打火机就可能导致整架飞机的坠毁，但是，列车不存在这样的特殊性。日本律师协会这样的说法有点拔高，不过从日本的社会治安排名世界前列这点上来看，地铁轻轨和新干线车站不实行安检，事实上也没有什么关系，毕竟，这个社会存在的社会动乱的因素微乎其微。

许多到过日本的朋友一定去过东京车站。这座车站建于1914年，距今已有100多年的历史，这栋德国式建筑已经是日本的一大象征。为了保护这栋历史性建筑，每天进出120万人的车站是没有候车大厅的，如果说有的话，就是新干线区域内有一个100平方米左右的候车室，只供有特别需要的人使用。这一点与我们中国的火车站有很大的不同，中国火车站最大的空间都用于候车，而日本将用于候车的空间全部改建成通道和商业区，所以，东京车站既是一个交通中心，同时也是一个商业中心。无论你是搭乘新干线还是轻轨、地铁，都像坐公交车那样，随到随上，只要新干线列车的门没关，你都可以上去。所以提前5分钟到车站，是能够坐上5分钟后出发的新干线的。便捷，是日本车站管理的核心，而这一核心的基础是日本社会良好的秩序与社会治安。

14. 叫日本道歉为何这么难

日本 NHK 电视台在 2017 年 8 月 13 日晚上 9 点钟的黄金时间段里播出了一部专题片《七三一部队的真实》，全面而真实地反映了当年日本的七三一部队在中国哈尔滨郊外的平房如何研发细菌武器、如何拿中国人等做人体试验等凶残暴行。我看了这部片子，感到极为震惊。一方面，我在过去几年跟踪过日军细菌战的中国受害者在东京起诉日本政府的诉讼案，了解七三一部队的问题，也访问过七三一部队的陈列馆，都没有像这部专题片揭露得那么血淋淋，那么生动与详尽。另一方面，日本的这家半官方电视台凭借什么力量，居然有这样的勇气来向自己的国民揭露旧日本军队在中国犯下的如此惨绝人寰的一段历史。

这部专题片播出的时间正好是日本投降 72 周年纪念日来临之际，因此受到了日本社会的极大关注。我看完之后马上写了一条微博，介绍了这部专题片，没有想到，这条微博引起了众多网友的关注，在短短的两天时间里，阅读量超过了 1300 万，这一数字意味着，100 个中国人中就有 1 位看了这条微博。

网友们在赞赏 NHK 电视台的同时，也问了一个问题：为什么 NHK 有如此的胆量来播放这样揭露日本丑恶历史的节目？

NHK 电视台的标准名称叫日本放送协会。由于日本政府在第二次世界大战期间严格控制了媒体，并因此煽动民众参与侵华战争和太平洋战争，结果导致日本这个国家差一点毁灭。正因为有这个血的教训，日本战后严格限制政府与媒体的关系。所以，日本无论是报纸、杂志还是电视台、电台，没有一家是政府出钱办的，也就是说，日本没有官方媒体，所有媒体都是民营的，而且都不上市，以避免媒体的公正性遭到股东们的左右。有人问过我一个问题："徐先生，你们亚洲通讯社的主管单位是谁？"我说："我们没有主管单位，日本任何一家媒体都没有主管单位，如果说有的话，那就是董事会。"所以，NHK也没有政府主管单位，它的最高决策机构，是自己的经营委员会。

　　NHK原来是一家政府主管的电台，成立于1923年。1939年时，它设立了一个电视局，首次实施了电视信号的发射与接收。第二年，拍摄播放了日本第一部电视剧。在第二次世界大战期间，NHK是政府最大的喉舌，几乎所有重大的战地消息都由NHK播送，就连大家所熟悉的日本天皇读的投降声明也是由NHK在1945年8月15日播送的。战后，NHK被联合国军接管，一度被禁止向海外播送。1950年，NHK正式开始电视节目的播放，当时是一个星期播出两天，每次播放时间为三小时。此后，电视事业越来越发达，NHK逐渐地被人遗忘了电台的功能，成了日本最有代表性的电视台。

　　日本全国播放的电视台共有6家，NHK是属于特殊的一家，它不属于公司制，而是属于协会制度，所谓协会制度，它是一家公益性电视台，为了保持电视台的报道的中立性，NHK是唯一一家从来不做商业广告的电视台。那么它靠什么维持呢？日本国会制定了一部《放送法》，允许NHK向收看电视的家庭收费，每个月是1260日元左右，大约是76元人民币。不够的部分，由政府从国家财政中予以补贴。2017年，NHK的预算是7000亿日元，政府给予的财政补贴是36亿日元，大约是2.1亿元人民币。虽然政府的补贴经费不多，但是，NHK是日本6家全国电视台中唯一一家接受政府财政补助的电视台，因此，它具有半官方电视台的性质。

　　NHK电视台的报道，包括对中国的报道，基本上能够保持客观中立，很少有评论。因此，在日本国民的心中，NHK是一家立场公正的电视台。它在过去拍过近百集的中国纪行的纪录片，介绍中国各地的风土人情，为此掀起了日本社会的中国旅游热。每年的8月15日日本投降纪念日前夕，NHK都会制作和播放有关日本侵华战争和太平洋战争的特别节目。但是最近10年来，几乎所有的电视台都把主题转到了太平洋战争，努力强调日本人在这场战争中如何蒙受苦难，军人们如何为保护日本而血战，把自己扮成了一个典型的"受害者"。

　　尤其是从2012年安倍重新上台后，显然是为了控制NHK，安倍安排了自己的亲信、曾经担任过三井物产公司副社长的籾井胜人出任NHK经营委员会会长，在历史问题上与安倍首相立场完全一致的籾井胜人，在担任会长之后，禁止一部反映慰安妇问题的节目播出，引起了社会舆论的极大反响，也引发了 NHK 电视台中富有正义感的记者、编辑们的强烈不满。

NHK 电视台有一大批具有民主主义情怀的记者、编辑，他们认为客观报道是媒体人的职业道德，更是一家媒体的生命与公信力所在。教育国民不走战争老路，维护和平生活是日本最大的利益所在，因此反省历史是时代的必需，也是日本国家未来的必需。

但是在籾井的高压下，NHK 在过去几年中，凡是反省侵略与殖民统治历史的电视片都没能播出。2016 年 12 月，NHK 经营委员会 9 名委员中，以 7 人赞同、2 人反对的结果，决定邀请三菱商事副社长上田良一取代籾井胜人，出任 NHK 经营委员会的新会长。曾在法国和美国长期工作的上田良一，显然支持电视台内一大批富有正义感的记者、编辑们的立场，使得这几部沉淀多年的专题片相继播出。

8 月 12 日晚上，我偶然瞄了一眼 NHK 电视台，发现电视台正在播送一个专题片《本土空袭全记录》，介绍美军当年对日本全国的无差别大轰炸，炸死了 40 多万日本平民，其中东京就有 14 万人被炸死。

节目不仅用大量的纪录片和资料回顾了日本投降前遭受美军大规模轰炸的悲惨，同时也引用当年美国指挥官之口讲出了美军要无差别轰炸日本的基本理由，其基本理由有两点。第一，日本从 1938 年开始对中国各地尤其是重庆进行了大规模的轰炸，重庆遭受过的日军轰炸就达 200 余次，至少造成 1 万多名无辜平民死亡。日本是人类历史上第一个通过轰炸实施无差别大屠杀的国家，因此，理应遭到同样的报应。第二，日军偷袭了珍珠港，造成美军 2000 余人死亡，这一笔血债必须报。

这是我第一次听到日本的电视台如此清晰地告诉国民：原来是我们先做了坏事，然后遭到了报复。

而第二天夜 9 时的黄金时段，NHK 又播出了一个专题节目，叫《七三一部队的真实》。日本政府一直以没有历史资料为理由，拒绝公开承认七三一部队当年在中国哈尔滨郊外制造毒气弹，并拿中国人和俄国人做活人人体解剖实验的罪行。

但是，NHK 电视台这次却从俄罗斯拿到了长达 24 小时的原七三一部队成员的认罪录音,因为七三一部队的大部分成员都在 1945 年被苏联红军俘获,并被关押到西伯利亚,在哈巴罗夫斯克法庭上接受了审判。

这 20 多小时的录音,既有关东军军医部长的认罪,也有参与杀害中国人和俄国人的军医和士兵的认罪,十分完整地再现了当年七三一部队制造毒气弹、进行人体实验、对女性实施残暴蹂躏的犯罪事实。节目还通过采访当年的七三一部队老兵,展示数百件历史资料和部分当年的纪录片,第一次向世界公开了七三一部队制造的一起近代史上灭绝人性的凶残暴行。

关东军军医部长在法庭上承认,七三一部队从事了细菌战攻击研究。他说,同时也从事了人体实验,这两点是事实。七三一部队队员证实,自己看到过手脚和脸遭受细菌毒气腐蚀而霉烂的人被关进拘留所。他说,使用腐蚀性毒气进行了人体实验。

这部专题片长达 50 分钟,相信所有看了这部专题片的日本人和在日的中国人、其他国家的人们,一定会为七三一部队的凶残感到愤怒!无疑,这部专题片也提醒了日本民众,70 多年前旧日本军队在中国屠杀了众多无辜的平民。

但是,我们注意到,播放《七三一部队的真实》电视片,并不是日本政府的指示。安倍首相在 8 月 15 日举行的全国追悼仪式上致辞时,一个字都没有提日本对邻国的加害责任，也没有一句道歉的话。

  NHK作为一家半官方的电视台，在日本"投降纪念日"来临之际，能够以如此公正与正义的立场还原日本曾经发动的侵华战争和太平洋战争的真实，揭露旧日本军队的暴行，自曝家丑，这种勇气，值得我们的敬佩和尊敬！希望有一天，NHK能够制作出一部真实反映南京大屠杀的电视片来，让日本国民了解他们的祖辈曾经在中国犯下的罪行，也因此融通中日两国国民在历史问题上的认识，以此来改善两国国民的感情，真正让中日两国成为不再发生战争、世代友好的邻居。

15. 日本人与客人喝茶为啥不用自己的杯子

前不久,我陪同几位日本企业家到中国访问,在一个城市里,市长在贵宾厅里会见了大家。会见前,工作人员给每位日本企业家上了一杯茶,待市长坐定以后,工作人员又特地给市长端上来一只特别的玻璃杯,同行的日本企业家都随着这位工作人员的动作把视线瞄准了市长的杯子。会见结束以后,大家问我一个问题:"为什么市长的杯子要与我们的不一样?"我愣了一下,日本人怎么会注意到这个细节呢?回到日本以后,我细心地观察一下,发现日本人无论是企业家还是政治家,在招待客人喝茶时,他们的杯子确实和客人是一模一样的。

我这个人不怎么相信星座,但是我还挺相信血型,我周围的朋友当中,仔细观察一下他们的性格,发现他们的性格与他们的血型特征还真有许多相似。日本曾经做过一次调查,发现日本Ａ型血的人偏多,Ａ型血的人有什么性格特点呢?他们做事认真,追求完美,但死要面子。日本人相信,正因为日本是一个Ａ型社会,所以才能够出现许多工匠,整个社会做事讲究认真、讲究规则。这种完美主义的社会,使得许多日本企业在做产品时不停地去追求尽善尽美,自己不满意的产品,不会轻易地拿出手卖给客人。

但是日本人也认为,中国社会是Ｂ型血的人居多,Ｂ型血的人,做事灵活,不过于追究细节,善于考虑大局,但是做事往往马马虎虎,比较粗枝大叶。

这种分析到底有没有道理?我觉得或许有一些,至少在杯子的问题上,我们中国人很少会在意与领导一起喝茶时领导用什么杯子、给我们用什么杯子这样的细节问题,但是日本人就很在意。

我问过国内的一位当领导的朋友:"你会见客人时,为什么喜欢拿自己的杯子？"他给我的理由是两点：一是自己的杯子干净，办公室招待客人的公用杯子总觉得不干净。二是自己的杯子可以喝自己的好茶，因为招待客人的茶一般是大众茶。

这位领导朋友给出的理由，我是很理解，因为确实许多人会觉得大家用过的杯子不干净，只有自己的杯子最干净。

也许因为这个原因，我们中国人特别希望拥有一个自己的杯子。这种渴望就导致许多人到日本出差、旅游特别喜欢买日本的保温杯。"日本保温杯好"似乎成了大家的一种共识，于是我也经常被朋友们要求投机倒把，回国时背上几只杯子送给大家。但是，我自己迄今为止，还没有给自己买过一个保温杯，因为觉得没有什么特别的需要。

为什么我们中国人特别钟情于保温杯？因为中国人的养生观念与日本人不一样。从小父母就告诉我们，冬天不能喝冷水，因为喝冷水会伤胃。长大以后吃螃蟹，一定会有人提醒我们，要喝点绍兴黄酒，因为螃蟹是寒性的，绍兴酒是热性的，喝黄酒可以中和。

我们都是在这样的教导下长大的。结果到了日本，发现日本人夏天喝冷水，冬天也喝冷水。尤其是喝啤酒，外面下着厚厚的大雪，日本人走进居酒屋，一定要喝冰啤酒，而且最好是杯子先冰到零度左右，带有薄薄的一层冰霜。刚开始时，我是很不理解，也不敢这么喝。但是在日本时间长了，与自己的同事、朋友或者客户一起去喝酒，你要一杯常温的啤酒，老板会瞪大眼睛说出两个字："没有。"后来，我也习惯于跟着日本人喝冰啤，喝了20多年，到目前为止，我这个"MadeinChina"的胃还没有出过问题。

有这种体验的在日中国人，不会只有我一个。喝冰啤酒改变了我从小接受的"冬天不能喝冷水"的观念。

所以，当我们中国人拼命地去买日本保温杯的时候，许多日本人还真的看不懂，为什么中国人这么喜欢买保温杯，而且一个人往往会买上十几个。

市长的这次会见派生出来的一个额外的话题就是杯子，或者说是一种中日两国不同的杯子文化。

回到日本后，我跟这几位日本企业家再聚时，问他们为什么如此在意市长在会谈时用自己的杯子？他们跟我谈了两个疑惑：一是市长跟我们一起喝茶的时候，他用自己的杯子，是否说明他觉得他自己的杯子是干净的，我们用的杯子是不干净的？二是市长自己喝的茶，是不是跟我们喝的茶不一样？他自己是否喝得更高级一些？

听完他们的疑惑，我只是笑，因为他们想到的这两个问题，我的那位当领导的朋友已经给出了答案。

确实，我仔细想了想，无论是去日本前首相的家，还是拜会国会议员，采访日本大企业社长，工作人员端上来的茶都一模一样，这些政治家和企业家使用的茶杯也是和我一样的茶杯，没有特别的标志和区分，也就是说，用的都是公用杯，而不是自己的杯子。

我为此问了一位日本国会议员，你招待客人喝茶，为什么不用自己的杯子？他想了老半天，说了一句："我怎么从来没有想过这个问题呢，难道我们办公室的杯子不干净？"

东京大学东亚文化研究所的田岛教授倒是从文化学的观点给我做了一个解释。

他说，在日本的幕府时代，也就是中国的明朝时期，日本是将军掌权，当时有一位大将军叫"足利尊氏"，有一次他召集各地大名（诸侯）开会，上茶时大名们发现将军的杯子与大家不一样，而且上的茶也不一样，结果直到会议开完，大家都没有喝一口茶。足利将军很纳闷，我拿了这么好的茶招待大家，为什么大家都不喝一口？一位诸侯大名吞吞吐吐地向他禀告，说因为你的杯子和茶与大家不一样，所以大家担心你给大家喝的茶有毒。

这件事让足利将军认识到茶杯的重要性。于是他下令今后上茶招待客人时，主人的茶杯必须与客人的茶杯一样，免得大家心中生疑。

田岛教授说，这只是一个故事。但这个故事的背后，其实体现了一种日本的文化，那就是对待客人的一种平等与真诚。

第一，在日本人的概念中，用过的杯子一定会洗干净，洗干净的杯子也一定是干净的，所以，谁用都是一样。第二，你跟客人喝茶时，你用自己的杯子，让客人用其他的杯子，无意中会体现出一种自己与众不同的感觉，让客人们感觉到你高高在上，大家心里会不舒服。

另外，日本的公司里很少会买纸杯，因为用纸杯倒茶给客人喝会被认为是一种不礼貌、不尊重客人的行为，因为你用过的这只纸杯随之就会被当作垃圾扔掉。日本只有在临时聚会，比如搞集体活动或者野外聚餐、樱花树下赏花时，才会使用一次性纸杯。

日本公司的社长与客人喝茶时不用自己的杯子，并不是说社长和公司的员工们都没有自己的杯子。一般的政府机关和各种企事业单位，每个人都会有自己的杯子，但在招待客人时不会端出自己的杯子，这已经是日本社会的一种最常识性的礼仪。

陶瓷从中国传入日本后，千百年来日本人不断地在陶瓷产品中融入日本的文化与创新，因此日本目前的陶瓷工艺也是独树一帜，最多的产品，就是杯子。如果大家去过京都，去世界文化遗产地的清水寺参观时，一定会走过一道坡，这道坡叫清水坂。清水坂的两侧有许多商店，其中不少是陶瓷店，因为京都有一种陶瓷品牌，叫清水烧。大家想买日本陶瓷杯的话，在清水坂可以买到各种各样的杯子，但是没有保温杯，保温杯只能去电器商店或者机场免税店才能买到。

日本人在家里接待客人的最高礼仪是给你准备一只漂亮的陶瓷杯，然后告诉你，以后再来时，这只杯子就是你的专用。当然，这种待遇，绝对是招上门女婿的架势。或者真的是把你当成了自己的家人。

一个杯子，反映出中日两国不同的思维与不同的文化，没有谁对谁错的问题。了解一下日本的这种特殊的文化，对于我们中国人来说，也可以作为一种参考——原来日本人是这样看杯子的。

16. 日本大地震灾后重建为何这么慢

大家是否还记得 2011 年 3 月 11 日日本发生了一次九级大地震，这次地震发生时我刚好在北京采访两会，当天，我被中央电视台和第一财经频道叫到了演播室，对日本大地震进行了解读评论。

两会结束后我立即赶回日本。当时飞往日本的国航客机上只有三名乘客，乘务员不解地问我，福岛发生了核泄漏，大家都忙不迭地逃离日本，你为什么还往日本赶？我说那里有我的工作。一个礼拜后我绕道进入了灾区，看到许多熟悉的城市变成恐怖的废墟，虽然不是自己的国家，但毕竟也是自己长期生活的地方，心中产生了巨大的痛楚。过去六年，日本地震灾区的灾后重建，到底进行得怎么样了？7月下旬，东京都政府邀请外媒记者前往灾区采访，于是我再一次来到地震灾区。

六年前发生的大地震和引发的大海啸，是日本千年以来没有遭遇过的一个巨大的灾难，我在灾区看到，凡是海啸没有到达的地方，房子都是好端端的，凡是海啸到过的地方，所有东西都被卷走了。这次大地震，破坏力最大的不是地震，而是海啸。海啸最高的地方达到了 36 米，36 米是什么概念呢？就是 13 层高的房子都被淹没了。上万吨的船，被海啸轻易地推上海岸，汽车像毛巾拧过那样扭曲。这场大地震，尤其是大海啸，令日本整个东北地区 2 万人死亡和失踪。

2008 年四川也遭遇过一次重大的地震灾难，汶川地震发生后一周，四川省人民政府与我联系，希望能够尽快提供日本灾后重建的方案，当时我联系了遭遇过阪神大地震的神户市政府，又联系了遭遇过中越大地震的新潟县政府。这两个日本地方政府提供了他们全套的灾后重建的方案，我邀请了一些在日本的中国留学生，在短短三天时间里，昼夜努力，翻译了灾后重建的大部分方案。在汶川大地震十天之后，我背着这份日本灾后重建方案飞到了成都，交给了四川省人民政府，成了汶川大地震灾后重建一份重要的参考资料。三年之后我再去四川灾区，看到灾区一座座新城已经建成，而且许多新城已经变成了一个很好的旅游区，灾民也安居乐业。中国政府尤其是中国地方政府的对口支援，使得四川灾区在短时间之内能够迅速实现重建。一方有难，八方支援，这是我们中国社会主义制度的一大优越性。

那么日本大地震大海啸发生之后，他们的灾后重建进行得如何呢？我这次来到日本东北地震灾区的岩手县、宫城县和福岛县，采访了受灾最为严重的几个城市，过去六年，整个灾区的灾后重建只完成了50%。我们去参观了几个临时安置房，大多数灾民已经搬进了新居，像气仙沼市，还有300多户人家住在临时安置房中，我问了当地的市政府干部，为什么这300多户人家还不能住上新房，他告诉我一个最大的原因是因为这些人家他们是自己造一户建的别墅楼，但是灾区的建设公司根本来不及，所以都在等待建设中。

日本灾后重建面临的最大问题主要是两个。

第一个是沿海地区的大部分城区遭到了海啸袭击，而且海啸袭击过的地方，不仅卷走了所有的房子，同时也把城市的土地削掉了两米左右，也就是说，城区的土地要远远低于海平线。如果在这种低洼的城区重新建造房子的话，就意味着千百年以后再次发生同等规模的地震和海啸的话，这座城市还将遭遇巨大灾难，所以灾后重建的首要任务是要将老城区的地基垫高 10 米。像岩手县的陆前高田市的整个城区有 12 平方公里的土地，全部需要垫高 10 米。结果这个城市把周边海拔两百多米的高山进行了开挖，然后将泥土一车一车地运到城区，然后进行填埋、垫高、夯实，防止地基下沉，整个工程，就是一个愚公移山的工程。我在现场看到，整个城区垫高工程已经完成了 60% 左右，有 100 多辆工程车在工地上忙乎，市长说，要完成整个城区的垫高工程，预计还需要三年的时间。陆前高田市不仅垫高了城区，而且重修了海塘。海塘长达 5 公里、高 7 米的钢筋混凝土结构海塘已经全部建成。

第二个是土地私有制的问题。日本所有的土地，都是有名有主，也就是说每块土地要不就是个人的，要不就是国家的。尤其是在农村，大部分土地都属于一个人，在这次大海啸袭击过程中，许多城区被掏空变成废墟，因此也根本分不清你们家和我们家在哪里。特别像南三陆町政府，政府大楼都被海啸卷走了，土地资料已经不再存在，所以，如何解决当地居民的土地产权问题成了地方政府一个十分头疼的问题。南三陆町也和陆前高地市一样，进行了浩大的填土工程，也要把整个城区垫高 10 米。

南三陆町町长佐藤仁告诉我，海啸刚过不久，许多灾民对海啸充满了恐惧，所以政府提出灾后重建方案，让城区垫高，变成一个商业区，居民区全部迁到高坡上去。政府把老城区的所有土地进行一次性收购，然后根据每户人家的原有的土地面积由政府帮其置换到高坡上重新建设家园，以防此类巨大海啸的再度发生。当时大家都赞成这个方案，但是过去若干年，许多灾民开始怀念自己老城区，觉得不能放弃代代相传的土地，放弃了会对不起自己的祖宗，所以还是要求回到老城区。如此一来，老城区不住人的规划就要被打破。所以如何说服这些灾民放弃搬回老城区的要求也成了政府头疼的一个问题。

中国在四川大地震灾后重建中实施的一个最成功的措施就是沿海发达城市对口支援，对灾区的一个乡镇、一个城市实施援建，由富裕地区出资帮助灾区建设新城。但是日本做不到这点，因为它实行的是地方自治的体制，也就是说，每个地方政府的财政收支都是实打实的预算，几乎没有机动经费。每花一分钱都要由地方议会讨论决定，最为关键的是，这些钱都是当地市民缴纳的税金，一旦地方政府拿当地市民缴纳的税金去支援别的城市，当地市民的医疗保障等方面待遇可能就会受到影响，市财政将会出现赤字，所以日本大地震大海啸发生以后，它没法做到城市与城市之间的对口支援，唯一能够做到的就是日本各地政府派许多公务员去灾区参与处理灾后重建工作。所以，虽然中央政府出了很多的钱，但是灾后重建基本上还是需要地方政府自己的努力。而目前灾区还有一个很大的问题就是人手不够，超市里的收银员一小时的工资都已经达到1200日元，大约80元人民币，远远高于东京。

所以，这些问题都阻碍了日本东北地震灾区灾后重建的进度。

我们这次采访没有去福岛县核辐射区采访，福岛县是一个遭受了大地震、大海啸、核辐射三重苦难的城市，目前核心区还无法进入。不过，当地的灾民并没有像我们想象的那样，对于核辐射有那么的恐怖，灾区的马路边有不少核辐射测量检测仪，显示的核辐射量都接近于核泄漏之前的普通的低数据。我们接触到的灾民大多数认为核辐射问题基本上已经过去，水产品和农副产品都实行严格的检验，都没有发现超标，可以安心生活。福岛县出产桃子，我这次也买了几斤，味道相当不错。但是福岛灾区的人口并没有出现增加，核泄漏的阴影还笼罩在不少人的心头。

日本东北地区灾后重建的路还很漫长。在这次采访中，我们能够感受到当地政府和当地市民拼命努力重建家园的干劲，毕竟这里是他们的家，是他们的故土。有一些在外地工作的人，因为家乡受灾，反而把自己的企业搬回老家，以显示自己与家乡同在的决心与爱心。

这次采访还刚好遇到整个东北灾区长达一千公里的马拉松接力赛，许多奥运会金牌得主参加了这次为灾区为灾民鼓劲的千里跑。日本政府希望在2020年的东京奥运会开幕的时候，整个灾区的灾后重建能够基本上完成，这样的话，距离大地震发生也已经十年。灾后重建的路是漫长了一些，但是一旦想到千百年之后还会遇到同样的灾难，灾区重建也不得不这么做。当地政府希望我们记者为灾区写一句话，我写了这么一句：那一天，我们都不会忘记，灾区，加油！

17. 单身女性赴日旅游时该注意哪些问题

日本法务省公布的 2016 年度《犯罪白皮书》显示，刑事犯罪案已经连续 14 年出现减少，首次出现了战后 70 多年来的最低纪录。但是，65 岁以上老年人犯罪率却出现了上升。

白皮书称，2016 年，遭到检举的刑事犯罪案为 996120 件，比 2015 年减少了 102849 件，是战后以来首次跌破 100 万件大关。同时，遭到刑法检举的人数也减少了 12979 人，为 226376 人。但是，65 岁以上老年人的犯罪率首次超过了 20%，达到 20.8%，有 46977 人次，显示老年人犯罪率出现上升，其中"盗窃罪"占 70%。

白皮书还显示，2016 年，进入监狱服刑的人数比 2015 年减少了 1072 人，为 20467 人，也是战后 70 多年来的最少纪录。

日本法务省的这份《犯罪白皮书》告诉我们，本来就是一个比较太平的国家，日本的社会治安状况是越来越好。

但是，2017 年，轰动中日两国社会的福建省小学女教师危秋洁在北海道失踪，最后被发现自杀的惨剧，让我们产生一个警觉：当单身女孩去日本旅游时，该注意哪些问题？

我觉得，以下六个问题，需要单身女性认真对待。

第一，尽量不要住民宿。为什么说尽量不要住民宿，因为许多民宿还没有营业执照，而且不少民宿远离市中心在偏僻的地方，不像酒店旅馆那样有安全保障。前不久，福冈市发生过一起民宿强奸案，一位日本民宿老板强奸了一位前来住宿的 31 岁的韩国单身女子，遭到了警方的逮捕。我说这话，可能会引起在日本经营民宿的朋友们的抗议，我想说，如果你是正规经营的话，一定要把自己的相关证书在网上公布出来，让单身女性旅游者也可以安心。

第二，不要搭乘陌生人的车，包括通过海外网约车系统在日本约的私家车，因为这些私家车在日本是属于没有出租车经营许可的违法黑车，出了交通事故没办法索赔，被警察发现的话，司机也有可能会被逮捕。同时，你对司机的情况一点儿也不了解，对日本的东西南北也搞不清楚，很容易出问题。

第三，不要一个人去偏僻的地方旅游。虽然日本的社会治安总体不错，但是不排除个别人的犯罪冲动和可能遭遇的意外事故。

第四，不要与刚刚认识的外国人结伴同行。日本的家庭旅馆、青年旅馆里，外国的单身旅游者较多，而且以中青年为多，很容易在这种特殊的环境里一拍即合，一同出去旅游，这种情况要尽量避免。

第五，到了任何一个地方都应该拍照并及时传给自己的家人，报告自己的行踪。一般来说，像在东京、大阪、京都等一些繁华的大城市里旅游，即使是一个人，也不太会有危险，因为到处都有人。

第六，一定要记下中国驻日本大使馆领事紧急联络电话、中国外交部领事救援中心电话，还有日本警察的报警电话110，最好有在日本的友人的手机号码，遇到问题可以随时联系。

18. 日本女人谈恋爱最在乎男人什么

这几天忙于在海外出差，回到东京，约了一帮年轻朋友吃饭，自己也没有想到，来的刚好是六个人，男、女各三人。我绝对无意于做媒，只是觉得男女搭配，吃饭不累。

年轻人在一起，话题自然离不开"恋爱"两个字。我问了几位女生一个问题："与男人谈恋爱时，你最在乎男人什么？"三个女人齐声回答："男人的清洁感。"这一答案很是出乎我的意料，因为我猜想应该是身高与财富。

这顿晚饭吃了三个多小时，年轻人七嘴八舌，给我提供了一个很好的社会调查的机会。

28岁的池田小姐，已接近"剩女"的临界点，在恋爱问题上似乎受过伤，谈起男人来，满腹怨气。她说，以前总以为不修边幅的男人很帅气，真的成了自己的男朋友后，发现"脏"是天敌。挣钱多少倒是小事，我也在上班。头发一天不洗，油腻腻的。胡子拉碴的，碰到脸就难受。尤其是脸油晃晃的，看了就恶心。到了晚上不洗澡，不换内裤，绝对不会让他碰。

"一个清洁的男人，给人以一种健康与青春的感觉，在一起就会有好心情，这跟男人喜欢靓丽的女人一样。"这是玲奈小姐的总结。

听着她们的话，我一直在下意识地摸着自己的胡子，记得今天一早是刮了胡子，没有想到，到了夜里已经长出来不少。当然，这三位女生的眼睛一直盯着三位男生，压根儿就没瞧我这个老男人一眼。

我看到一份行业报告，说日本著名的化妆品专业网站COSME向56800名网友进行了一次调查，发现有86%的女性表示自己"在乎男人的清洁度"。在乎的顺序是：第一，头发整洁度；第二，脸的干净度；第三，体味；第四，鼻毛；第五，服装清洁度；第六，肚子的凹凸度。没有想到，日本女人对男人的小肚子的要求这么低。

我们常说以貌取人。这个外貌，包括了身高、体型、穿着打扮，还有气质。而对于日本女人来说，你矮一点，胖一点，似乎都没有多大的关系，如果你头发乱七八糟，浑身一股味道，那么不管你多英俊，她都会逃。因为一个不修边幅的男人会让日本女人心中产生一种担忧：这是一个生活不严谨、不认真的男人，精神面也一定不会太干净。

池田小姐说，她最不能容忍的是男人的鼻毛钻出鼻孔，看了都感到恶心。

池田小姐的话，让我顿悟日本小家电市场为何有这么多剃鼻毛的小玩意儿。

日本女人对于男人清洁度的要求，我想与日本传统的生活习惯有关。因为日本多温泉，自古以来有泡澡洗浴的良好环境，因此也养成了日本人天天洗澡的习惯。就像我这样的中国人，在日本生活时间长了，也逐渐地养成了一天洗两次澡的习惯。我经常去的理发店的理发师告诉我，晚上10点到12点，是长头发的时间，所以必须要用洗发香波把头发好好洗一下，把沾在头发上的灰尘和头皮油脂洗干净，让头发有一个干净的生长环境。为了防止中年脱发，洗完头发后，要涂一些生发剂。第二天早上起来，再用护发素冲洗一下头发，把自己的头发整理干净，然后出门上班。

正因为日本女性对于男人清洁度的要求到了苛刻的程度，因此日本的化妆品市场也催生出一个很大的男人市场。无论你走进日本的百货公司还是药妆店，系列男士化妆品、止汗剂、生发剂、脱毛剂、男士香水等，到处都是。富士经济研究所的市场调查报告说，2016年，日本男士化妆品市场的销售额已经超过了2000亿日元，而且以每年18%以上的速度增长。

除了化妆品之外，白衬衫和蓝白条纹衬衫已成了日本男人的标配。你到东京街头看看，即使是夏天，日本男人身上穿的衬衫，最多的就是这两种，为什么？因为看上去干净清爽。

看来，女人的眼睛能催生男人的市场。

但是，"清洁"并不是恋爱结婚的全部，最多只是对于男人生活习惯与品位的要求。那么具体到了谈婚论嫁的阶段，日本女人到底在乎男人什么呢？

我记得在20世纪80年代的日本泡沫经济时期，日本女人找老公有一个"三高"的要求，就是"高收入，高学历，高身材"。经过这么多年的沉淀之后，日本女人的这"三高"要求，变得越来越接地气，新的"三高"要求，变成了"有共同的价值观，性格相符，有稳定收入"的三个新标准。

日本生命保险公司以25岁至34岁未婚女子为对象做过一个调查，问她们寻找丈夫的条件。总共调查了6000人，调查结果显示，找老公的第一条件是"价值观相同"(62%)，第二是"金钱的感觉一致"(27%)，第三是"工作稳定"(26%)。而以前所追求的"三高"条件中，"高收入"已经退居第9位(12%)，"高学历"退居第19位(1.7%)，"高身材"退居第20位(1.5%)。

这份调查结果还显示，对于男性的年收入的要求，平均为552万日元，也就是34万元人民币。这一要求与日本国税厅公布的日本男性公司职员平均年收533万日元的水平几乎一致。也有女性提出，如果真的相爱的话，对方哪怕只有一半的收入(270万日元)也不在乎，只要能过日子就行。

许多日本女性感悟到的一点是，美好的生活需要自己的双手去创造，婚姻也是一样，创造的过程才是最美好的。依靠父母或男人的财富，一夜进入中产阶层的生活，会让人失去奋斗的意志。

19. 日本为啥规定星期五下午3时下班

从2017年2月24日开始，日本实施一项特殊的劳动制度叫"优质星期五"。这项制度规定在每个月最后一周的星期五下午，政府机关和企事业单位一律在下午3点钟下班。以加班为荣的日本，为何要实施这种特殊的劳动制度？这背后蕴藏着日本政府的一个大算盘。

大家一定听过日本的一个名词，叫"安倍经济学"。这是安倍在2012年年底上台以后提出的一项经济改革措施。这四年来，安倍在推行经济学的过程中到底取得了哪些成绩？日本国内和国际舆论有不同的评价，就结论而言，是有褒有贬。

我觉得安倍经济学在过去四年当中还是取得了不少的成绩，尤其是他推行货币宽量政策，使日元大幅贬值。这一贬值，就使得绝大多数跨国企业实现了扭亏为盈，日本经济出现了近10年来从未有过的好景气。

在安倍的头脑里面，他有这么一个构想：让货币贬值，使得日本企业能从外汇的汇率差额中获取高额利润，这样的话，企业有利润就有钱。一方面，企业可以多上缴税金增加政府的财政收入；另一方面，企业获得的巨大利润，可以通过增加工资和提高奖金等方式，让员工们获得更多的利益。员工手头有钱之后，他就会去消费，这样就形成了日本经济的一个良性的循环。

但是事实上日本的消费市场并没有按照安倍首相的这个构想在实施，原因有两点。

第一点，是因为日本在2014年提高了消费税，消费税从原来的5%提高到了8%。也许我们看来，这个增加了3%的消费税其实并不是一个很大的数目，也就说，你去买100元的东西，原先要支付105元钱，提高消费税后，变成了

108元，增加3元钱也不是什么大不了的事。但是，这3元钱给日本老百姓的消费心理带来了极大的冲击，他们的消费欲望受到了一定程度的遏制。

第二点，也是一个最致命的原因，就是日本企业虽然获得了巨额的利润，就像丰田汽车公司，他在2015年年度的利润突破了历史最高水平，达到了2万亿日元（约1212亿元人民币）。但是，就像丰田汽车公司那样，日本企业并没有把这些利润用于大幅增加员工的工资上，也没有多发奖金。各大企业把这些钱都存了起来（日语中称作"企业内部留存"）。就像日本的"经营之神"稻盛和夫先生创建的京瓷公司，京瓷的企业留存有多少呢？根据稻盛和夫先生自己的说法就是，这家有8万名员工的企业在未来7年中即使不赚一分钱，公司也不会倒闭。

为什么日本企业赚了钱之后不愿意花出去呢？一个很重要的原因是因为他们知道安倍政府这种操控汇率获取外汇差额利益的做法是兔子尾巴——长不了。这种不需要扩大出口就可以获取利益的幸福日子不可能长久。所以，他们把赚来的钱都存了起来，以防经济崩盘。

企业留存不是一件坏事情，企业留存越多，企业经营就越安全，技术产品研发投入可以更多。这是一种安全驾驶式的企业经营模式，总比有上顿没下顿、到处找人借钱来干活的企业要好。但是，企业不肯把赚来的钱多分一点儿给员工，那么员工口袋里就没有多余的钱，加上消费税又提高了，结果就导致日本市场在过去几年中一直处于低迷状态，再好的东西，你打折也没有人要。这也使得安倍经济学的成功率大打折扣。因此有人认为，安倍经济学是失败的。

面对这种状况，日本政府苦苦寻找振兴消费市场的良策，终于想出了一个"优质星期五"的方案。

这个方案就是在每个月最后一周的星期五下午，所有的政府机关和企事业单位提前到3点钟下班。让人们早早地离开办公室，离开工厂车间，走上街头，走向消费市场。

这个"优质星期五"制度到底会产生怎样的效果呢？大家可以早早地回家去照顾孩子、照顾家庭，同时更多的人可以约亲朋好友聚一聚，喝一杯。可以轻松自在地逛逛街买买东西。同时还可以杜绝周末的加班，改革日本那种加班加死人的超时劳动制度，刺激整个消费市场的繁荣。

那么，日本实施"优质星期五"制度的第一天，日本的一些政府领导人是怎么度过的呢？安倍首相在下午三点钟就结束工作，跑到东京的一个寺院里面去坐禅坐了一个小时。然后又跑去看了两个小时的音乐会。日本外务大臣岸田文雄离开办公室后，约了几位老同学去喝酒。日本产业大臣则跑到一个专门学做菜的学校学做蛋糕。

那么，日本一般的老百姓在星期五提前下班后，都去干什么了呢？《日本经济新闻》做了一次舆论调查，结果显示，有48%的人选择跟自己的家人、亲朋好友一起聚餐；有42%的人选择逛街买东西；有27%的人选择看电影；还有28%的年轻人选择跟恋人约会；有21%的人选择泡温泉旅游。他们在这一天平均的个人消费预算是11000日元，也就是660元人民币。

日本的市场人士分析认为，"优质黄金周"制度的实施，至少会给日本的三大产业带来巨大的刺激。

第一是百货公司等零售业。因为一般的日本百货公司都是在晚上8点钟关门，当一个企业员工，他加点班，然后再要赶到百货公司去买东西的话，时间过于紧张，赶到百货公司时，人家就要下班了。所以，提前下班的话，人们可以有一个宽松的逛街购物的时间，可以提升零售业的销售额。

第二是餐饮业。像东京这样的国际大都市，东西南北城区很大，平时下班后约朋友聚一聚，大家很费时间。实行优质星期五制度之后，大家可以轻松地约一个地方相聚，喝喝酒、聊聊天，将会大大刺激餐饮业的发展。日本一般的饭店是傍晚5点30分开始营业，但是实行优质星期五制度之后，许多店都提前到了下午4点钟就开门营业，营业额至少可以增加20%。

第三是旅游业。日本的温泉酒店旅馆有一个规矩是包晚餐和第二天早餐。尤其是晚餐，是每家温泉酒店旅馆吸引游客的一大卖点。但是温泉酒店旅馆的晚餐时间大多数是从晚上6点钟开始。如果5点钟下班的话，要在一个小时内赶到东京郊外的风景区去泡温泉吃饭，是不可能的。那么，实施"优质星期五"制度之后，几个闺蜜一起坐上新干线列车，一个多小时就可以抵达东京附近的伊豆半岛、箱根富士山景区，刚好能赶上吃晚饭，这样的话，泡一个温泉，吃一顿美食，好好消除一下一周工作的疲劳。另外，一直低迷的情人旅馆，估计生意也会好起来。所以，"优质星期五"制度会拉动旅游业的发展。

"优质星期五"制度的实施,还将刺激日本一项新兴产业的发展,那就是赌博业。日本国会已经通过了相关的法案,允许发展赌博业。这几天,美国拉斯维加斯、中国澳门等一些世界著名的赌博公司的老板都聚集在东京,与日本政府交涉开赌场。日本政府已经计划在大阪、横滨、东京设立特区开赌场。所以,一旦星期五提前下班,估计会有不少人跑到赌场去赌钱,为日本政府增加税收做贡献。

毫无疑问,"优质星期五"制度的实施,将会刺激消费市场的成长。但是,它能否拯救安倍经济学,还是一个未知数。

日本社会

20. 日本人到底如何扔垃圾

20多年前我刚到日本留学的时候，住在学校的寮里，那是一个很有历史的木板楼，隔壁室友打呼噜，全寮的人都可以听到现场直播。

管理这个寮的是一位70多岁的日本老太太，每天早上的一件事，就是通知各个房间扔垃圾。我们当初不知道垃圾要分类，于是把所有的东西都扔在一个塑料袋里交给老太太，老太太马上说："*だめだめ*"，这是我刚到日本时听到的最多的一句话，意思是说"不行不行"。为啥*だめ*？老太太打开垃圾袋，把所有寮里的人叫到一起开了一个会，告诉我们：易拉罐是资源类垃圾，必须单独放；矿泉水瓶的商标纸必须扯下来，因为那是不可燃垃圾；瓶盖是有色塑料，必须拧下来单独放；白色透明的塑料瓶才是资源类垃圾。老太太还拿出一个同学扔的中华牌香烟的烟盒，说这个烟盒不能一起扔，外面的塑料纸必须扯下来与塑料袋放在一起，那个纸盒是可燃垃圾，里面的铝箔是金属，必须单独拿出来。

老太太说了一大堆话，我们根本就没听懂，但是第一次知道日本的垃圾是要分类的，而且要分得很细。资源类垃圾可以回收利用，而非资源类垃圾要专门焚烧处理。可燃垃圾是周三、周六来收，不可燃垃圾是周一、周四来收。

还有大件垃圾，像电视机、音箱、微波炉、家具、沙发、自行车等要扔掉，必须打电话给市政府的垃圾管理科，约定回收的时间，同时还要去24小时便利店购买大件垃圾处理券，贴到大件垃圾上。20世纪90年代初，中国还很穷，买得起电视机的家庭还不多，还很少有人见过微波炉，所以看到日本人把这些家电都扔了，我感到十分惊讶与可惜的同时，萌生了捡回来的念头。因此，每当一个星期中扔大件垃圾的时候，我们同学就一大早结伴巡游各个街道，把自己需要的电视机、电冰箱、微波炉捡回来，很快把自己的宿舍全副武装起来。

我在日本的第一套音响，还是索尼的分体音响，就是在那个时候捡回来的，用了好几年，天天听松田圣子和邓丽君的歌曲解愁。

半年后，从学校的寮里搬出来自己借房子住，房屋中介公司的工作人员把房门钥匙交给我时对我说："一定要仔细阅读一下垃圾分类册子，你是这栋楼里唯一的中国人，希望你能协助大家一起扔好垃圾。"在确认我听懂他的话并且能够保证执行的时候，他才放心地把房门钥匙交给我，还深深鞠了一躬："那就拜托你了。"

我记得那本垃圾分类手册足足有三十页之多，一共有518条，我实在是记不住，最后一页页扯下来贴在冰箱上，拿出当年记英语单词的劲头，但是经常会有大楼管理人来敲门："徐君，这袋垃圾是你扔的吗？"好长一段时间，我都不敢跟管理人打招呼。

日本的垃圾分成七类：

第一类是可燃垃圾：像厨房垃圾、橡胶制品、衣服、纸制品、革制品、录像带、杂草等。

第二类是不可燃垃圾：像餐具、厨具、玻璃制品、干电池、灯泡、小型家电、一次性打火机等。

第三类是资源垃圾：如易拉罐、塑料瓶和书刊报纸。

第四类是粗大垃圾：像自行车、桌椅、沙发、微波炉、烤箱、高尔夫球球杆等。

第五类是不可回收垃圾：像农具、灭火器、砖瓦、水泥、摩托车、废轮胎等。

第六类是四种家电：电视机、洗衣机、空调、冰箱。

第七类是临时性大量垃圾：搬家或大扫除、修剪庭院时的垃圾。

七大类中，每类还有细分小类。比如可燃垃圾中，纸制品中的餐巾纸之类属于不可再生纸类，但是，面积大于明信片的纸张不属于此类，被归为"资源垃圾"，需要回收。那么扔垃圾之前，不仅要仔细分类，而且要仔细清洗。比如酱油瓶、油瓶、饮料瓶、啤酒罐，等等，必须清洗干净才可以舍弃。电池、灯管这些东西要带到超市或者便利店的回收店里统一回收。如果你家里面的狗和猫死了要处理，必须联系环境局。

记得手册背后还附赠一份彩虹年历，每种颜色代表哪一天可以扔哪种垃圾。规定得十分详细，有时候会出现星期一吃的鱼，骨头要等到星期四才能扔。好在现在一些公寓楼里一般都设有垃圾堆放间，可以随时把垃圾送到堆放间，按照分类要求放在指定的位置，然后管理人员再来帮你仔细整理。

我们经常看到日本人家里的阳台上除了晾衣服之外，晾衣架上还常常挂着不少四四方方的纸片，原来这就是正在晾干的牛奶盒或者是饮料纸盒，以便整理后作为资源垃圾处理。许多刚到日本的留学生嫌麻烦，常常抱着侥幸的心理去扔垃圾，却不知道周边有许多邻居是垃圾监察员，他们的职责任务就是检查分类不合格的垃圾袋，然后把垃圾袋送到你的家门口，告诉你必须分类。你也许可以装着不懂日语，但是市政府的扔垃圾手册，除了日文，还有中文、英文和韩文，你就糊弄不过去了。日本很少有职业歧视，但是不遵循公共卫生道德就会遭到别人的白眼。

日本人为什么会如此严格地实行垃圾分类呢？一方面，日本是一个岛国，他们很担心传染病的发生，因为传染病一旦发生，人就没有地方躲。因此，日本从明治时代开始就对垃圾进行管理，以杜绝传染病发生源。另一方面，日本是一个岛国，资源比较紧张，所以很注重废弃物的再生利用。

为了防止乱扔垃圾破坏环境，日本还制定了许多与扔垃圾有关的法律条文，处罚之严也堪称世界之最。和垃圾分类相关的法律法规有《废弃物处理法》《关于包装容器分类回收与促进再商品化的法律》《家电回收法》《食品回收法》等。

在马路边乱扔垃圾如果被"抓现行"，会被处以10万日元罚款（约6300元人民币）；在垃圾收集区乱扔垃圾，则根据《废弃物处理法》第25条14款规定：胡乱丢弃废弃物者将被处以5年以下有期徒刑，并处罚金1000万日元（约63万元人民币）；如胡乱丢弃废弃物者为企业或社团法人，将重罚3亿日元（约1810万元人民币）。

除了国民溶于血液的自觉性和严格的法律法规之外，父母的言传身教和从幼儿园抓起的扔垃圾教育是成就日本成为垃圾分类大国的关键。

从幼儿园到高中，学校都会定期组织学生参观当地的垃圾处理厂，告诉学生每天得有多少垃圾送到处理厂里，每天的处理能力是多少；如果没有做好垃圾分类，会出现什么样的结果。让孩子们从小接受这样的教育，而且要不断地去写作文，强化年青一代对于垃圾分类重要性的认识。尤其是在日本小学里，孩子们都要集体吃午餐，午餐中一定会有一盒纸包装的牛奶，每个小朋友把牛

奶喝完后要把牛奶纸盒洗干净,而且不能用自来水洗,这样浪费水,而是排队在一个水桶里洗。洗好后,放在通风透光的地方去晾晒。到第二天,把前一天晒好的牛奶纸盒用剪刀剪开摊平,以方便打包收集。这样日复一日,在珍爱环境、珍惜资源中长大的孩子,不仅不会乱扔垃圾,同时还知道,许多垃圾是需要清洗干净之后才可以扔弃。

日本人扔垃圾有专用的垃圾袋,我们中国许多地方的垃圾袋是黑色的,日本规定垃圾袋必须是白色透明或半透明的,这样可以让收集垃圾的工人看清里面装的是什么,也可以让邻居相互监督。垃圾袋是有国家标准的,大小分为10公升至45公升,价格折合成人民币的话,每个1元到3元不等,这种国家标准规格的垃圾袋在超市和便利店到处有售。

如此烦琐的垃圾分类流程,能够让日本1.3亿人深刻牢记自觉遵守,并成为衡量国民道德的标准之一,也只有日本这个国家做得到,这也从一个侧面说明了日本是一个具有很好社会公德心的国家。

将垃圾分类做到极致，日本自然也成为世界资环循环利用的典范国家。日本的火力发电、蒸汽热能、金属原料就有一部分源于垃圾能源。东京的成田机场、台场等场所也是用垃圾填海而成。到过东京湾台场的朋友们不知有没有注意过那里一个造型优美的直线型建筑，那就是垃圾焚烧场的烟囱。由于日本的垃圾焚烧已经做到了零排放，所以，即使在这么重要的商务区和风景区，这个烟囱不冒烟，也不发臭，对环境没有污染。相反的，利用垃圾燃烧产生的热能建造的一个温水游泳池，成了附近居民和公司白领们的健身中心。

来过日本的游客都会由衷地称赞日本环境的干净、整洁，殊不知人家背后的付出。目前中国大中型城市的公共场所的垃圾桶大部分已经开始实现可回收和不可回收的分类，虽然和日本相比分类还显得比较简单粗暴，但是这已经是一个很好的开端，只要我们能够虚心向日本学习垃圾分类的经验，提高国民的垃圾分类意识，制定必要的垃圾分类法律法规，一步一步地向前推进，中国也一定会成为垃圾分类大国和资源再利用大国。

21. 日本人如何当官

在日本，国民有两个基本的概念，一个是"国家是永恒的，政府是短暂的"。另一个是"官僚是永恒的，政治家是流水的"。这两个概念是什么意思呢？就是说，国家是全体国民共同拥有的家园，而政府只是管理这个家园的一个机构。管得好，国民选你继续管；管得不好，国民选别的人来管。打个不十分恰当的比喻，就好像是一个小区，房子都是大家自己的，但是物业公司是聘请的。物业公司把小区管得好的话，业主们继续委托你管理。管得不好，那就要换管理公司。日本战后出现过几家这样的"物业管理公司"，比如20世纪90年代的社会党政权、2009年的民主党政权，还有执政时间最长的自民党政权，不过大家看来看去，最后还是觉得自民党这家"物业管理公司"比较靠谱，所以，日本战后半个多世纪，老百姓大多时间是选择自民党来管理国家，这个自民党，就是现在安倍首相领导的执政党。

那为什么说官僚是永恒的官，而政治家是流水的兵呢？这里面就牵涉到一个根本性的问题，那就是日本这个国家，到底谁是真正的管理者？这个问题的答案其实很简单，实际管理这个国家的不是政治家，而是官僚。

在日本，官僚是一个特殊的阶层，它是国家的管理团队，但是又不属于某个政府某个政党。它执行政府的指令，但是只对自己的工作负责，不对特定的政府负责。我们说官僚是永恒的官，是因为官僚永远只是官僚，它再努力也当不了政治家。比如在我们中国人的印象当中，一个年轻人从大学毕业进入政府机关当干部，也许他经过若干年的努力之后，他可以当省长、当部长、当总理甚至当国家主席，但是在日本，一名机关干部再努力，他最高的也只能当到一个中央部委的常务副部长，日本叫事务次官，连部长都当不上。为什么连部长都不能当呢？因为部长和部长以上的官，是由政治家，也就是由国民投票选举选出来的国会议员们来当的，或者是首相聘请的非官僚的民间人士来当的。

于是日本就出现了这样一种政治局面，部长可以不懂专业，但是照样可以当好部长。比如日本现任的防卫大臣稻田朋美，她既没有摸过枪，也没有当过兵，连战斗机和导弹都没有见过，只是一名律师出身的女国会议员，但是她现在领导和指挥着25万人的日本海陆空自卫队。许多人怀疑，一旦打起仗来，她懂指挥吗？显然，稻田朋美是不懂的。但是除了她，日本防卫省的所有人都是懂的，因为这些人都是官僚，一辈子就干着指挥军队的活。稻田朋美的工作只是传达好首相和内阁的指示，然后以防卫大臣的名义签名盖印发布命令就行。具体的工作，都由这些官僚们按照原先制定好的预案和几十年的实际经验去落实执行。

所以，在过去十几年，日本是一年换一个首相，部长更是三天两头换，最频繁时，防卫大臣是三个月换一个。但是，即使换了这么多的官，日本这个国家没有乱，政府工作也没有停滞不前，整个社会还是按部就班地运转，为什么呢？因为实际管理国家的官僚部队没有更换，他们依然是按照国家法律规定的程序在管理这个国家。

在日本，什么样的人才能成为官僚？前提必须是极其优秀的人才。

官僚，也就是我们通常所说的公务员，日本的公务员分为国家公务员和地方公务员，国家公务员只服务于中央机关，而地方公务员只能在各地方政府机关工作。两者之间的录用考核标准和工资标准也有差别，地方公务员是不能直接提拔成为国家公务员，打个比方说，浙江省国土厅厅长是不能提拔到国家国土部去当司局长或者副部长的，因为你是地方公务员，不是国家公务员，你没有去中央机关工作的资格。

国家公务员可以说是国家的精英，首先他必须是从日本著名的大学毕业，而著名的大学中，又必须是著名的专业毕业。比如日本外务省和财务省招收的国家公务员，大多数是东京大学法学部毕业的，为什么是法学部，而不是文学部或者经济学部？因为法学部毕业的学生，具有两个特点：一是对于国家法律法规十分精通，二是做事习惯于循规蹈矩，不会乱来。其他大学毕业生，比如像早稻田大学、庆应大学、东京工业大学等日本名校毕业生，几乎难有机会跨进外务省和财务省的大门。

既然招收的是精英，那么是不是学历越高，考取国家公务员的机会越多呢？事实也不是这样，日本中央机关招收国家公务员，基本上只要求大学毕业，不要求硕士研究生和博士研究生的学历。为什么不需要高学历？我就这个问题请教了当过日本厚生劳动省副部长的渡边先生。渡边先生就是毕业于东京大学法学部，是一个老官僚，从大学毕业进机关一直到60岁退休，在厚生劳动省里干了近40年。他说，在机关工作，具备大学毕业的知识水平就足够了，接下来需要的是工作经验和悟性。如果是一名博士生进机关当干部，会出现两大问题。一是眼高手低，觉得自己学历比别人高，能力也一定比别人强，不愿意被人指挥，也不太愿意虚心学习。但是实际的动手与吃苦能力往往不及大学毕业生。二是博士毕业生书卷气重，往往会死死抱住自己的专业不肯放，还习惯于用自己专业的固有思维去分析问题处理事务，做事方式往往比较僵化。

渡边先生说，公务员说白了只是一名政府事务员，他要求的基本能力是两种：一是处理事物的能力，二是办理事务的能力。也就是说，一是判断力，二是执行力，而一个人的判断力和执行力是需要经验的积累和培养的，不是读书就可以读出来的。因此不需要研究能力，自然也不需要高学历。除非是进入国立研究机构去当研究员，那是另外一回事。

日本的中央机关中，国家公务员队伍又是如何培养的呢？首先，政党的组织人事部门与政府机关公务员是毫不搭界的，也就是说，各政党的组织部只管自己党员干部的培养，不管政府公务员队伍的培养。政府公务员队伍是谁来管呢？是由国家人事院和中央各部委的办公厅来管。国家人事院是超越政党，不受政党约束和指令的独立的公务员管理培养机构。

那么，人事院是如何培养公务员呢？首先从大学毕业进入中央机关的年轻人，经过几年的考察，确定一部分特别优秀者成为"エリト干部"，也就是优秀后备干部，一部分作为事务性干部，也就是"一般事务职"对待。一旦被确定后备干部后，所在中央机关和国家人事院就会对后备干部进行专业分类培养，比如说在外务省，确定你今后从事与中国有关工作的话，先会送你去中国的大学里留学，学习中文，亲身接触中国社会，结交中国人脉关系。几年后回来，在外务省中国课做一段时间的机关工作，参与与中国的外交谈判，接待中国官员来访，参与对中国政策的调查和制定，等等。等你过了30岁，有了一定的工作经验，再派你去日本驻中国的大使馆或者驻各地的总领事馆去工作，从三等秘书官开始干起。如此几个轮回，等你到了中年，也就成了外务省的中国问题专家，再担任中国课长或者驻中国参事官、分管亚洲地区外交的审议官，过了50岁之后，你有可能爬到最高的官位，就是出任驻中国大使，或者当上外务省常务副部长，然后退休去大学当教授，或者去外务省下属协会去当会长。

特别需要说明的是，在日本的国家公务员的队伍里，即使你被选定作为后备干部，你也只能排队等待提拔，不可能被越级提拔。论资排辈是日本公务员体制中一个难以逾越的规矩。这也是一些日本人不愿意成为公务员的一大原因。

在日本的公务员队伍中，各个政党的党员有多少？应该说，一个都没有，因为日本《公务员法》规定，公务员不能参与政治活动，不能为某个政党服务，必须公平公正地为国家和国民服务。因此国家公务员不能是某个政党的党员，更不允许在机关内成立党的组织，只允许成立工会组织来维护自己的权益。

日本国家公务员的收入有多高？其实日本国家公务员的收入不高，我查看了日本国家人事院2015年全体人员的工资报表，发现日本的国家公务员，包括中央机关工作人员、国立大学教员和国立研究机构人员等在内，总数是253600人，平均年龄是43岁，平均月工资只有417000日元，也就是

25000元人民币。到了50岁的时候，月收入才可以达到50万日元。也就是说，国家公务员的工资水平在日本企业员工工资中，取了一个中档水平，如果拿中央机关司局级干部与日本大企业的部长相比，那可能机关司局级干部只有大企业干部的一半的收入。因为毕竟公务员拼命在工作，但是他的工资来源于国民和企业缴纳的税金，所以不可能出现高工资。

因此，在日本，想求稳，去当公务员；想发财，那就千万不要去当公务员。

22. 日本的筷子头为啥是尖的

　　这是一个发生在 20 多年前的故事。我到日本不久，认识了一位名叫金子的日本朋友。有一天，金子先生请我去他家做客。吃饭的时候，他和太太都使用贴了贝壳、上了油漆的漂亮筷子，而给我的是一副一次性木筷。三双筷子搁在一张桌子上，就好像是穷人陪着富人吃饭，心里多少有些不自在。金子的太太看出了我的不悦，对我说："日本每个人都有自己的筷子，今天只能委屈您使用一次性筷子了。"离开金子家后，我跑进了书店，去寻找有关日本筷子文化的书。今天，我把这本书重新翻出来，与大家来一起聊一聊日本的筷子文化，比如日本的筷子为什么头是尖的？

　　每个国家、每个民族，因为长期形成的饮食文化，决定了它使用什么样的餐具。比如欧洲人喜欢使用金属刀叉，而东亚人喜欢使用筷子。

　　中国是筷子的鼻祖，相传大禹是世界上第一个使用筷子的人。作为一个文明、一个时代的象征，大禹更像是一个时代的符号。正确的说法应该是"大禹时代的人是最早使用筷子的人"。也就是说，中国人在 3000 多年前就已经使用筷子吃饭。

　　日本的筷子是从中国传入的。是什么时候传入日本的呢？是在公元 600 年，距今 1400 多年的隋朝。这一年，诞生了一位伟大的和尚，就是后来去西天取经的唐僧玄奘。

　　为什么是在公元 600 年传入日本的呢？因为这一年，日本的国家领导人圣德太子第一次派遣了一个官方的使节团前往中国朝贡，拉开了日本向中国学习的帷幕。当时的日本朝贡团团长名叫小野妹子，是圣德太子最信任的大臣，他漂洋过海来到中国后，长途跋涉来到了隋朝的首都大兴，就是后来的长安，也就是现在的西安,向隋朝皇帝献上了贡物。隋朝皇帝设宴宴请小野妹子,当丰盛的饭菜端上来后,小野妹子伸手就去抓,隋朝皇帝皱起了眉头。因为在隋朝,用手抓饭被认为是未曾开化的愚昧民族的愚昧举动。小野妹子看到隋朝的大臣们都在用两根细细的木棒吃饭,第一次知道了先进国家的文明产物——筷子。

回国之后,小野妹子立即报告圣德太子,并将一双从中国带来的筷子献给圣德太子,告诉他:中国人是用这两个小木棍吃饭,而不是用手抓。圣德太子听了汇报之后,认为必须向隋朝学习,使用筷子吃饭。

日本历史教科书里,将圣德太子敬奉为日本第一个用筷子的人。后来,筷子从朝廷传入民间,并在此后1000多年中赋予了筷子不同的礼仪规矩,形成了日本自有的筷子文化。

那么,日本的筷子与中国的筷子有什么不同?至少有两大基本的不同。

第一,日本的筷子头要比中国的筷子头尖。日本筷子的头为什么是尖的?这与日本的饮食有关。因为日本是一个岛国,主要的食物是鱼,日本人吃鱼时,要把鱼肉和鱼刺分开,就必须要有尖尖的东西,于是,日本人就把中国传过来的圆头筷子削尖,吃起鱼来,十分方便。

第二,日本的筷子比中国的筷子短。为什么日本的筷子短?这也与日本的餐饮方式有关。我们中国人吃饭,喜欢团团围坐在一起,然后摆上许多菜一起吃。过去没有可以旋转的圆桌,很多时候必须伸出手去,才能夹到菜。尤其是夹鱼夹肉时,必须用劲,才能防止鱼肉滑落。因此,筷子不仅要长,而且必须结实,因此中国的筷子是又长又粗。而日本自古以来实行的是分餐制,饭菜都在自己的面前,因此不需要长长的筷子,所以,日本的筷子是又细又短。

日本的筷子摆放方式与中国的也有不同。中国人的筷子是竖着放的,韩国人学的也是中国的摆法,竖着放。但是日本的筷子是横着放。中国的筷子是放在右侧,而日本的筷子是放在胸前的位置。为什么日本的筷子是放在自己的胸前?因为日本人在过去都是自己带筷子的,所以吃饭时从自己的筷子盒里掏出筷子,悄悄地放在自己的面前,保持一种私物的隐秘性。这一习惯逐渐延伸到现在,我们可以注意到,你如果搭乘日本航空或者全日空的客机,吃完飞机上的套餐后,日本人几乎都会做一个动作,那就是把用过的筷子插回到装筷子的纸袋里去,就是为了避免被人看到用过的筷子的不卫生。像我们这些长期在日

本生活的中国人,也已经习惯于日本社会的这一做法,最后一定会把筷子插回纸袋里去。

在中、日、韩三个国家中,也只有日本有卖各种各样漂亮精致的筷子盒。孩子们上学时,书包里一定会有自己的筷子盒,因为在学校里吃饭要用自己的筷子。

在日本料理中,日本筷子的功能是全面的。如果仔细观察的话,你会发现,在吃日本料理时,装菜肴的盘子各种各样,但是没有一只调羹(编者注:勺子)。尤其是吃高级的怀石料理,都是从筷子开始到筷子结束,哪怕是上来一碗汤,也没有调羹。用筷子将汤中的菜肴吃完,然后双手端起碗来将汤喝完。所以,日本一般只有在中国料理店和拉面店里,才会看到调羹。

在筷子文化上,日本跟中国还有一个很大的不同,那就是中国人的筷子是你我不分的,但是日本人的筷子是分得很清楚的。在日本人家里,爸爸妈妈和儿子女儿的筷子都是分开的,爸爸的筷子长,妈妈的筷子短,孩子们也都有自己专用的筷子。客人去的话,也会给你一双属于你的专用筷子,那就是一次性筷子,不是欺负你,而是你用过的筷子不可能再给第二个人用,所以才会诞生一次性筷子。

在日本,使用筷子有许多的禁忌和规矩。吃饭时,不知道吃什么好,于是举着筷子在菜盘子上转悠,这在日本会被认为是一种极不文明的行为;吃生鱼片时,不是用筷子夹,而是用尖尖的筷子头去刺,也是不被允许的;嘴巴里面还在嚼,却已经把筷子伸到了别的盘子里,这是贪婪的表现;不能拿着筷子端起碗来喝汤;不能用自己的筷子给他人夹菜;不能用筷子在盘子里搅拌、寻找自己爱吃的东西;不能用筷子移动碗;等等。据说,日本用筷子的规矩和禁忌共有25项之多,看来吃饭前必须先进行礼仪教育。

我在日本这么多年，日本人拿筷子的方式我一直学不会。我们拿筷子是用拇指和食指两个手指，而日本人是用三个手指，除了拇指和食指之外，中指就好像是一个控制器，控制着筷子的一张一合，真的很难学。但是日本人从幼儿开始，就学习这样拿筷子的方式。所以我一直没有搞懂，到底是日本人拿筷子的方式正宗，还是我们中国人拿筷子的方式更接近于汉文化的标准。

筷子传入日本已经有1400多年，但是日本人到目前为止还在使用1400多年前筷子的称呼，叫"箸"，日语念作"はし"。而我们中国人已经不再使用这一个字。所以，有时候我很感激日本还保留着许多我们中国隋唐的文化。两国文化真的是同文同宗，没有理由不友好。

23. 日本社会如何看待"阿帕酒店问题"

日本全国连锁型商务酒店——阿帕酒店（APA）放置老板元谷外志雄个人书籍，否定南京大屠杀和侵华战争，这事激起了中国社会的强烈不满，也引起了日本社会的高度关注。那么，日本社会是如何看待"阿帕酒店问题"的呢？

我们先来看看媒体的反应。

日本最先作出反应的是纸媒。各大媒体在这一问题在中国网络上热议之后的第二天——16日晚上的新闻网站上，刊登了驻中国记者发回的报道。这些报道基本上只是陈述经过，没有对历史问题本身进行评论。

但是，这些网络报道立即引起了日本网民的反应。我查阅了日本雅虎网站上的相关消息的留言，90%以上是支持阿帕酒店，认为元谷外志雄干得好，本来不喜欢阿帕酒店，就因为这件事，下次一定去住。也有人认为，美国女孩拍摄阿帕酒店书的视频节目，一定是受了别人的指使。

在中国外交部发言人华春莹于2017年1月17日对阿帕酒店问题发表谈话后，日本各大电视台开始跟进，从18日开始到19日，日本各大电视台都在黄金时段的时政讨论节目中，开始对阿帕酒店问题展开讨论。

日本各电视台的嘉宾关心的问题集中在三个方面：

第一，中国社会对这一问题的反应；

第二，阿帕酒店老板该不该放这类书；

第三，"阿帕酒店问题"对日本旅游市场的冲击。

日本几家电视台前往中国游客较多的东京浅草寺、银座采访中国游客，有位中国游客表示：已经取消了新宿阿帕酒店的住宿。

日本记者在携程等中国旅游网站上，已经找不到阿帕酒店的预约信息。接

电话的工作人员明确表示：因为这家酒店否定"南京大屠杀"。日本电视台采访了十多名中国游客，大家的意见是：绝不住阿帕酒店；也不希望其他中国人入住；选择酒店主要看重价格、环境和位置；旅游与政治无关，只要两国国民友好就行。

我们来看看日本社会如何看待"阿帕酒店问题"。

TBS电视台的嘉宾坂口认为，生意人不应该介入两件事：政治与棒球。这是基本常识。

TBS电视台嘉宾宇野表示，我住过阿帕酒店，对于酒店里放置这类书，一直感觉到有一种异样感。做服务行业，不应该强调政治观点。

酒店业评论家泷泽表示，这一问题不会影响中国人来日本旅游，但是会影响阿帕酒店的业绩。

日本电视台新闻主持人表示，希望这一问题不会影响两国的关系。

那么，阿帕酒店方面对于中日两国的舆论的反应是什么态度呢？阿帕酒店在17日发表声明，表示不会撤回放在酒店房间里的问题书。同时详细介绍了酒店老板否定"南京大屠杀"和侵华战争的观点与立场。

阿帕酒店老板元谷外志雄在接受日本经济新闻采访时表示：自己是基于事实写的书，目前没有考虑撤回这些书。

那么，日本媒体是如何介绍南京大屠杀这一事件的呢？TBS电视台的介绍比较有代表性：中国政府认为是被杀了30万人；日本政府承认杀害了非战斗人员，但是对于中国公布的数字进行确认比较困难；阿帕酒店老板元谷外志雄认为是中国政府的捏造，事实并不存在。

日本内阁官房长官菅义伟在记者会上就中国外交部发言人华春莹对于日本阿帕酒店放置否定"南京大屠杀"相关书籍一事的批判指出："不应该总是将过去不幸的历史作为焦点过度关注，日中两国都面临着国际社会的共同课题，展示面向未来的姿态，这才是重要的。"希望中国政府对于此事保持冷静。菅义伟长官还表示，对于中国外交部新闻发言人的一个一个发言，日本政府不想作出回应。

19日下午，我接到朝日电视台的电话，叫我无论如何参加晚上的一个直播节目，谈阿帕酒店问题。我答应了他们，因为几个电视台讨论阿帕酒店问题，都没有中国嘉宾参加。让一群日本人自说自话，总归有些欠缺。

晚上8点30分赶到朝日电视台，编导一见我，就对我说："徐先生，很抱歉，今天请了黛薇夫人。"我说："没有问题，我们来说理。"

黛薇夫人在日本社会大名鼎鼎，当年印度尼西亚总统苏加诺访问日本，第一眼见到她就穷追不舍，一定要带回印度尼西亚，结果她成了苏加诺的第四位夫人。

黛薇夫人是日本各大电视台的常客，说话常常是想到哪说到哪，性格直爽，因此很受大家喜爱。但是在对待中国的问题上，态度总是有些走偏。这次的阿帕酒店摆放老板元谷外志雄否定"南京大屠杀"的书的问题，我在查阅相关资料时发现黛薇夫人还是元谷的好友，所以这次她自然是会替老朋友说话。

走进演播厅，发现阵容挺大，有3位主持人，5位嘉宾，外国人（中国人）就我一个。编导事先跟我打了招呼，说节目中有关阿帕酒店的问题，主要是我跟黛薇夫人的对垒。

一开始，黛薇夫人气场就很大，所有人都对她鞠躬问候。她也直言："刚才与元谷社长通了电话。"

节目一开始，主持人就单刀直入，谈阿帕酒店该不该放老板写的《真正的日本历史——理论近现代史学》书的问题。

整个节目的主要交锋的观点如下。

第一，关于言论自由。

黛薇夫人的观点是：日本是一个言论自由的国家，元谷社长在酒店里放自己写的书，向客人们传递自己的想法和立场，没有错，他有这个自由。

我的反驳观点是：日本确实是一个多元化社会，言论自由，但是言论自由也有一条红线，这条红线就是人的良知。

嘉宾石井女士在节目中对黛薇夫人说："阿帕酒店社长在酒店里放这样的书，是一个应该值得考虑的问题。他想表达个人政治立场，应该把书放到书店里去卖。"

第二，关于放书的自由。

黛薇夫人的观点是：酒店是元谷社长自己经营的酒店，放不放书，也是他的自由。我去美国，美国的酒店里也放着《圣经》，放着各种书籍，为什么在阿帕酒店里不能放？

我的反驳观点是：酒店是一个各国客人利用的场所，不是某个人的私家厨房。阿帕酒店老板把表达个人敏感政治立场的书放在酒店房间里，作为企业经营者是失格的。（以上两点获得多数嘉宾点头赞同）

第三，关于阿帕酒店的声明。

主持人介绍了阿帕酒店发表的声明。声明称：自己的观点不针对特定的国家和国民作出批判，只是追求历史真相。

我的反驳观点是：南京大屠杀唯一的对象国，就是中国。你说不针对特定的国家和国民，那是睁着眼睛说瞎话，很不诚实。

节目播出后，一位名叫平冈宪的网友在节目推特上留言，说自己的祖父当年是驻在北京的高级军官，我问过祖父有关南京大屠杀的事情，他说："南京的事应该是事实。"

在3月举行的北海道亚洲冬运会期间，运动员入住的阿帕酒店，撤走了元谷社长的书。

24. 在日本留学必须警惕的四大问题

新年期间，我跟几位中国留学生聚会，他们告诉我目前在日中国留学生当中出现的一些问题。听了他们的情况介绍后，说实话，我感到十分惊讶，觉得有必要提醒大家。

第一个问题，是感情欺骗的问题。有一些在中国结了婚的男子到日本后假称未婚，骗取中国女孩子的感情，同居怀孕，然后抛弃，这样的事情已经发生多起，吃亏的往往是女孩子。

所以，在这里特别提醒在日中国女性，尤其是来日不久的女留学生，在跟男性交往之前，尤其是同居之前，一定要摸清对方的底细，到底在中国国内有没有家庭，防止自己成为莫名其妙的第三者。

第二个问题，是出售个人银行卡。目前，有中国人在中国留学生中以每张10万日元（约6000元人民币）的价格收购日本的银行卡。也许有人觉得，反正在日本办银行卡不花什么钱，多做几张卖给人家，还可以有收入。但是，你可能就没有细想，你的银行卡被收购后，很可能会成为国际犯罪集团的诈骗用账号。日本警方破获的多起电信诈骗案中，发现接受诈骗款的银行账号，有不少是中国留学生的账号。

所以，一旦你卷入这样的案件，一方面你会被警方怀疑是犯罪集团成员，上了警方的黑名单；另一方面，买卖银行卡本身就是违法行为，你很可能就会面临被遣送回国的结局。因此，千万不能因为贪图蝇头小利而卷入犯罪，毁了自己的美好前程。

第三个问题，是有人向你兜售免费的新款 iPhone 手机。这往往是个陷阱，因为日本所有大的通信公司，新款 iPhone 手机都不可能是完全免费的，它会要求你一次性付清手机款或者要求你以信用卡担保，每月定额分期付款。而一些中国人经营的店铺，往往会把新款iPhone手机免费送给你，然后和你签订两年的使用合同。结果你会发现，自己每个月的手机费用会达到3万日元，甚至5万多日元。而当你要寻求解约的时候，他不但会收取全额手机费用，还会加上一笔违约金，往往一开口就是10万甚至20万日元。所以大家到了日本以后，在人生地不熟的情况之下，一定要到日本正规的通信公司去购买手机，不要轻易地相信便宜的诱惑。

同样是手机问题，有人向你支付1万日元，索取你的外国人在留卡复印件和银行卡号，去购买iPhone手机寄回国盈利。此事也坚决不能干！个人身份证件——外国人在留卡、健康保险证、银行卡号等，不要轻易提供给他人，以便遭到他人利用，卷入犯罪案件。

第四个问题，是"刷表"。"刷表"这个词是什么意思呢？就是个别中国留学生在大学或者研究生毕业离开日本回国前，拿自己在日本办的信用卡去买欧米茄、劳力士等名牌表，一刷就是几十万日元，然后低价卖给专门收购这些手表的人，自己转身回国，欠下一大笔信用卡债不还。

这些人可能有一种侥幸心理，觉得自己回了国，日本的信用卡公司也追不到中国来。但是在日本，这种行为属于金融诈骗，你不仅会上日本信用卡协会的黑名单，而且你的这笔信用卡欠款会以"债务不履行"为由发生迟延损害金，每年以14%以上的利息翻滚。当你有一天再来日本时，你就可能面临犯罪指控。即使与信用卡公司和解的话，你这笔越滚越多的信用卡债务也是必须偿还的。

同时，以后你再有机会来日本工作或生活，因为有这个恶劣记录，不仅办不了信用卡，而且要办理银行贷款的话，也会被拒绝。所以，没有必要为了那么一点儿钱去背负一生的信誉损失。

我很希望在日本的中国留学生能够重视自己的留学环境，尤其是不要涉入目前中国留学生群体中出现的一些有犯罪倾向的问题，避免自己的留学生活出现悲剧。日本是一个严格的法治社会，任何人在法律面前都是平等的，不要以为托人走个关系就可以搞定一切。

在日本的中国人有70多万人，已经是日本最大的外国人群体，出现这样或那样的问题，也可以说正常，但是我最不能原谅的是个别在日中国人专门欺骗刚来日本不久的年轻学生。所以，特别提醒新来的留学生，日本社会治安虽然不错，但是交友不慎也会引火烧身，所以要学会自爱自律，遵纪守法，同时也要学会珍爱他人的生命。只有这样，才会有灿烂无悔的人生。

25. 日本什么样的人才能开出租车

我在上海出差，使用打车软件叫了一辆车，等了 20 多分钟，才等到来接我的那辆私家车。司机是一名中年男子，四十多岁，穿着带花纹的夹克衫，看得出是一位外地人，服务态度还不错，一个劲儿地道歉说路不熟。上车后，我跟他聊了几句，他告诉我自己是陕西人，孩子到上海读书，他和太太便跟了过来。半年前刚考取驾照，这几天刚开始拉活儿。

听了他的话，我吓了一跳，拿到驾照才半年也敢出来开出租车？他没听懂我的话，说现在政府政策放开了，开私家车也能赚钱，时间又自由，这个政策好。回到东京，我跟日本的出租车司机谈起这件事，他也跟着吓一跳：中国司机这胆子可真够大的。

在日本，什么样的人才有资格开出租车呢？这位司机一路跟我聊起了日本开出租车的故事。

到过东京、京都、大阪等大都市的中国游客，如果你坐过出租车，你一定会拿日本的出租车跟中国的出租车做一个比较。你会发现有两个不同，第一个是开出租车的人年龄不同，中国是年轻人居多，而日本是 60 岁以上的老年人居多，甚至还有七八十岁的老大爷。第二个是舒适度不同，中国的出租车太窄，座椅也不厚实，坐久了腰酸背疼，而日本的出租车宽大、干净，坐垫很厚实，车型大多数是丰田的皇冠车。

给我开车的出租车司机今年 73 岁，他说已经开了 40 多年的出租车，东京的任何一个角落都非常熟悉。

一些朋友来东京总是会问我：为什么开出租车的都是一些老大爷？我说，这主要是因为日本进入汽车时代比中国早了 30 多年，在我们中国，你要从七八十岁的老年人中找出会开汽车的，估计这个比例是万分之几。但是，日本在20世纪70年代就进入汽车时代，现在七八十岁的老年人几乎都会开车。

日本老年人退休后开车，并不完全是为了生计。日本公司员工退休时，单位会根据他的工作年限一次性发给一笔退休金，1000万至3000万日元不等（约65万至190万元人民币）。另外，从60岁开始就可以领取政府的养老金，生活上不会有太多的压力。就如给我开车的这位老司机所说的那样，与其待在家里变痴呆症，还不如出来开出租车，接触社会，融入社会，同时还可以增加收入，两全其美。

那么，日本老年人开出租车可以开到多少岁？一般的出租车公司雇佣的司机，最大年龄可以开到75岁。但是个人经营的出租车，我们亚洲通讯社的一位同事的爷爷，86岁了，还在开，脑子清爽得很。

日本所有的出租公司，不管是大还是小，全国统一的行业服务标准就是"安全，舒适"。那么如何做到"安全，舒适"呢？

先从舒适说起。舒适不是司机自己舒适，而是要让乘客舒适。

第一个舒适，是向客人提供宽大型的汽车、舒适干净的座椅，这是舒适最基本的硬件。日本的出租车除了个人出租车之外，各出租车公司几乎都使用丰田汽车公司制造的皇冠牌轿车。最近也有使用雷克萨斯和日产的混合动力汽车的。皇冠车车体宽，前后空间大，上下车十分方便。

第二个舒适，是车内环境要舒适，也就是要干净，不要让乘客感觉到脏乱。所以，坐垫一定是使用白色的座套，车厢内不能出现任何破损的痕迹。同时，司机必须每天洗澡，并穿戴整齐，一般都要穿西装或者公司制服。车内不能有异味，包括体臭、口臭和烟味。

这是出租车行业舒适的最基本的要求。

那么，出租车公司如何做到安全呢？那就是要选拔有驾驶经验和遵纪守法的司机来开车。

日本法律规定，要成为出租车司机，必须要过三道关。

第一，必须要有三年以上的驾驶经历。

第二，过去三年没有严重的违章和交通事故记录。

第三，必须考取出租车司机特别驾驶证。日本的驾照分成三类，第一类是刚学完车的临时驾照，然后是一般性的第一种类驾照。第二种是运送人的驾照，主要是出租车司机、旅游大巴司机、公交车司机的专用驾照，叫"第二种类驾照"，日本人把这种驾照叫作生命驾照，也就是运送生命而不是货物的驾照。

除了以上三关之外，在东京、大阪、京都、福冈、仙台等大城市里当出租车司机，还必须参加地理地形考试，而且这种考试的合格率只有40%，一般需要考三次才能过关。如果想在东京当一名出租车司机，需要自己开车把东京的每条道路都兜熟了，才有可能获得90分以上的过关成绩。

如果要申请个人出租车营业执照的话，还有两个更为苛刻的条件：第一是必须在同一城市里当过10年以上的出租车司机；第二是从申请日开始之前的10年间无违章无事故。

所以，在日本开出租车，并不是有驾照就可以开，而是必须要考取专门的出租车专用驾照，同时必须具备较好的驾车技术，并且严格遵守交通法规，这样的人才有资格去承担运送生命的工作。

我有一次在东京坐出租车，发现司机的驾驶座边上放了一块小奖牌，上边写着"优良驾驶者，30年"。我问司机，拿这块奖牌需要什么条件，老先生告诉我："30年无违章记录无事故发生。"

这块奖牌是东京都出租车管理中心颁发的，事实上是分成5年、10年、20年、30年、40年五种。一个司机30年间可以做到无违章无事故，那就是一位"车神"。所以，这块小小的奖牌不仅是日本出租车行业的一枚勋章，更是日本工匠精神在这个行业的美好体现。

昨天，日本富士电视台播了一个节目，介绍日本目前流行的一个现象，就是年轻的女孩子开始当出租车司机。节目重点介绍了两位女孩子，其中一位是23岁的模特儿，因为做模特儿还不怎么有名，难以保证自己的收入，因此加盟一家出租车公司当了司机。她说，当出租车司机的好处在于工作一天休息一天，加上周六、周日和特定假日，一个月实际的工作时间一般只有12天到13天。这样的话，不仅不会影响自己的模特儿工作，同时还可以挣到一笔钱。另外一位女孩24岁，平时就很喜欢开车，大学毕业后，就马上加入出租车公司。她觉得每天开车到处转很适合自己的性格。

由于日本各出租车公司不实行承包制，因此出租车司机没有份子钱的负担，公司会给予一笔基本工资，每家公司的基本工资不一样，每月从20万到30万日元不等，然后再算上开车的收益奖金。像这两位女孩，每月的收入都在40万日元左右，大约27000元人民币。而与她们同年龄的公司小白领们，一般只有20多万日元的月薪，开出租车的收入比小白领们高出一倍。

那么，像这样漂亮的女孩子开出租车，会不会遇到什么麻烦？这两位女孩说，到目前为止，没有遇到过麻烦，但是一些老年男人上车看到年轻的女司机，就会跟她们聊个没完。夜里开车遇到喝醉酒的男人，把他们送到家门口还呼呼大睡，由于出租车行业规定司机不能接触乘客的身体，因此不能推醒客人，只能把手机的闹钟铃声开到最大，把客人吵醒。目前，日本全国女性司机的比例已经占到了10%左右，而且还在继续增加。

日本政府是禁止打车平台的，原因主要是考虑到乘客的安全与利益。因为加盟打车平台的司机，没有法律规定的出租车司机的资质，政府和出租车行业协会也无法对他们进行有效的监管。因此日本国土交通省认为，打车平台系统至少存在两大安全隐患：第一是司机没有出租车专用驾照，因此无法保证行车和乘客的安全；第二，使用打车平台预约的车，万一出了交通事故，保险公司只会对车作出理赔，对于乘客不会理赔，那么可能因为司机付不起高额的医疗费或者死亡赔偿费，让乘客的权益无法得到保障。当然除了这两个原因之外，日本国土交通省禁止打车平台也是为了保护出租车市场的秩序，避免正规的出租车公司遭到无正规营业执照的"黑车"队伍的侵扰。

我虽然理解日本政府的这一做法，也认识到打车平台系统的弊端，但是习惯了使用APP叫车的人，确实会感觉到在日本叫车难。打车平台最大的便利是可以随时叫到车，像在东京，马路上到处是空车，但是就是因为没有一个很便捷的叫车系统，往往叫车很难，甚至去成田机场叫车，要提前3个小时预约，这种服务实在太陈旧太死板，跟不上时代的步伐。

我去上海的时候，特地拜访了上海大众交通集团董事长杨国平先生。杨先生是中国出租车行业的老大哥，按照上海人的说法，也是行业的老法师。获得过全国劳动模范和全国十大杰出质量管理人的荣誉。

1988年，他响应当时的上海市市长朱镕基的号召，创立全新的出租车行业品牌"大众"。大众公司于1992年在上海交易所上市，同时发行A、B股，是

中国出租汽车行业第一家股份制公司,业务覆盖全国15个省份,是2007年特奥会、2008年奥运会和2010年世博会官方指定综合配套服务供应商。

杨国平先生对于目前中国出租车行业的乱象表示了一种无奈。像大众交通集团,旗下有15000辆出租车,每年要向国家上交大量的税金,还要解决老职工的生活,企业负担很重,而且出租车费的定价是政府规定,不能乱提价。因此,要抗击打车平台这样低成本的互联网公司的冲击,压力自然是很大,而且要面对市场许多不合理的无序竞争。

但是,我在与杨国平董事长的交谈中感到最为欣慰的是,大众交通集团上下有一种凤凰涅槃的勇气和干劲,最近,大众推出了"大众出行平台"APP,全方位加速拥抱互联网,方便市民手机定位准确叫车,在推出一批商务型轿车的同时,全面提升出租车的服务质量。将线下业务向线上发展,推动传统业务创新,实现转型升级。

我对他说,大众是中国出租车的一块品牌,以这块品牌来发展互联网叫车业务,一定会赢得新老客户的赞许,毕竟,大众这家公司和这一品牌,会给人带来一份安心感。因为日本人都知道，到上海坐出租车，第一要坐大众车，第二要坐强生车，觉得这两家公司比较靠谱。

其实有没有打车平台，并不重要，有一个 APP 叫车平台，许多问题都可以解决。重要的是出租车要坐得安全、舒适。也许与日本相比，我们中国的出租车服务还有一段距离，但是我相信终有一天我们一定会赶上日本，让中国人也能够坐上体面的出租车，享受温馨的坐车服务。

26. 安倍为何要画饼让普京充饥

2016年12月16日清晨，山口县长门市下了一场雪。

俄罗斯总统普京睡在安倍首相老家的旅馆里，撩开窗帘，看到了飘飘扬扬的白雪。他又钻回了被窝里。这一钻，使得前往东京的时间又被推迟了50分钟。

后来，俄罗斯方面向日本的解释是，总统1号专机坏了，飞不了，临时决定改乘备用的2号机。

伟大的俄罗斯总统专机，在访问日本的山口宇部机场仅仅停留了一宿就坏了，这让普京万分尴尬，不过这也让他多了一分要求日本企业援助俄罗斯经济的理由。

结果，普京在下午1时30分才飞到东京羽田机场。安倍早早赶回东京，在首相官邸迎候普京，并请他检阅了迷你仪仗队——一支只有20多人的自卫队。

15日在山口县的大谷山庄温泉酒店，迟到两个半小时的普京从下车的那一刻起，来不及上一次洗手间，就与安倍举行了会谈。从18时8分开始，到23时30分结束，工作会谈、私密会谈加工作晚餐，全部加起来，足足谈了5个半小时，最后只谈定三句话：

第一，重启中断3年之久的外交与国防部长参加的"2+2"协商机制；

第二，日俄两国首脑同意在北方四岛领土上实施"共同经济活动"开展协商；

第三，俄罗斯放宽签证限制，为日本原岛民返回四岛扫墓访问提供便捷。

俄罗斯总统特别助理深更半夜会见记者，特别补充了一句："首脑会谈根本就没有提及领土主权问题。"

安倍三番五次邀请普京来日，最想谈的就是北方四岛领土问题。但是普京来日最想要的是日本银行的纸币。所以，普京的随员们对于安倍莫名其妙地把普京弄到只有几万人的乡下小城来过夜,心里憋了一肚子气。据悉,安倍原计划跟普京一起裸身泡温泉,演绎一场"赤诚相待"。但是俄罗斯方面似乎毫无此意,更担心温泉水"不洁",根本没让普京下水。

其实普京这次到访日本带了一支浩浩荡荡的企业家队伍,共有200多人。据说俄罗斯稍有名气的企业家都来了。这支队伍没去山口县,而是直接抵达东京,与日本400多家企业的老总们开会,抛出了一系列的合作项目与要求。

一位日本著名企业的社长对TBS电视台记者说,政府号召我们去俄罗斯投资,但是政府无法给我们提供投资成功的保证,这就充满风险。

还有一位社长说,投资北方四岛的意义当然重要,但是就那么几千人的市场,容量太小,投资回报无法估算。

虽然顾虑重重,但是毕竟也有"勇夫"。在安倍的积极游说和鼓励下,日本政府相关部门与企业在医疗、观光、能源开发、农业和产业合作等8个领域,与俄罗斯共签署了80多个合作项目,日本方面承担的投资资金和ODA资金总额达到了3000亿日元(约188亿元人民币)。

普京在进入日本首相官邸与安倍象征性地会谈20分钟后,就来到大会场参加由两国阁僚和经济界领袖参加的恳谈会,当着安倍的面向与会者说了一句重话:"没有经济合作,就不可能有真正的日俄伙伴关系。"

拿了3000亿日元回家,普京似乎并没有太多的兴奋。因为他知道除了日本政府援建医院等几个项目是新的除外,其他几十个项目都是在过去几年谈了多次一直没有兑现的"旧货",包括三井物产等企业主导的西伯利亚石油天然气开发的项目。

深圳卫视直播港澳台节目问了我一个问题:"此次普京访日,到底与安倍存在多大的温度差?"我说,我们来瞧一瞧两人在会谈后举行的记者会,就可以发现什么叫"各唱各的调"。

安倍首相在记者会上说,通过两天的会谈,与普京总统在一系列问题上达成了共识。过去71年,日俄两国还没有签署《和平条约》,是一个异常的事,这个问题必须在我们的时代我们的手中解决。两国必须寻求共存互惠互利,描绘出面向未来的两国关系。所以两国应该推进在特别制度下的北方四岛领土上的"共同经济活动",在共通的共识之下,制定出只适合于日俄两国的特别制度。我们期待通过实施"共同经济活动",为签署两国和平条约迈出重要一步,但是我们也很清楚,要实行这一目标并不容易,需要两国酿造信赖关系。

安倍的发言,自始至终没有离开"北方四岛"。

而普京在记者会上一开口,居然先聊 2012 年野田首相送给他的那条秋田犬。他说:"这是一条值得尊重的狗。"普京说,日俄两国在经济领域有很大的合作空间,这次签署的 8 个领域 80 余个项目,将为扩大两国的经贸合作,进一步发展两国的关系,为缔结和平条约创造条件。

普京在记者会上用大量的篇幅阐述了日俄开展经济合作的重要性,并指出如果日俄扩大能源合作,将可以保证日本 8% 的石油天然气的需求量。普京为此呼吁日本企业扩大对俄罗斯的投资,并希望在俄罗斯举行经济论坛。

面对安倍不断抛来的眼神,普京最后点了两国的政治关系问题。他表示,已经指示外交部给原岛民们的访问提供签证便利。两国需要寻找问题解决的途径,酿造签署和平条约的环境。不过普京最后还是强调说,日俄关系必须整体考虑,率先发展经济合作十分重要。

普京的发言,自始至终没有离开"经济合作"。

那么,我们应该如何来看待普京的此次访日与两国首脑的会谈?

日本外务大臣岸田文雄在普京结束日本之行后对记者说,这次的首脑会谈取得了重大的成果,在原岛民回岛扫墓访问、两国建立特别制度在北方四岛实施"共同经济活动",尽快缔结和平条约等问题上,达成了共识。他显然是自赞自画。

但是,日本执政的自民党干事长二阶俊博对于安倍未能在北方四岛领土问题上与普京达成协议表示了极大的不满,他说,就一个简化原岛民们回到扫墓的事当成果显然无法乐观。"大多数国民都感到极大的气愤,我们需要能够铭记在心的东西。"他说:"哪怕花费三四天,首相也应该关在房子里与普京榨出大家都能满意的结果来。"

二阶作为安倍政权的第二号人物,他说的话也没有错。因为安倍与普京达成的几点共识都是预支支票,能否兑现,还需要今后的艰难谈判。尤其是在俄罗斯拒绝谈论主权的背景下,如何制定出符合日本利益的"特别制度",让日本企业和民众在北方四岛获得"日本国民待遇",不是一件简单的事。所以,目前所谓的成果也只是"充饥"的"画饼"。

对于普京来说，在北方四岛领土主权问题上未作出任何让步，却能够获得3000亿日元的投资与援助，应该是成果非凡。但是，这80多个项目最终能否全部兑现，也取决于俄罗斯在北方四岛的"共同经济活动"的"特别制度"制定上是否有让日本满足的内容。所以，普京带回的订单，依然充满了诸多的未知数。

其实，普京心里是很清楚，北方四岛的任何一岛都不能交到日本的手里。因为在《日美安保条约》的框架下，一旦有其中一个岛成了美军基地，那么美军扔一枚手榴弹就可以炸到海参崴的俄罗斯太平洋舰队。安倍心里也很清楚，不可能从俄罗斯手中要回北方四岛。但是必须将这场戏演下去，不管有没有结果，重要的是，要让国民看到——我在努力！虽然是一场无望的苦肉计。

27. 银座，以前是干什么的

到东京，最值得一去的地方，自然是银座。

银座不仅是东京最高级的商业区，也是亚洲最大的时尚展示区。像LV、香奈儿等欧洲顶级品牌的最新款，能够实行同步销售的地区，一个是美国的纽约，另一个就是日本的东京。

所以有人说，你走在银座的街头，能够感受到一种世界最顶尖的时尚潮流，同时也能寻觅到日本最传统的精美商品，小到筷子、和纸，大到和服。所以，银座是一个融合了日本最古典文化与世界最新时尚的商业区。

东京是一座滨海的城市，以皇宫为中心，东西南北有四大商业中心。北边的商业中心是池袋，那里的中国人很多，出了池袋火车站的北口，整条街开满了中国餐厅，大多数是可以吃到小鸡炖蘑菇和酸菜白肉的东北菜馆。南边的商业中心是涉谷，那是日本年轻人最喜欢去的地方，逢年过节，年轻人最喜欢扎推的，就是涉谷。西边的商业中心是新宿，新宿是东京都政府的所在地，但是最出名的还是亚洲最大的红灯区——歌舞伎町。不过新宿火车站周边500米的区域内拥有伊势丹、高岛屋等5家超级百货公司，也是世界上仅有的高密度商业区。而东边的商业中心，就是银座。

银座紧挨着日本最大的交通枢纽中心——东京车站，边上是日本最大的中央商务区——丸之内，从中央机关所在的霞关走路到银座，大概也就20分钟。所以，银座并不是一个孤立的商业中心，而是与日本政治中心和经济中心、交通中心连在一起的高级商区。这种环境，也就决定了银座的档次——它在东京四大商业中心里，一直处于"贵妃"的地位。

400年前，银座还是东京湾的一部分，现在的银座大道，当时还是一片海水。

统治日本的德川家康当时在海边建了一座城堡，叫江户城，就是现在的日本皇宫。为了获取更多的土地，德川家康开始组织民众围海造田，在现在的银座的地方，修筑一条一条的海堤，并在海堤上种上杨柳树。所以，现在我们在银座的街头经常能够看到不少的杨柳树，就是为了保留当年银座的一种景观传统。经过几代人的努力，江户城前的海湾被不断地填埋，最终形成了银座地区。所以，银座是填海填出来的。

那么，这片海滩为什么会有"银座"这么一个美丽的名称呢？这是因为这里以前有一座银币铸造所。1612年，江户政府将银币铸造所从静冈县的骏府迁至江户，就在现在的银座地区，建造了一座银币铸造所，按照现在的概念，就是印刷钞票的造币局。1870年，这一地区，正式命名为"银座"。

其实除了银座，附近还有一个专门铸造和鉴定金币的地方，叫金座。现在连东京人也很少有人知道金座这个名称，因为金座后来在明治时代改名为日本银行，就是现在日本央行的所在地。

在江户时代，日本的商业中心并不在银座，而是在现在银座的北侧，一个叫日本桥的地方。因为日本桥地区正对着江户城，同时有一条大河从西流经江户地区在日本桥入海，因此，来自山区的农副产品，可以直接运到日本桥地区，而日本桥地区海边的筑地，形成了一个鱼市场，至今依然是东京最大的水产品交易市场。

300多年前，日本桥地区诞生了一家专门卖衣服和糖果杂货的商店越后屋。越后屋就是现在日本著名的百货公司——三越百货。

当初，银座地区是作为一个居民区开发的，这里的居民主要是一些为德川政府服务的低级官僚和各行各业的工匠。一直到现在，银座地区还有不少传统的工艺品和生活用品作坊，就是当年流传下来的。

银座开始成为商业中心，首先是借助明治维新的力量。日本在明治时代开始打开国门，向西方学习。外国人最初是涌入横滨，后来发现横滨只是一个港口城市，并不是日本的政治中心，于是来到了东京。因为日本桥地区已经被日本本土的商业占据，因此，外国人开始在日本桥边上的银座定居。于是，这些来自欧洲的外国人带来了西方的文明和文化，一时间，咖啡馆、西式酒吧、蒸汽浴、基督教会、画廊，纷纷在银座出现，日本人第一次在银座吃到了冰激凌，第一次看见了电灯，也是从银座，日本人接触到了西方的学术，从此银座成了日本通向世界的门户。

1872年，银座一带发生火灾，木结构房子大多被烧毁。灾后重建，日本明治政府请了英国建筑师汤马士帮银座设计新的街区。汤马士按照英国的建筑材料与风格，设计了不少两三层高、以砖头为主要建筑材料的街区房子，并设置煤气路灯，使得银座成为当时日本文明开化的象征性街道。1877年，道路两旁开始种植柳树。

银座最终成为商业中心，是因为这些红砖结构的房子虽然很漂亮，但是售价太高，租金也很高，因此，一般的老百姓买不起这些洋味十足的红砖楼房，于是这里的居民纷纷搬离银座。结果，空出来的房子被一些商人发现，于是日本商人和外国商人纷纷利用这些红砖楼房开店，形成了一个以销售高档生活用品和西洋进口商品为主的高档商业区，其主要的客户是来自居住在江户城附近的贵族和富商。

1923年9月1日，日本发生了7.9级关东大地震，地震发生时，又刚好遇到台风，因此，整个银座连同东京、横滨等许多城区遭到地震和大火的摧毁，烧毁房子37万栋，10万人遇难和失踪。日本人苦心经营半个世纪的银座，就在这场大地震中被毁。

为了显示灾后重建的决心，日本政府决定在银座地区建造几栋现代化的高楼，在目前银座最中心的五丁目十字路口，我们看到圆弧形楼面的和光大楼和三越百货公司，都是那时候建造的象征东京灾后复兴的代表性建筑。内部墙壁使用的花岗岩都是从意大利进口的，现在还在使用。

日本发动侵华战争和太平洋战争后，国内物质开始匮乏，日本政府禁止银座销售高档商品，于是，银座繁华的景象一度凋零。1945年日本投降后，以美国为首的联合国军占领银座，银座变成了美军俱乐部，爵士乐舞厅和西洋餐厅开始在银座大量出现，同时，为美军服务的妓院和酒吧也开始在银座盛行，银座再度成为日本最繁华的商业区和娱乐区。原本在银座吃喝玩乐的日本工薪阶层被赶到了西边的新宿，于是，歌舞伎町逐渐成了东京工薪阶层的娱乐场所，并变成了亚洲最大的红灯区。

在日本的泡沫经济时代，银座的地价节节攀升，最贵时，1平方米的土地价格高达240万元人民币。银座因此号称"亚洲最昂贵的地方"。

银座不但是日本最繁华的商业区，也是融合了古今与海内外各种文化的大花园。在银座大街的两旁，坐拥4家大百货公司、500家特产商店、2000家饭店、1600多家酒吧和歌舞厅和100余家画廊，爱马仕、LV、古姿等世界顶级大牌的专卖店，占据了银座大街的一栋栋楼宇。而日本本土的化妆品公司，如资生堂，其发源地就在银座大道上。资生堂旗舰店已经成了中国游客的购物天堂。在传统老店中，鸠居堂出售和纸工艺品、熏香、文房四宝等传统物品，伊東屋(ITO-YA)经营各式文具和纪念品，这些都是很值得一逛的商店。就连日本最大的报馆，像《读卖新闻》《朝日新闻》等也都在这里争得一席之地，为这条珠光宝气的大街添了几缕书生气息。

在日本人的心目中，银座是最高档的商业区，也是最有情调、黄而不色的高级酒吧区，总之，是有钱人的天堂，没钱人的观光胜地。

当你漫步银座街头，旧时代风貌和21世纪的繁华，均被银座大街这面"哈哈镜"夸张地折射出来。大街两旁鳞次栉比的楼堂馆舍、千奇百怪的广告牌使得银座变成了一座永不熄灭的不夜城。所以，大家来东京，一定要到银座来走一走，未必一定要买马桶盖和电饭煲，但是一定要去挑选几件日本传统的工艺品，哪怕是一双嵌了五彩贝壳的筷子，都可以让你感受到银座的精致与繁华。

28. 日本人为何也过万圣节

在古欧洲的古凯尔特人的信仰里，新的一年于 11 月 1 日开始。所以每年收割的节日于 10 月 31 日晚上开始。不列颠群岛的德鲁伊教徒会燃点农作物作为祭品，而当他们围着火堆跳舞时，太阳季节便会完结而萨温万圣节的幽灵节随即开始。凯尔特人相信死亡之神 Samhain 在 10 月 31 日的晚上会和鬼魂一起重返人间，寻找替身。因此他们点燃火炬，焚烧动物，以之作为死亡之神的献礼。还会用动物的头或皮毛做成的服饰打扮自己，发出古怪的声音，使死亡之神认不出自己，避过灾难。这就是万圣节化装舞会的由来。过了当晚，鬼魂回到阴间，一切恢复平静。

这一节日逐渐从欧洲传入北美及世界其他一些地区。这一天，不论大人或小孩，都可以尽其所能的作怪，而不会招致异样的眼光。大部分的家庭会在院子里摆上几个南瓜或是和真人一般高的稻草人，并且在窗户上装饰小小的南瓜灯或是挂上一副骷髅。爱热闹的年轻人会举办化装舞会。当夜幕降临，孩子们迫不及待地穿上五颜六色的衣服、戴上千奇百怪的面具、提上一盏南瓜做成的杰克灯来到邻居家门前，威吓般地喊着 "TrickorTreat"（恶作剧还是请客），如果有人不用糖果、零钱款待他们，那些调皮的孩子就把人家门上的拉手涂上东西或把别人的猫涂上颜色；这些小恶作剧常令大人啼笑皆非。当然，大多数人非常乐于款待这些天真烂漫的小客人。所以当夜色消逝时，孩子们总是肚子塞得饱饱的、口袋装得满满的回到家里。

日本人以前很少过万圣节，因为日本自己在 8 月份有祭奠已故亲人的鬼节——盂兰盆节。但是进入 2000 年，商家发现了商机，百货公司的橱窗里摆上了南瓜，西方的这一节日，也逐渐成为日本年轻人喜爱的节日。

要问日本人为何要过万圣节？一是商家觉得10月下旬真没生意由头，因此刻意助推，万圣节相关商品的销售额已经达到60亿日元（约3.8亿元人民币）；二是离圣诞节还远，秋季还真没什么好玩的，于是积极参与，因此，万圣节变成了日本年轻人的狂欢节。

不过，日本人过万圣节，对其中一项内容进行了剔除。西方万圣节最大的特色是儿童向邻居叩门叫"Treatortrick?"。日本文化不接受这一套，认为这样做是对邻居的骚扰，同时也担心孩子们的安全。部分幼儿园会有派对，让孩子们穿万圣节服饰，交换糖果及雕刻南瓜，但是不会让孩子们相互串门。

日本人过万圣节最热闹的是参加川崎市化装大游行，2016年有3万多人参加。2017年的大游行活动（10月29日）因为遭到第22号强台风的捣乱，不得不宣布取消。但是川崎市街头依然汇聚了大量的狂欢的人群。这张照片，让大家围观一下日本万圣节的风情，有不少卡哇依和性感的樱花妹喔。

29. 先辈照顾后辈，为何会成为一种义务

日本社会存在着一种严格的师徒关系，这种关系保证了日本传统文化，尤其是手工艺技术的良好传承，同时也体现了日本社会上下有序，尊重知识，尊重先辈的一种良好的传统。其实在日本社会还有一种文化很值得赞赏，那就是先辈必须照顾后辈的责任与义务。这种责任与义务，让充满竞争与冷清的社会，多了一点人间温暖。

我过去在日本读研究生的时候，刚进学校，什么都不懂。因为我在国内没有学过日语，虽然在语言学校里读了一年，但是许多时候是忙于打工养活自己、筹集学费，所以考入大学院的时候，日语不怎么好，许多事情不懂。比我高一级的两位日本同学组成了一个帮助小组，专门负责照顾我在学校里的各种事情。从最初到车站接我到帮我办理各种入学手续，陪我去图书馆办图书证，然后教我如何做研究课题找资料，放学后还带我去找工作，有时他们聚会也会把我带上，还不让我出钱。有一次我实在过意不去，对他们说："真的不知道如何感谢你们"，他们说了一句话，说："**当たり前、われわれは先輩だよ**" 这句话的意思是："我们是先辈，这是我们应该做的事。"

我第一次记住了日语中"先辈"两个字的读音，其实与中文读音几乎一模一样，先辈，**せんぱい**。两个汉字和读音都是在唐宋时期从我们中国传过去的。更为重要的是，我理解了日本社会中先辈照顾后辈的一种自然的责任感与义务。

在日本大学新生入学的时候，高年级的学长学姐们要做的事就是要在车站和校门口设立接待站，负责迎接和陪送新来的学弟学妹。这种情况，跟我们中国的大学几乎一样。不同的是，大四的日本同学会承担辅导低年级学弟学妹找工作的任务。

因为在大四的时候，学生基本上已经找好了工作，接到了录用单位的《内定通知书》，因此他们有了空余的时间。于是要去指导大三甚至大二的同学找工作，把他们的经验教训告诉给后辈的学弟学妹们。有的还要负责将学弟学妹的求职档案投送给录用自己的公司。

每年12月，那些考上东京大学、京都大学或者早稻田大学、庆应大学等名校的毕业生，要利用回家过年的机会到母校去辅导正准备报考大学的学弟学妹，帮助他们做题目，讲学习窍门，辅导学弟学妹们选学校和专业。因为他们自己都经受过人生的这种历练，因此他们的辅导有时候比学校老师的辅导更有效。所以，日本元旦过新年期间，许多学校教室里的灯总是亮的，总是能够看到勤奋的学生和回乡辅导他们的学长学姐。这些学长学姐认为，辅导好后辈，多考上好大学，是报答母校的最好办法。

日本的清明节不是在4月份，而是在8月份，叫盂兰盆节。这是一个佛教概念的名字，就是回家扫墓，祭奠死去的亲人，让他们脱离苦海地狱到西方极乐世界。

盂兰盆节假期一般是一个星期，在8月上旬和中旬之间进行，无论是企业还是政府机关，都会调整员工的休假时间，让他们赶回老家去给祖先扫墓。其实扫墓的时间只有一天，很多人从东京、大阪等大都市回到偏僻的农村老家，不管年纪是六七十岁还是三四十岁，都会回到自己的母校，去帮助他们的后辈们练习打棒球，踢足球，或者指导他们做暑期社会实践作业，一起打扫校园，一起参加学校或者当地的文化庆典活动。

我们亚洲通讯社里有一位老编辑，是秋田县人，他是母校校友会的一位理事，每年的盂兰盆节，他都会从东京买上好多礼物回到自己的学校，和其他一起回家的校友们在学校里与后辈学生们一起组织混合棒球赛，然后开设讲座，给孩子们讲述许许多多人生的经验，包括就业，谈恋爱，将来经营自己的家庭，经营自己的人生，等等。他觉得，作为一个毕业多年的先辈，有责任对自己的后辈贡献一点智慧，避免他们走弯路，他觉得这是作为先辈的一种责任和义务。

这种先辈照顾后辈的文化，也体现在日本的企业文化当中。先进公司的人，不管年龄大小，对于后来的人都是先辈。一些中途跳槽进入公司的人，即使你的年龄比先辈职员大，也一定要尊重比你先进公司的人。同时也必须老老实实地去做一些后辈应该做的事情，比如早一点到公司擦桌子、倒垃圾，在工作上虚心向先辈们请教，等等。作为先辈，在后辈们遇到问题、困难的时候，无论是工作上还是生活上，都有责任和义务帮助后辈解决问题，帮后辈出主意。

这种先辈和后辈之间的关系，有其积极的一面，但是也会产生一些副作用，比如后辈个性强，不怎么尊重先辈、不怎么听先辈话的时候，往往也会遭到先辈的欺负。先辈们会认为，你破坏了上下先后的处世规则，应该接受惩罚。所以，"いじめ"，也就是欺负人的问题，在日本的学校、企业中也成为一个社会问题。

长期在日本留学生活和工作的中国人，大家也受到这种日本文化的熏陶，自然而然地习惯了先辈照顾后辈的这种传统文化。

30. 日本的茶道有什么讲究

我们现在去日本，都想尝一尝日本的抹茶，一种磨成粉末的茶叶。然后去茶叶商店或者超市里买一袋煎茶带回来。在我们的印象中，抹茶和煎茶是日本茶叶的代名词。但是京都建仁寺的和尚却告诉我，这两种茶都是从中国传入的，抹茶是在唐朝时传入日本，而煎茶是在宋朝时传入日本。

我在京都的建仁寺参观时，和尚告诉我日本的茶道来源于中国的那一瞬间，我真的感觉到唐宋文化沉淀于日本的道理。抹茶和煎茶的概念在中国已经几乎不存在的情况下，我们在日本却寻找到了1000多年前中华茶文化的源头。

喝茶最初是和尚们用来集中自己思想的一种修道手段，唐代赵州从谂禅师曾经以"吃茶去"来接引学者谈经论道。

茶叶是在唐朝时传入日本的。日本天台宗开山大师最澄和尚远涉重洋来到浙江天台山国清寺留学，回国时不仅带回了天台宗经典，也带回了中国的茶叶籽，种植于日本近畿的坂本一带，这就是日本栽培茶树的开始。最澄也成了日本植茶技术的开拓者。

与最澄法师同一时期来中国留学的弘法大师，在长安的青龙寺学习密宗教义，回国后在高野山金刚寺创立真宗言，他从中国带回了制茶的石臼和制茶技术。弘法大师曾经将制作好的茶叶献给当时的日本嵯峨天皇，并给天皇写了一封信，告诉他喝茶的方式，信中写道："茶汤坐来，乍阅震旦之书。"这句话翻译成现代白话文的话就是："坐着喝茶，阅读从中国带来的书。"震旦，在佛教语言中，指的是中国。这是日本最早的饮茶记录。后来，嵯峨天皇来到一座梵释寺时，从大唐留学归来的永忠和尚亲自烹茶献给天皇，天皇喝了之后十分高兴，当场赐衣给永忠和尚，这是日本正史中有关天皇喝茶的最早记载。

镰仓时代，日本高僧荣西总结了在中国学到的茶的加工方法，写成了日本历史上第一部饮茶专著《吃茶养生记》，中国的茶文化在日本的民间传播开来。

中国的茶文化来自平民大众的日常习俗，而日本则恰恰相反，饮茶文化走的是自上而下的道路，就如同明治年间的资本主义改革。茶在刚刚传到日本的时候属于奢侈品，只有皇族、贵族和少数高级僧侣才可以享受，茶道被当作一种高雅的先进文化而局限在皇室周围，内容和形式都极力模仿大唐。自镰仓时代开始，在思想上受到《吃茶养生记》的影响，将茶尊奉为灵丹妙药的情况越来越普遍。而茶叶种植的高速发展，也为茶走入平民家创造了有利条件，这段时间，饮茶活动以寺院为中心开始逐渐普及民间。而且茶作为一种治病的药物，受到日本社会的推崇，因此在古代的日本，平民百姓生了病，就往寺院里跑，在和尚那讨一口浓茶喝下。因此，当时的日本寺院实际上也成了百姓的医院。

日本最早创立"茶道"这一概念是在15世纪，也就是中国的明朝时期，奈良的一位高僧名叫村田珠光，他在小小的茶室中品茶，领悟出"佛法存于汤茶"的道理。村田珠光以此开创了独特的崇尚自然朴素的茶风——草庵茶。

与中国发酵茶叶的做法不同，日本茶将蒸过的茶叶自然干燥研成粉末，这样的茶叶就称为抹茶。到室町时代，第八代将军足利义政在他隐居的京都东山建造了同仁斋，地面用榻榻米铺满，一共用了四张半。这种铺满榻榻米的室内设计为后世所借鉴，由此形成了各式各样的茶室。这种房间称为书院式建筑，在其中进行的茶会就称为书院茶。书院茶要求茶室绝对肃静，主客问答简明扼要，从而一扫斗茶的杂乱之风。

书院茶完成了将外来的大唐文化与日本文化相结合的任务，并且基本确立了现代日本茶道的点茶程序。

中国的明朝时期，日本出现了一位著名的茶艺大师，名叫千利休。千利休出身于商人家庭，幼年开始学习茶道，18岁拜茶艺师武野绍鸥为师。1555年武野绍鸥去世后，千利休已经成为当时首屈一指的茶人，因此当时的大将军织田信长，聘请他做了自己的茶头（也就是茶道老师）。织田信长死后，千利休转而侍奉丰臣秀吉。与权力者结合，这是千利休生命中的一大转折，也使得他有机会对茶道进行全方位的改革和完善，真正形成了独具特色的日本茶道。

日本茶道，以"和、敬、清、寂"四字，成为融宗教、哲学、伦理、美学为一体的文化艺术活动。

千利休曾经说过"和敬清寂"这四个字就是茶道的根本。和代表平和，也就是人与人之间的和。

说到敬，则是对长辈的尊敬，同时也代表了对友人与同济间的敬爱。以和而敬，从此开始便展开了茶道的真髓。

而清，则是清净、清洁的意思，也是茶道的种种礼仪，是做法中十分强调的部分。由清而静，也就是所谓的"静寂"，就如在不受外界干扰的寂静空间里内心深深的加以沉淀的感觉。而寂乃是茶道中的美的最高理念。

日本茶道艺术的思想背景为佛教，其思想的核心是禅。它是以禅的宗教内容为主体，以使人达到大彻大悟为目的而进行的一种新型宗教形式。在日本，历代大茶人都要去禅寺修行数年，从禅寺获得法名，并终生受禅师的指导，但在他们获得法名之后并不留在禅寺，而是返回茶室过着茶人生活。茶人的生活近似常人的生活，近似艺术家的生活。所以说，茶人虽通过禅宗学习到了禅，与禅宗持有法嗣关系，但茶道有其独立性，是独立存在于禅寺之外的一种"在家禅"。

茶道的流程主要分为更衣、观赏茶庭、初茶、茶食、中立、浓茶、后炭、薄茶、退出、衔接等过程，其中浓茶是最为重要的一环，而具体方式则根据不同的茶道流派而有所不同。

至于日本茶道的道具可以分为广义和狭义。广义的茶道具包括接待用器具、茶席用器具、院内用器具、洗茶器用器具；狭义的茶道具则仅仅是指凉炉、茶碗、茶杯、茶壶、茶釜、茶勺、茶入（茶瓶），甚至有人将茶碗本身称为茶道具。

在日本，最纯正的茶道是村田珠光创立的草庵茶。草庵茶的茶道是对高贵、财富、权利的彻底批判，以及对低贱、贫穷的新的价值发现与价值创造。但是，最受推崇的还是书院茶。

樱花盛开时节，我来到京都，在高台寺的茶室喝了一碗茶。高台寺的茶室是一间十分简朴幽雅的茶室，房子很低矮，大小只有15平方米左右，所谓的"四张半"榻榻米的空间。墙是泥土墙，地上是榻榻米。茶室的门是一扇活动的小矮门，赴会客人须躬身而入以示谦逊，主人跪坐在门前迎接以示尊敬。这门实在太小，我费了好大的劲才爬进去。为什么门要做得那么小？有一种说法，是为了防止武士佩戴刀剑而入。因为佩戴刀剑，往往会被门卡住。

在进茶室之前，先要在门外的一个石头做的水缸里用一长柄的水瓢盛水，洗手，然后将水徐徐送入口中漱口，目的是将体内外的凡尘洗净。日本最标准的做法是，把一块干净的手绢放入前胸衣襟内，再取一把小折扇，插在身后的腰带上，稍静下心后，便进入茶室。

茶室里悬挂有禅意的字画，桌上摆有插花供客人欣赏，整体给人以亲切、高雅的感觉。室内设有烧水用的陶制炭炉和茶壶、茶碗及各种饮茶用具。当家和尚请了一位身穿和服的女茶艺师为我们煮茶。程序过于烦琐，花了20多分钟才喝上一口抹茶，最后一口还要吸一口气，把最后一滴喝完。

我想，古代中国人也许就是这样品茶的。

茶道已成为日本人最喜爱的文化形式之一，也是最常举行的文化活动之一。喜爱茶道的人比比皆是。为追求茶道而终身不嫁的女子，为追求茶道而辞去公职的男人屡见不鲜。现在，茶道已成了日本文化的结晶、日本文化的一个代表。中华茶文化在日本生根开花，也是我们感到十分欣慰的事情。

31. 日本为何还坚持使用汉字

在古代东亚，曾经存在过一个"同书同文"的汉字文化圈，包括朝鲜、韩国、越南与日本。其中，朝鲜半岛与越南都与中国接壤，在历史上两地的北部也都曾是中原王朝的郡县，唯有日本孤悬大海之中，游离于以中原王朝为中心的朝贡体制之外，却同样引入了汉字。

汉字是何时进入日本的？按照古代日本史籍，全部用汉字写成的《日本书记》的说法，"上古之世，未有文字，贵贱老少，口口相传"，到了应神天皇（270—310年在位）时代，朝鲜半岛上的百济国派阿直岐到日本，为太子菟道稚郎子的老师，教读经典；次年又有儒学博士王仁带来《论语》十卷和《千字文》一卷，是为日本接触汉字之始。

今天看来，《日本书记》所说的这个年代，既早也晚。说它早了，是因为《千字文》是南朝梁人周兴嗣编写的儿童识字课本，成书于6世纪上半叶。故而应神天皇统治时期绝不可能传入日本。说它晚了，是因为1784年在福冈县志贺岛挖出了一枚刻有篆文"汉委奴国王"的金印。根据中国史籍记载，这应该就是东汉光武中元二年（公元57年）"倭奴国"向东汉遣使朝贡时，光武帝赐予的印。也就是说，至迟在公元1世纪中叶日本人就已经接触到了汉字。

起初，日本掌握汉语文的人还很少，仅限于掌管大和朝廷记录事务的史部人员。这些人多数是通晓汉字汉文的"渡来人"（4—7世纪从朝鲜半岛和中国来到日本列岛的移民）及其子孙。二十四史之一的《宋书》在《倭国传》里收录了478年倭国雄略大王致宋顺帝的一则表文，开篇就是"封国偏远，作藩于外"，行文流畅，文辞得体，显然是当年留日中国人的杰作。

7世纪时，为了直接吸取中国的先进文化，日本先后向中国派遣了遣隋使和遣唐使。加之百济、高句丽灭亡后,又有大量"渡来人"移居日本列岛,进一步促进了日本人汉字能力的提高。圣德太子在公元604年所制定的日本法制史上第一部成文法典《十七条宪法》,就全以汉字写成,第一句就是"以和为贵、无忤为宗"。

话说回来,对于大多数日本人而言,汉文仍旧是门难学的外文。8世纪时,日本空海和尚从中国留学后回到日本,仿照汉文的草字体创制了草书字母——"平假名"。日本政治家吉备真备到中国朝圣后,也利用汉字的偏旁结合日本语的发音,创造了楷书字母——后来被用于拼写外来语的"片假名"。两者的产生,标志着日本本土文字的出现。

在盛行汉文学的平安时代,使用汉字是有教养、有学问的表现,也是男子的专利。女性则使用平假名书写和歌、书信等。平安时期,贵族男女之间已经常通过书信往来,既然女性不通汉字,为了交流方便男人写给女人的信也会使用平假名。同期,使用平假名书写的和歌也大量流行,扩大了平假名的使用范围,从而慢慢形成了日本独特的文章书写方式——汉字假名混写体,汉字在日本的一统天下因此也宣告瓦解。

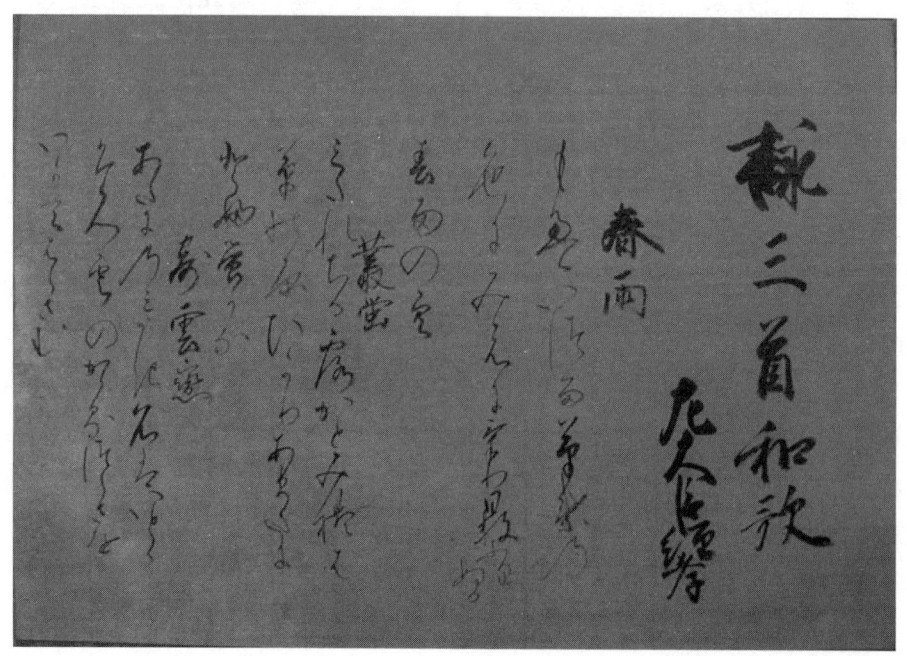

日本人跟我开过一个玩笑，说你们中国《人民日报》的一半的文字是日文。我开始听到这句话时，还无法理解。《人民日报》都是汉字，怎么会是日文呢？但是日本人告诉我，《人民日报》中出现频率很高的单词，比如革命、社会主义、共产党、干部、中央机关等，都是日本人造出来的文字，因为在明治维新时期，日本从欧洲引进了大量的英文、德文等书籍进行翻译，必须要找到相应的汉字，因此翻译家们在翻译过程中往往选用意思相近的汉字来进行表示，因此创造出大量的日文新汉词。《共产党宣言》最初是由日本人从德语中翻译成日文的。早年留学日本早稻田大学、日语功底很好，后来担任过复旦大学校长的陈望道先生，在1920年将日文版的《共产党宣言》翻译成了中文版，因此将原来日文版上的汉字原原本本地翻译到了中文版上，因此出现了看似汉字其实是日语汉字的词语。

在日本，废除汉字的呼声早在明治维新之前就出现过。到了明治维新之后，日本的精英们意识到西洋列强的先进，社会上下刮起了西化之风，政界、经济界和文化界精英们痴迷沉醉于从衣食住到文学艺术等一切的西洋化。到了1945年，随着日本的战败，日本汉字迎来了最大的一次危机。主持战后对日改造的美国人建议日本废除汉字，使日语罗马字化。其背后的动机是："禁止汉字在公文中使用，易于控制日本人的思想，更严格地监督日本政府官员之间的书信往来。而且可以使日本人不被战前的宣传物所熏染，培养思想纯净的新一代。"

但是，当时的日本政府罕见地拒绝了占领军的意志，日本政府认为汉字是日本国家的文化之根本，必须与天皇制度一起保留。

1946年，日本政府公布了1850字的《当用汉字音训表》，一举将法律条款、公用文书和媒体用语纳入了国家规定的"汉字假名混合文体"的轨道。到了20世纪80年代，随着汉字输入计算机这一技术难题的解决，认为汉字很难适用于印刷、通信的观点不攻自破。目前，日本文部省规定的小学毕业生要求认识的汉字是1006个，到初中毕业时，必须记住1850个常用汉字。

就这样，日本成为除中国之外世界上唯一一个保留汉字的国家。

32. 日本的军国主义从何而来

"军国主义"是一个很血腥的话题,它带有强烈的穷兵黩武和军事扩张的色彩。军国主义有一个标准的英文名词,叫"Militarism",因为这种主义的最早推行者是欧洲的普鲁士王国。

早在17世纪中叶,普鲁士大选帝侯腓特烈·威廉即位后,开征军事税,实行征兵制,军人数量达到全国人口的4%,而国家财政的四分之三用作军费开支。普鲁士创造了一种欧洲军国主义的模式,那就是"军队拥有一个国家,而不是国家拥有一个军队"。

依靠着日益强大的军力,普鲁士由小而大,由弱而强。19世纪中期,普鲁士王国取得普丹战争、普奥战争和普法战争的胜利,统一了除奥地利外的德意志,1871年建立了德意志帝国,继而发动了第一次世界大战和第二次世界大战,以其残酷性和反动性给人类带来了巨大的灾难。因此,"普鲁士主义"成了德国军国主义的罪恶根源与核心。

当我们漫步在东京的街头,无论是古老的东京车站,还是日本司法部大楼,都能看到古老的德国式建筑,这说明了什么?说明了日本与德国的渊源关系——从明治维新时代开始,日本就学习普鲁士主义与德国的政体与文化,并在第一次世界大战和第二次世界大战中,日德成了坚定的盟国。

明治维新初期,被称为"日本宪政之父"的伊藤博文赴欧洲考察宪政,他首先来到英国,发现英国《宪法》中,国王虽有王位而无统治权,与日本国体不相符。而德国政府虽设立议会广采众议,皇帝却亲掌立法行政大权。因此,伊藤博文认为,德国这种君主立宪制的资本主义国家体制,最适合日本,于是主张日本应效法德国。日本此后按照伊藤博文的思路,制定了《明治宪法》。

在此宪法下，虽设议会，但以天皇主权为根本原则；以天皇为神，将神道国教化；规定陆军参谋本部和海军军令部直属于天皇，赋予军人特权。《明治宪法》的颁布，使明治维新政权带上了封建帝国主义的严重烙印，为军国主义的兴起埋下了伏笔。

不过，与德国不同的是，日本军国主义源自古代中世纪的日本武士、武家当政及武士道精神。武士道既是日本武士的人生观和世界观，又是武士应尽的义务和职责，包括效忠君主、崇尚武艺和绝对服从等封建道德规范及行为准则。武士道对日本政治和社会生活各方面的影响极其深远，使得日本具有了军国主义的思想文化传统。

由于效仿德国的君主立宪制度，日本的一大批封建武士在明治维新之后的改革中成了资产阶级革命的"新武士"，最著名的"维新三杰"大久保利通、西乡隆盛、木户孝允以及垄断日本政权近50年的伊藤博文、山县有朋、松方正义等均为旧武士出身，包括昭和时代推动侵略战争的东条英机、宇垣一成、板垣征四郎等也都是士族出身。这些士族及士族出身者极自然地成为推动日本军国主义产生发展的主要社会力量。

明治政府推行三大政策：富国强兵、殖产兴业、文明开化。美英的"黑船来袭"使得闭关锁国500余年的明治政府知道了自己的落后，因此，"富国强兵"成了明治维新的主体，是三大政策之首。"富国强兵"路线的推行，使得日本工业化的实现、产业革命的完成均与侵略中朝的甲午战争、日俄战争紧密相连。而日本在此后向垄断资本主义过渡时更是走进了从战争走向更大战争的恶性循环之中。殖民朝鲜半岛、发动侵华战争和大东亚战争，继而发动太平洋战争，几乎是每5年就对外用兵一次，直至彻底投降败亡。

对于日本军国主义的历史，尤其是这一主义在近代的发酵、实践直至败亡的历史，很少有人去做系统的研究。自从在东京的神田书店街买到那本《支那问题辞典》后，上海青年学者沙青青便开始埋头于书海之中，花了两年多的时间，从上海图书馆跑到日本国会图书馆，查阅了大量的图书资料，寻找日本军国主义的发展脉络。

沙青青是复旦大学历史系的高才生，但是却十分喜欢英美分析哲学，这让他对于历史有着更多冷静分析的思维。当大多数同龄人热衷于买房买车挣钱外游的时候，虽为"80后"，他却喜欢待在上海图书馆附近的一个公寓里，每天只与书和电脑为伴，过着种极其简约的生活，而且对于这种生活是乐此不疲。这让我想起我的青春时代寒夜里披着棉被读书的光景。在浮躁的环境中，沙青青还能如此静心做学问，这让我对这位学弟产生了格外的尊敬之心。

他最终将自己的研究成果写成了《军国日本》这本书，从国民性、民族性着手，全面分析了日本军国主义形成、发展与狂妄直至败亡的历史，对于残留在日本肌体中的军国主义阴魂也提出了警示。我对于这本书的欣赏，不仅在于其学术价值详于历史细节资料，而且在于其文学价值、在于情节的跌宕。一本好的著作，之所以能够让人久读不厌，就在于学术与文学之间的游离，引人入胜而不枯燥无味。沙青青做到了这一点，这就是他的学问功底。

33. 日本人为何第一杯都喝啤酒

2017年5月,我一直在北京忙于"一带一路"国际合作高峰论坛的报道,130多个国家和地区的领导人和政府高官齐聚北京聆听中国关于"一带一路"新的理念与展望,确实让我们感觉到中国引领世界的一种自豪。在这次论坛当中,我们很关注一个问题,那就是日本到底准备不准备参加"一带一路"倡议,是不是准备参加亚投行。从结果上来看,无论是安倍首相,还是日本执政的自民党干事长二阶俊博,他们从不同的角度比较暧昧地告诉我们一个动向:日本正在考虑加入亚投行。

我们知道,日本一直以来对于加入亚投行持抵制和冷眼相观的态度,为什么现在突然开始转向支持亚投行了呢?我想到了日语中的一句话,叫"读懂空气"。

"读懂空气"这句话在日语当中念作"空気をよむ",如果翻译成我们中文的话,可以叫"察言观色"。但是"读懂空气"和"察言观色"又有点不同,"察言观色"只是看周边人的反应来决定自己的言行,与道德标准无关。但是,"读懂空气"是根据周边的反应来约束自己的行动,以便做出符合公众道德标准要求的言行。我举个例子,比如你去参加朋友的婚礼,遇到了自己的前女友,前女友把你甩了,而前女友这次又带了自己的新男朋友来参加婚礼。在这种尴尬的场合,你如何应对?

如果你是一个能够读懂空气的人,那么就应该在这个欢庆的婚礼上表现出一种对前女友的友善,同时努力地装出笑容为这个婚礼捧场。但是如果你读不懂空气,表现出不高兴,即使大家都知道是前女友的错,所有的人依然会认为你是一个不讲理的人。

"读懂空气"这句话,已经成为日本社会文化中的一种道德伦理要求。也就是说，每个人必须按照社会的道德伦理，而不是按照自己的性子来决定自己的言行。所以，能不能读懂空气，作出一个符合大众要求的决定，考验一个人的智慧，可以考验他的观察力和他的判断力。

比如说你坐新干线的时候，大家都在休息，有的人在睡觉，有的人在静静地看书，你在这个时候接打电话，或者比较大声地跟旁边的同事朋友说话，那么你就会影响人家，车厢里的人马上会给送给你一个白眼，就是说你是一个读不懂空气、毫无修养的人，因为在大家都在休息的安静的气氛中，你一个人打电话或大声说话，影响了大家的休息。所以在新干线上接到电话，日本人要么不接，要么离开座位跑到车厢的连接处去接听，绝对不能在座位上接打电话。

日本的这种"读懂空气"的文化，源自日本社会的一种集体主义情怀。对欧美人来说，我想干什么，我想说什么，那是我自己决定的事情，一般不需要看别人的脸色。也就是说，欧美国家的人更多强调的是个人主义。但是在日本这样一个强调集体主义的国家，做任何一件事情，必须要顾及别人的感情和感受，要顾及当时的环境和气氛，然后决定自己该做什么事、该说什么话，就像林黛玉第一次走进贾府，必须要走一步看一步，不能随心所欲。

2007年，日本评选出了"十大流行语"，获奖的流行语中有两个极其简单的英文字母，叫"KY"，这是日本的高中女生们创造出来的一个流行语，指的是读不懂空气的人。为什么会用"KY"来代表"读不懂空气"的意思呢？因为日语中，"空气"读作"KUKI"，"读"读作"YOMU"，女生们于是取了这两个读音的第一个英文字母，组合成了"KY"这一个特殊的英文代号，如果同学中，有人头脑发热乱说话，大家就会用手机发一个短信，打两个英文字母——KY。

其实"KY"在日本还有一个特别的意思，那就是代表"预知危险"，因为在日语中，"危险"读作"KIKEN"，而"预知"读作"YOTI"，"KY"是这两个单词读音的开头字母，这两个字母在日本的建筑工地现场代表了一种运动，叫"KY运动"，就是提醒所有在工地上工作的人，必须要预知现场的危险，做好防范工作，防止出现意外危险事故。

所以，在日本社会，你不能成为读不懂空气的"KY"，同时也必须清楚，如果不懂"KY"规则的话，那么你就会遭遇危险，遭遇麻烦。

我们在日本社会，也很少在公开场合看到妻子冲丈夫发脾气。原因在哪里？日本社会自古以来，要求女性必须尊重丈夫。所以在日本，女人称自己的丈夫为"主人"。我们在电视新闻里也经常可以看到，日本天皇和皇后出来的时候，皇后一定是跟在天皇的后面并保持一米的距离，如果两个人并排站在一起的时候，皇后一定是跟天皇保持30厘米的差距，绝对不会跟天皇并肩站在一起。为什么皇后要这么做？她其实在表现一种日本社会女性的传统美德：尊重自己的丈夫。

一对夫妇去参加朋友的婚礼、参加亲戚的聚会，丈夫做错事说错话，如果妻子当面批评指责丈夫的话，你有再多的正确理由，依然会被周边的人认为，你是一个读不懂空气的人，因为在大家都很欢快的气氛中，你做了令大家不愉快的事，给大家添了麻烦。所以妻子不能在公开场合批评指责丈夫，这在日本社会成了一个贤妻的标准之一，要吵回家吵，要跪搓衣板回家去跪，在公众场合，妻子一定把自己的不满压下去，装着没事一样尊重自己的丈夫，给足丈夫面子，回家再慢慢收拾。

维护一个集体的共同意志，并自觉成为这种共同意志的追随者，是日本社会对于每个人的基本要求，也就是一种集体主义从众要求。这种从众要求，在同事和朋友们一起聚餐喝酒时，表现得最为淋漓尽致。

日本人一起吃饭喝酒，不管男女，大家点的第一杯酒往往是统一的，就是啤酒，哪怕是寒冷的冬天也是如此。十个人中有九个人喝啤酒的话，你一个人要喝清酒，就属于不合群的破坏性行动，会被大家认为是"读不懂空气"的异类人。问题还在于，没有人会提醒暗示你必须从众，因为大家认为，从众是当然的事情，连这一点常识都不懂的人，那就是"社会垃圾"。

所以，当大家都说喝啤酒时，你即使不想喝，也必须要装出一种赞同的姿态，说一句"我也一样"。拿到啤酒以后你不喝，没人会强迫你。重要的是，刚开始时要服从集体的统一意志，表现出团结一致的情怀。至于第二杯酒你想喝什么，那就可以自作决定，这也是日本喝酒的规则。

能不能读懂空气并遵循集体主义的意志，也是日本社会衡量一个人是不是一个成熟的富有集体主义精神、是不是适合从事团队工作的人的标准。但是，在许多时候，在没有别人提醒暗示的情况下，要完全读懂空气，或者不过度解读空气，这就考验一个人的智慧。

"读懂空气"是日本社会"暧昧文化"的一种集中的体现。在日本社会，或许在某种程度上，还被大家认为是一种精神美感，但是，它也会抹杀一个人的独立性和自主性，抹杀一些人的创造天分，因为人类发展历史证明，所有伟大的发明创造，都是因为个别人具有与众不同的思维，才创造出了与众不同的东西。

日本执政的自民党干事长二阶俊博参加完北京的"一带一路"国际合作高峰论坛，他真正感悟到日本在整个中国主导的"一带一路"国际联合行动中没有位置。所以，二阶马上表态，日本必须要考虑加入亚投行，参与"一带一路"倡议。安倍首相虽然没有参加论坛，但是在论坛闭幕的当天接受媒体采访时表示："如果让日本消除一些疑问的话，可以考虑参加亚投行。"这一表态，与一年前相比，是一个180度的大转弯。为什么安倍会转弯？我们可以讲，他开始读懂了国际外交政治的空气。一方面是美国准备积极参加"一带一路"倡议，特朗普派政府代表团与会已经明确表态。同时，世界上不仅是亚洲国家，欧洲非洲甚至南美洲的许多国家也积极地参与"一带一路"倡议，所以如果日本再不参加的话，他真的会成为世界的孤儿，不仅对日本的外交，同时对日本的基础产业的出口都会带来重大的影响，所以安倍开始转弯了。

34. 日本最值得一看的樱花圣地

从北京结束"中国两会"采访回到东京，发现我家门口的樱花树已经开始有了嫩嫩的绿芽。如果气候正常的话，到 3 月下旬，东京的樱花开始慢慢绽放，到 4 月初，会迎来一年之中最灿烂的樱花时节。

那么，到日本看樱花，哪个地方最值得一去？我特别向大家推荐日本古都奈良，尤其是奈良的吉野山。

许多人一说到日本的古都，立即会想到京都。从公元 794 年日本天皇将皇室迁到京都开始，一直到明治时代的 1869 年为止，京都作为日本的首都，其历史长达 1075 年。

但是在京都之前，日本的首都在哪里呢？是在奈良。奈良与京都相距不远，现在坐列车一个多小时就可以到达这座日本历史上最早的古都。

奈良是日本人的精神故乡，尽管它已不再是千年前的大和国首都，但浸透了中国隋唐底蕴的文化，在这里被时间凝固、蔓延。日本画圣东山魁夷说过："如果说古今集式之美集中于京都，万叶精神体现于奈良大和。"

东山先生所说的"万叶"，指的是日本最早的诗歌总集《万叶集》。《万叶集》相当于中国的《诗经》，所收诗歌从 4 世纪一直延续到 8 世纪中叶，记载了日本的唐诗文化。如果你去奈良的话，在奈良公园中可以找到一座万叶植物园。这座植物园建于 1927 年，园内的所有植物，都是根据《万叶集》的诗歌中被歌咏的花草植物收集种植的，共有 280 种，其中最多的就是樱花。

日本历史上有一座完全模仿中国唐朝首都长安城建造的城市，就是奈良，历史上称为平城京。今日的奈良，古老、质朴，天平时代的盛唐之景在这里得以重现。尤其是错落纵横的古道，曲径通幽的町屋民居、老店，无不荡漾着长安遗风的味道。

如果你在黄昏时节，找一家老街的居酒屋坐下，要一份传统的柿叶寿司，温一壶醇香的春鹿清酒，这一刻，舌尖上是时光缱绻的味道，而轻轻走过的艺伎，会让你感受到千年古都的风韵。

这就是奈良的灵魂，平静却透着灵秀。

如果要寻找奈良的色彩的话，粉色该是奈良的代表色。尤其是在春天里来到奈良，赏一场樱花祭，就会明白，粉色，便是为奈良而生。

"奈良的樱花以八重樱和九重樱为主，古寺、神社掩映在樱花之下，一眼望去皆是深深浅浅的粉红，一场樱花雨漫天洒下，落英缤纷，像极了日本纯爱电影中的场景，连时光都被渲染成了粉色。"有人曾经这样描述奈良古都。

在奈良，最出名的看樱花的圣地莫过于吉野山。吉野山，自古以樱花而闻名，所有山脉均被认定为世界遗产，有日本"第一赏樱圣地"的美誉。每到春天，几万株山樱开满吉野山，被称为吉野千本樱。

位于奈良县中心部的吉野山，融合了山岳信仰、佛教及道教等宗教的日本独有山之宗教修验道的起源地。这个地方是构成世界遗产纪伊山地之灵场和参拜道的圣地之一，满布了著名的神社及圣殿。

在八世纪奈良时代，一位修行僧在吉野山上开设了金峰山寺藏王堂，成为吉野山的中心。吉野山的樱花自从被修行僧指为神木以后，许多信徒就不断来这里捐献樱树，逐渐形成了"下千本""中千本""上千本"和"奥千本"等名胜。

山内有金峰山寺的正殿，已经被指定为国宝，这幢木结构建筑规模宏大，仅次于奈良的东大寺大佛殿。另外，还有19世纪末建造的吉野神宫以及曾作为金峰山寺禅房的吉水神社和如意轮寺、金峰神社等。流经山麓的吉野川上游有很大的瀑布。

公元7世纪时，持统天皇就曾多次到吉野山赏樱花。到平安时代，吉野山则已成为日本首屈一指的赏樱圣地。吉野山也是后醍醐天皇于1336年创立南朝的地方，由此开启了日本历史上著名的"南北朝时代"（持续近60年），后醍醐天皇最后也客死于吉野山。此外，不少日本人崇拜的源义经为躲避哥哥源赖朝的追杀，也曾逃至吉野山，并在这里与已经怀孕的爱妾诀别。1594年，丰臣秀吉还曾在吉野山举行过盛大的赏樱会。因此研究日本历史的学者们，一般也都要到吉野山来追缅一番这段壮烈的历史。

吉野山的樱花共有35000多株、200余个品种，都是由崇拜山岳的信徒们捐献栽种的。樱花典雅高贵，仪态万方，其中绝大部分为日本原生的八重白山樱，而目前已成为日本樱花主流品种的染井吉野，在这里却不是主流，因为染井吉野樱花是经过了东京的园艺师改良后获得的新品种。正因为吉野山的樱花品种繁多，因此当樱花盛开时，漫山遍野都是雪白与粉红的一片，远远望去，绝不是用一幅画的美景可以形容。

整座吉野山从山脚到山顶，划分为四个区域，它们分别叫下千本、中千本、上千本及奥千本，一本就是一棵树的意思。从3月下旬开始，樱花由山脚开始开花，然后渐渐沿着山向上开，花期一个月左右，一直到4月下旬结束。绽放的最灿烂的时节，当属4月上旬。

在吉野山，最美的景色不只是樱花烂漫的时分，而是4月中下旬樱花飘零的时节，你可以看到难得的"樱吹雪"的美景。

3万多棵樱花树上的樱花齐齐飘落，吉野山变成了粉色花瓣的海洋，山风吹落了一场又一场的落英缤纷。如果你沐浴在山林间的樱花海中，让清冽的山气裹着花瓣雨一片片落在你的身上，你的心中一定会嵌入最美好的记忆。

说了这么多有关吉野山的故事与美景，那么去吉野山看樱花，怎样走最便捷？我告诉大家两大路径，如果你是从大阪出发：那么要搭乘近铁南大阪线列车，在大阪阿部野桥车站有直达列车可以驶往吉野站，出了吉野车站，就是吉野山。另一条路径，是从京都出发：从京都车站乘坐近铁京都线，到橿原神宫前车站，然后在这一个车站换乘近铁吉野线，可以前往吉野车站。

到了吉野山，从上山到下山走一圈，大概需要两个小时。山顶上有餐厅，不过还是需要自己带一些干粮和水。沿途处处是景，但是看整座吉野山美景的最佳地方，应该是吉水神社。

吉水神社可以看樱花全景。在吉水神社看樱花，一次可看见一千多棵盛开的樱花树，那一幅美景映入眼帘，估计你是永生难忘。

当然，如果你还有时间，可以在吉野山泡一次温泉。吉野山的温泉也十分有名，而且许多的温泉接纳不住宿的游客。泡在樱花围绕的温泉里，想象一下，那是一种怎样的美丽。

日本列岛由于狭长，因此樱花是从南到北盛开，奈良、吉野山和京都、东京的开花时节差不多，最烂漫的时节是4月上旬。如果你赶不及这一时节来日本的话，那么可以在4月中下旬到日本的东北地区去看樱花，东北地区的樱花要开到五一国际劳动节前后。如果是五一节期间来日本的话，你可以追到北海道去看樱花，函馆、札幌、小樽、富良野都是这一时节看樱花的好去处。

日本市场

1. 日本人最近在鼓捣什么样的汽车

第四十五届东京汽车展，2017年10月28日开始在东京会展中心举行一个星期，这次汽车展展出了日本各大汽车公司研发的新一代的最新车型。由于前一天先向媒体开放，所以我也好好地去兜了一圈，感觉到一种时代的改变，因为新的概念车带给人们一种全新的革命性的概念。

东京汽车展是两年举办一次，这一汽车博览会，也是全世界最著名的车展之一，每年都汇聚了世界各国的最新车型。作为汽车制造大国的日本，自然是东京汽车展的主角。那么2017年的东京汽车展日本展出了什么样的新型汽车呢？我告诉大家的一个词，就是"革命性"。

1886年1月29日，德国大名鼎鼎的奔驰汽车公司的创始人卡尔·奔驰将一辆装有汽油发动机的三轮车开上了街头，标志着世界上第一辆汽车的诞生。时间过去131年，汽车从三轮车变成了房车，时速从最初的10公里开到了如今的350公里。除了偶然出现过的柴火和煤气作为能源的卡车之外，基本上所有的汽车都是使用汽油、柴油作为能源。但是在这次东京汽车展上，我们看到了一项颠覆过去131年历史的新技术，那就是"告别燃油时代的技术"。日本六大汽车制造公司推出的新一代汽车，其动力能源都已经不用燃油，而是使用氢气能源和电气动力。

将氢气作为汽车的新能源是丰田汽车公司的一大发明。丰田汽车公司告诉我们一个惊人的数字，这种氢气能源汽车，你只要充气3分钟能够跑800公里，这是什么概念呢？就是你充一次气，可以从北京跑到郑州，或者从上海跑到福州，而且是100%的零排放。丰田公司已经把这项革命的技术专利予以公开，希望世界各国的汽车制造商都能够采用氢气能源技术，减少环境污染，还人类一个蓝天。我想氢气能源汽车会成为今后世界的一种潮流，我甚至感觉到汽车加油站会在未来几十年内完全消失。

日本政府已经做出了一个规划，到2020年日本的氢气能源汽车要增至4万辆，到2025年增加至20万辆，到2030年提高至80万辆。

电动汽车的关键技术是蓄电池技术，本田公司和日产汽车公司研发的燃料电池汽车，充电15分钟可以跑500公里，就是从北京跑到济南。

新一代汽车除了新能源令我感到惊讶之外，还有它全新概念的驾驶技术。日本新一代汽车已经没有了手动挡和自动挡的概念，只有一个"全自动驾驶"的概念。这种全自动驾驶汽车，你只要告诉它你要去的地方，它就可以自动带你去。当然最为关键的技术不只是自动驾驶，还有自动测距、自动减速、自动避让、自动停车等高难度技术，保证汽车不出交通事故。日本将从2018年开始无线网络实施5G技术，这就可以充分保证日本全自动化、驾驶汽车在行驶过程中不出现误差。

丰田公司、本田公司和日产汽车公司的全自动驾驶汽车，已经开始准备在日本批量生产。日本政府已经决定两年之后的2020年的东京奥运会期间，选手村和比赛场地里面的所有用车，都将使用无人驾驶汽车，把东京奥运会办成一场展示日本科技实力的"科技奥运"。日本群马县将从这个月开始，在农村地区开始无人驾驶公交车的运行试验，解决农村老人们去超市买菜和去火车站坐车出行的问题。计划在2018年正式进行商业运行。所以，以东京奥运会为标志，日本将进入一个全自动全智能化驾驶的时代。

日本人因此开玩笑说，以后开车可能就不需要考驾照，交通警察也将面临失业。

在这次东京汽车展上，还让我改变了对于新一代汽车的认识，那就是汽车不再是一种出行的交通工具，而是可以成为一个工作和居住的空间。

丰田汽车公司推出的新一代概念车中，包括驾驶座在内所有座位都可以三百六十度旋转。当汽车进入无人驾驶的全自动时代后，司机已经失去了存在的意义。于是在行驶的车内，所有人都可以旋转自己的座位，面对面地一起聊天，一起开会，汽车将变成一个舒适的移动会议中心，不只是一个交通工具。同时，信息技术也有效地融入汽车的内装修中，经特殊加工后的车窗玻璃变成了一个

电视显示屏，在汽车行驶过程中，人们可以通过车窗玻璃看电视，通过车窗玻璃举行电视会议，显示各种图文与视频资料。

高智能技术让新一代汽车变成了人类的知心朋友。本田公司和日产汽车公司推出的新一代概念车中，汽车的感知系统能够及时地通过摄像系统感知乘客的体温变化自动调节车内温度，让乘客始终有一种最舒适的温度感。同时，这一高智能感知系统还可以根据司机和乘客的情绪状态自动播放音乐，或者是一个模拟小姐陪你聊天，消除你旅途的寂寞。车内的所有系统都实现了语音指令化。日本将这项技术称为"理解人的技术"。汽车就像一个高智能的机器人，通过对于人的理解，成为乘车人的好帮手。

看了东京车展，有什么感觉？感觉到日本企业的技术创新、产业创新一直没有停止过，始终在引领世界。专注"技术立国"，不搞"资本立国"，是日本这个国家始终保持其国际竞争力的最根本的源泉。

2. 我们该如何看待日本"失去的 20 年"

有人问我:"徐先生,日本为什么在过去会失去 20 年?"我跟他讲,我不怎么同意"失去"这一概念,其实在过去 20 年中,日本并没有失去什么,只是发展缓慢了些。2017 年 11 月初,我从东京汽车展到青森县做不锈钢门窗的丸佐佐藤制作所,看了从最先端的汽车制造技术到最末端的地方民营企业,感悟到日本的产业创新、技术创新在过去 20 年当中,不但没有停止、没有失去,相反的,在许多领域,依然引领着世界。

我们说"日本失去 20 年",是相对于中国在过去 20 年的高速发展。中国在过去 20 多年间,GDP 增长率始终保持 10% 以上的高速增长。而日本在过去的 20 年中,它的 GDP 的增长率一直处于零增长或者 2% 增长率的水准,处于一个超低速增长的时期。因此,我们得出一个结论——日本失去了 20 年,其实是拿中国做比较的。

日本为什么在过去 20 年的发展会比中国缓慢?

主要原因是因为它过去发展过猛,出现了严重的经济泡沫。日本从 20 世纪 60 年代开始进入经济高速发展期,GDP 的增长率也高达 10% 以上。日本人甚至将纽约最有代表性的几栋大楼都买了下来,不少日本人喊出了"超越美国"的口号。但是,到了 20 世纪 90 年代初,日本经济出现了泡沫崩溃。泡沫崩溃后出现的第一个大问题是房地产市场价格的暴跌,跌掉了 50%。其次就是产能严重过剩。

由于日本实行的是完全的市场化经济,政府不能直接对企业和市场进行太多的强制干预,因此日本企业的产业结构调整和去产能问题的过程显得有些漫长。不过,喜欢抱团的日本企业面对泡沫经济的崩溃,为了去产能求生存,他们就实施了相互合并的手段，日本钢铁公司原来有67家，通过合并，目前只剩下3家，包括目前因为数据造假而成为话题的神户制钢公司。主力银行当时也有几十家，通过合并，目前也只剩下了住友三井、东京三菱UFJ、瑞穗三大主力银行。

修复泡沫经济的创伤，日本用了10年的时间。2000年之后，日本企业恢复了生机，出现了大规模的向外投资，3万多家日本企业大量投资中国。

最近几年，我们又看到日本传统的白色家电产业进入一个更新换代的时期。包括中国和韩国在内的一些亚洲国家，不仅技术水平和制造能力已经得到很大提高，而且由于成本比日本低，因此日本的家电企业已经没有任何的竞争力。所以，夏普卖给了台湾的鸿海集团，三洋的电冰箱、洗衣机卖给了海尔集团，NEC公司的电脑卖给了联想，东芝的白色家电卖给了美的集团。这些现象，让我们产生了一种误解，觉得日本企业不行了，已经到了砸锅卖铁的地步。其实，这只是日本企业进行产业结构大调整的一种现象。

日本企业的实力到底有多强？

我来说两个数据。

第一，企业的现金留存量创下了历史新高。日本各大企业在过去5年间，企业内部的存款净增了100万亿日元（约6万亿元人民币），达到了406万亿日元，创下了20世纪90年代初泡沫经济崩溃以来的最高纪录。日本经营之神稻盛和夫说过一句话，他创立的日本京瓷公司，目前企业的资金实力在7年内不赚一分钱，也可以维持5万名员工吃喝和企业的正常运营。所以，日本企业拥有大量现金存款，让银行日子难过。日本银行协会的调查显示，即使贷款年利率只有1.5%，依然有75%的日本企业表示不要银行贷款。

也许有人会认为，企业拥有大量的现金不去投资是一个损失。但是许多日本企业认为，拥有丰富的资金，不仅可以抗御随时可能出现的市场风险，同时也能保证企业有足够的资金从事技术开发，让企业经营永远处于"安全驾驶"的状态，保证企业的久盛不衰。"获取短期的暴利与快速发展不是企业经营的目的，拥有长久，才是企业经营的命脉。"许多日本企业是这么想的，因此也决定他们很少愿意去做自己主业之外的事情。从另外一个角度来看，这些日本企业是"有钱不赚，过于保守"。

第二，日本的技术专利数量目前依然占据世界第二位。拥有大量的资金，使得日本企业愿意投资新技术的研发。日本企业的技术研发始终保持着一个阶梯式的有序推进，虽然他们的技术并非百分之百都得到应用，但是不断创新的技术，能够保证日本企业尤其是制造业及时应对国际市场的变化和新产业发展的需要。索尼公司的一位技术部长跟我说过一句话，他们现在在研发10年之后的技术。所以，日本企业的技术储存力量还是很坚实的。以技术引领产业，以技术发展经济，保持日本的综合实力，一直是日本社会的一个基本的认识，更是日本企业发展的一个准则。

所以，日本在过去20年中，如果要说它"失去"了什么？最大的失去，应该是GDP的增长数字，而不是它的实力。我们在过去，已经习惯于拿GDP的数字来说明增长发展的成绩，但是经过高速发展的日本，已经感知到发展过速所带来的不科学、不协调的结果，因此开始回归踏踏实实的努力中。对于日本社会来说，政府的获得感是次要的，人民的获得感才最为重要，因为选票是捏在人民的手中，人民得不到实惠，立刻会把你轰下台。正因为如此，日本才会出现国家预算的30%用于社会保障支出的结果。

日本已经爬上过山顶，现在下山到了低谷总结爬山的经验教训。中国还处于爬山途中，浑身有劲充满希望。任何一个国家一个社会的发展，都会有一个轮回的过程。如果能够研究前面一位登山者走过的弯路，学习而不是嘲弄其登上山顶的成功经验，那么，后来的登山者一定会寻找到更好的捷径，攀登自己的高峰。人类就应该是一个相互学习和借鉴并因此成长发展的伙伴。

最后，我来讲一个华为的故事。华为的手机正在超越苹果，不出几年，华为一定会成为世界销售量第一的手机。当我们在为华为鼓掌的时候，我们必须看到，它的技术研发中心在哪里？原来是在深圳，现在搬到了日本。因为华为在深圳研发了许多年，一直没能获得突破性技术。于是，华为将研发中心搬到了海外，通信设备的研发中心主要放在德国。而手机技术的研发中心，放在了日本的横滨市。目前，华为招聘了400多名来自日本索尼、松下、东芝、富士通等以前生产手机的技术人员，由这批日本手机专家为华为研发新技术。所以，任正非先生是一个很聪明也很谦虚好学的企业家，他看到了日本技术的力量。

所以，我们中国目前和今后一段时间，最需要的不是积蓄资本，而是积蓄技术。一个制造业大国，如果没有自己的技术研发能力，即使再有钱，也永远会落后于别的国家，被别人牵着鼻子走。而日本在经过几年的产业结构调整后，会重新焕发出一种生机。所以，我们不能小看这个国家，同时应该寻求与日本更多的技术合作来壮大自己。华为所走的路，已经为大家提供了一个成功的案例。

3. 东京银座有哪些店值得一逛

东京有四大商业区，银座历史最悠久，也最有代表性，它与巴黎香榭丽舍大街、纽约第五大道齐名，是世界三大繁华购物街之一。

北京人说，我们北京人从来不去王府井买东西。上海人也说，去南京路上逛街的，都是外地人。但是在日本，东京人会说一句话：贵妇们为买一瓶酱油，都会打出租车往银座跑。为什么东京人会这么说呢？因为银座不仅汇聚了全世界和全日本最好的商品，同时银座还保留了许多上流社会的气息，它既是一个购物天堂，同时也是日本上流社会的社交场所。如果路过银座的咖啡店，你会发现，一位优雅的老妇人或者时髦的小白领翻着杂志，喝着咖啡，享受着悠闲的美丽时光。

到银座，你首先要找准自己的方位。银座的中心，是一个叫作四丁目十字路口的地方。这个十字路口，北侧是和光堂，东侧是三越百货公司，南侧是日产汽车展示厅，西侧有一个警察岗亭。

和光堂是1923年日本关东大地震发生之后兴建的一栋标志性建筑，楼面是弧形的，虽然过去了90多年，建筑依然很牢固。

和光堂也是一家百货店，但是，它大多数是出售自己设计生产的商品，品种也很多。一般的外国游客很少进去，但是，日本的贵妇们却十分钟情于和光堂。如果说，三越百货公司属于大众购物中心的话，那么和光堂就是精品店，不仅各种男女服饰和手表做工精细，而且蛋糕和点心也是超级精美。里面进口的欧洲生活用品，也都是世界顶级商品。所以，和光堂过去是贵族们的购物天堂，现在依然是贵妇们的留恋之处。

三越百货公司是日本历史最悠久的百货公司之一，创建于1673年（中国清代康熙十二年),迄今已经有344年的历史。

三越百货公司最值得去的地方是两个,第一个是地下一层的化妆品柜台,汇集了全世界和日本所有的顶尖品牌的专柜。尤其是资生堂化妆品柜台,是中国游客最愿意光顾的地方,配有中国售货员。我也常去,因为这个柜台有一个很好的服务,就是会用资生堂标志的盒子或包装纸包装。第二个是地下二层的食品卖场,也是汇聚了日本最顶级的糕点和各种好吃的熟食。

如果你还有兴趣的话,三越百货公司女装部的服装也是很不错的,大多数是根据日本人和中国人身材设计的日本品牌,有正装和休闲装。七楼还有一个日本工艺品卖场,从银壶到各种日本瓷器,都很值得看一看、摸一摸。三越百货公司还有一个地方,我很想推荐给大家,记得应该是在六楼,有一个专门卖毛巾和浴巾的地方,那里汇集了日本国产和进口的最高级的毛巾和浴巾,手感特别好。

银座还有两家大的百货公司,一是三越百货公司边上的松屋,规模也是很大。另一家叫松坂屋,距离三越百货公司也就100多米的路,这家百货店进行了重建,如今以出租店铺为主,所以去了几次,觉得没啥看头,跟上海的一些购物中心

有点像。

　　银座的世界名牌专卖店原来集中在银座大街后面的一条杨柳小道上，不知什么时候，都搬到了四丁目十字路口附近，爱马仕、香奈儿、路易威登等世界顶级大牌的旗舰店，已经不是一个个店面，而是占据了一栋栋大楼。

　　银座街头的这些世界顶级名牌之所以门店越来越大，是因为它们的商品与巴黎和纽约是同步发行，也就是说，这些顶级品牌的最新款，在整个亚洲，只有在银座才能买到。这也使得亚洲各国的富裕阶层，成了银座这些世界顶尖品牌专卖店的主要客源，包括我们中国人。因此，你走进这些专卖店，不用担心讲不好英文和日文，会有懂中文的店员陪你选购。

　　如果你要购买照相机、电饭煲、感冒药等家电家用商品，与银座相连的有乐町，有一家很大的电器商店必酷，日文念作"ビックカメラ"，那里的商品从地下2层到6层，从小家电到高级手表，从洗发水到电动剃须刀，是一个家电家用商品总汇，价格是完全的日本社会价格，比一般的免税店便宜，而且所有的商品均实行免税，用银联卡结算还可以享受特别的优惠。店里有懂中文的服务员。如果你找不到这家店的话，在银座大道上还有苏宁旗下的免税店LAOX，店里大多数售货员是中国人，沟通方便。

　　如果你是一位音乐迷，千万别错过三越百货公司对面的山野乐器店，这是东京规模最大的唱片店之一，一般的海内外名曲唱片在这里都可以买到，偶尔还会遇到名歌手在店里举行签名活动。

　　如果你喜欢珍珠项链或钻戒，那么你从山野乐器店出来，边上就是日本皇室御用的首饰店——御木本珍珠店。美国总统特朗普的夫人来日本访问，就和安倍首相夫人一起去逛过这家店。

　　如果你走累了，在银座四丁目的十字路口附近，有两个地方很值得进去坐一坐。一个是警察岗亭的边上有一个半露天的咖啡座，在那里喝杯咖啡，吃块蛋糕，看红灯绿灯变幻，各色行人的姿态表情，有一种看万花筒的感觉。

　　另一个地方是在御木本珍珠店边上的木村屋，木村屋是日本历史最悠久的面包房。100多年前，它最先生产了红豆馅小面包，风靡了日本，迄今依然是日本最有名的面包房。它的二楼有一个喝茶处，你可以进去品尝一下日本最顶级的面包是啥味道。

如果你还想尝一尝西餐,我推荐你去资生堂大厦,就在银座大道上,一栋紫红色的大楼。这里是资生堂的发源地。资生堂是一家老牌的化妆品公司,创建于1872年,是银座第一家西式调剂药房。当时是两幢房子,中间隔了一条小马路,北侧的房子是药局,南侧的房子是喝茶的茶坊。为什么会有一个茶坊?因为日本男人陪夫人来看病,闲得没事,需要一个休息处,于是资生堂建了一个休息区,供男人们喝茶,后来慢慢地发展成了一个餐饮店,还从美国引进了第一台冰激凌机。

1897年,资生堂根据西洋药学处方,开发出了一款名为红色蜜露的化妆水,同时生产销售洗脸用的香皂,开始了由药房向化妆品公司的大转身。

资生堂原先药房的位置,现在变成了资生堂化妆品和生活用品专卖店。而喝茶的地方,建成了紫红色的资生堂大楼。你可能只知道资生堂是卖化妆品的,其实,资生堂做糕点也是一流的水平。一楼是一个专门出售资生堂品牌糕点的柜台,价格较贵,品质很好。四楼是一个西式餐厅,供应法国大餐,中午和晚上的菜单不一样,但是环境绝对优雅,男人很少去,大多数顾客是贵妇。

给吃货们推荐的另外一家餐厅叫螃蟹道乐,这是一家专门做螃蟹料理的店。在这家店里,能够吃到日本的三大螃蟹:一是北海道的帝王蟹,二是日本海的楚蟹,三是北海道的毛蟹。三种螃蟹吃法多种,有生吃、烤着吃、火锅吃、蒸熟吃,还有做成寿司吃,全世界把这么多螃蟹做成一个个套餐来吃,也许只有日本才有,而到了银座,这是千万不可错过的机会。这家店设在高架桥的下面,门口墙上挂有一只大螃蟹模型。

如果大家对于银座的历史感兴趣的话,还可以去银座大道寻找一家名叫"**ビヤホールライオン**"的餐厅,翻译成中文叫狮子啤酒吧。它创建于1934年,原来是大日本啤酒公司的总部大楼,1945年,美军占领日本后,将银座变成了美军的娱乐天堂。如果你看过一些纪录片和电影的话,一定会有印象,那就是一群美军在银座的舞厅里跳舞,这个地方就是狮子啤酒吧,那时候,它的大堂变成了一个舞厅,狮子啤酒吧变成了美军俱乐部。

这个狮子啤酒吧很好找,在银座七丁目的银座大道上,门口有一个半圆形的门拱装饰,上面写着英文"LION"。现在的这个啤酒吧供应各种美式菜肴与世界各国的啤酒,几个朋友想聚一聚的话,这个狮子啤酒吧是一个很有话题的地方。

　　当然，如果你晚上想找一个酒吧和日本女孩子聊聊天的话，在银座七丁目和八丁目的区域，有几百家各种各样的酒吧，有身穿日本和服的高级夜总会，也有中国妈咪开的小酒吧，银座的夜色情调也是十分的迷人。日本影星武井咲主要的电视连续剧《黑皮记事本》，讲述的就是银座酒吧街的故事。

　　银座是一个集商业与娱乐一体的繁华商业区，吃喝玩乐应有尽有，这也是这座不夜城的迷人之处。大家有机会来银座的话，请准备一天的时间，好好逛一逛银座大街，你会发现许多好玩的地方。如果你想在银座在东京买房子或者租房子的话，请上网搜一下"暖灯国际地产公司"的网页，这是一家日本最大的华人房产中介公司，可以直接用中文与他们联系。

4．去日本投资买房有什么秘诀

东京的房子贵，还是中国北上广地区的房子贵？前不久，我帮一位朋友算过一笔细账，拿上海的徐家汇与东京的港区相比，徐家汇的公寓楼目前卖到了一平方米8万元人民币，相当于135万日元一平方米，而地理位置与功能区域与徐家汇相同的东京都港区，目前公寓楼一平方米大约是60万日元。初看起来，东京的房价比上海便宜了一半，但是，我们不能忽视这两个城市之间房地产市场还有两个根本性的不同，徐家汇135万日元一平方米的房子是建筑面积，还是毛坯房。而东京都港区的房子每平方米是使用面积，而且是精装修房，建筑面积与使用面积的差额比，一般为30%。加上精装修的费用，得出的结论是，东京都港区的房价要比上海徐家汇的房价实际上便宜60%左右。而且更为重要的一点是，日本土地实行私有制，而中国的土地是公有制，理论上买房者只有使用权。因此，在东京买房子绝对比在上海买房子合算。

那么，在东京如何才能买到既便宜又安全牢固的房子呢？我采访了一位旅日的华人买房专家、日本暖灯国际地产公司社长桂小川先生，听他讲讲日本的房地产市场的故事。

中国的广西壮族自治区简称桂，最有名的城市是桂林，自古有"桂林山水甲天下"的美誉。1975年，桂小川社长就出生在桂林。1995年，他大学毕业后，进入中国银行桂林分行工作。第二年，就辞去银行的工作去日本自费留学。

20世纪90年代的自费留日生活是很艰苦的，父母的工资都很低，没有能力为孩子支付学费，更谈不上给生活费。所以，在日本的所有学费、生活费的开支，都需要自己一个人去打工挣钱，而且必须省吃俭用。桂小川的留日生活就是在这样艰苦的环境中度过的。我比他早5年去日本留学，所以，有着同样的经历和感受。

2017年是桂小川社长留日20周年的日子。前不久，他特意去给一位日本老人扫墓，这位长眠地下的老人曾经是他留学时代的担保人。老人十分喜欢中国，给予了桂小川许多生活上的照顾，桂小川一直视老人如同父亲。老人去世后，桂小川年年在他的忌日都要去墓前送一束鲜花，他说，人不能忘恩。

我一直觉得桂小川是一位商业天才。还在日本语学校读书时，他就开始关注日本的房地产市场，并开始搜集相关的资料。1999年，在中国人对于房地产市场还没有什么概念的时候，他已经在日本考取了"住宅地建筑物交易主任"的国家资格证书，并进入日本一家大型的房地产中介公司工作，当起了交易员。

那时候，中国人在日本房地产市场当交易员，还十分罕见。桂小川一干就干了9年，不仅成为公司业绩一直排名前5位的优秀交易员，而且把日本房地产中介交易与管理那套系统程序摸得滚瓜烂熟。2009年，桂小川辞职单干，成立了一家房产中介管理公司——

暖灯国际地产公司，日文叫"**ウォームライト**"。为什么取名"暖灯"呢？桂小川社长的解读是，当一个人带着辛劳了一天

的疲惫回到家，如果看到家里点着一盏灯，他的心里会产生一种温暖感：啊，家里有人等着我。

公司的这一名称，也寄托着桂小川的一个善良的梦，那就是让大家都拥有一个温暖的家。

经过十多年的努力，桂小川的暖灯公司在东京繁华的商业区日本桥拥有了自己的办公楼，在上海也开设了分公司，先后收购了十几栋商务楼和公寓楼，并替中国台湾、中国香港和大陆的客商管理着几百栋在东京的楼宇，积累起了

十分丰富的买楼售楼和管理房产的经验，在日本房地产市场行业中建立起了良好的信誉，拥有 20 多名员工，成为在日华人房产中介公司规模最大的一家企业。

日本松下电器公司是一家大家都非常熟悉的跨国企业，2017 年年初，松下电器公司位于东京郊外千叶县习志野市的两栋公寓楼准备出售，一栋是 9 层，一栋是 7 层，距离轻轨车站走路 10 分钟，坐轻轨列车半个小时可以抵达东京车站，40 分钟可以抵达东京成田国际机场，距离迪士尼乐园 20 分钟车程。边上还有日本大学、东邦大学校区，周边环境良好。这样一栋公寓楼的出售，立即就引起了日本房地产中介公司的竞购。暖灯国际地产公司是唯一一家参与竞购的外国人经营的公司，结果，松下电器公司决定把这栋楼卖给暖灯国际地产公司，理由很简单，银行对暖灯国际地产公司的信誉打分给出的是 5A。

谈到中国人在日本买房子的秘诀，桂小川社长给出了几个建议。

第一，交通要便捷，尤其是要选择方便去机场的铁路沿线。中国人来日本，大多带了许多的行李，从成田国际机场打车到东京，出租车费就要 2000 元人民币，而坐轻轨列车只要 100 元人民币左右。因此，买房一定要买在距离轻轨车站很近的地方，特别是可以一列列车就能抵达机场、中途不用换车的铁路车站附近。

第二，不必买在市中心。东京首都圈已经将市中心与周边的千叶县、埼玉县、神奈川县连成了一片，公共交通十分发达。而且在东京，越靠近市中心，生活就越不方便。最为关键的是，房价相差很大，比如距离东京车站坐轻轨 30 分钟的松下电器公司的公寓楼，三室一厅重新精装修完毕的二手房，价格为 2100 万—2700 万日元（130 万—168 万元人民币），但是如果你买到东京都港区，同样的二手房至少就需要 5000 万日元以上，价格要翻一番多。

第三，如果是投资性买房，最好买在大学校区附近，因为日本的大学的学生都是走读制，没有像中国大学那样基本上是学校内的住宿制，因此大学周边的房子很好出租，租金也比其他地区高。

第四，要买有 24 小时有人管理、大楼安装有警备系统的公寓楼。虽然日本社会治安好，很少有小偷，但是如果你长期不在日本生活，万一有什么事情总需要人照应，哪怕是收包裹邮件，也有人替你处理。因此有人管理的公寓楼，至少能让海外投资者有一份安心。

第五，一定要找靠谱的信誉好的房屋中介公司。日本各种各样的房屋中介公司很多，靠谱的中介公司会从初期的房源介绍、陪同客户实地看房以及买房后的物业管理、室内室外的装潢、房租的海外汇款、相关税务等业务的咨询等各个方面提供一条龙服务，让购房者安心。

在我们中国人的印象中，买单体别墅式的一户建房子是有钱人的标志。但是在日本，没有这样的概念。因为在日本买房，公寓楼的价格和别墅的价格是差不多的。但是在成本和管理上，各有不同。

所以，在日本买房，到底是买公寓楼好还是别墅好？桂小川社长做了这样的分析。

一般来说，公寓楼保值，而且容易出手，而别墅不容易出售。买公寓楼最大的优点，第一，保值，还有可能升值，这几年，东京的公寓楼的价格普遍升值了10%。第二，公寓楼有物业管理，有门卫，基本可以不用考虑安全问题。第三，如遇到自然灾害，如台风、地震造成房屋损坏的话，修葺的费用是住户们共同承担。第四，公寓楼容易出租。但是公寓楼的缺点是，第一，每个月除了固定资产税以外，还要交管理费、物业费。第二，有车的话还要交停车费。

购买别墅的优点是，第一，土地属于私人，个人永久所有。第二，可以有自己的小院子。第三，和公寓楼一样，要交固定资产税，但是没有管理费和停车费。但是别墅最大的缺点，第一，不保值。别墅分土地和房屋，土地的价值虽受市场影响但基本保值，房屋部分由于是木造，所以20年后价值接近于零，中途还不太好脱手。第二，院子除草、房屋维护都要自己想办法。第三，周边缺少邻居，作为外国人比较孤单，不像公寓楼里，大家住在一起，有事还有个照应。第四，如果长期不在日本的别墅里居住的话，管理会遇到问题。

所以，到日本买房子，到底是买公寓楼还是买别墅式的一户建，桂小川社长给出的建议是买公寓楼。因为作为外国人投资者，最关心的是两件事，一是买了房子后，有没有人管理，二是如果要出租、要脱手的话，是否容易。相对于别墅，公寓楼更容易出租，更容易脱手。

5. 日本企业的钱都去哪儿了

安倍第二次政权自2012年年末诞生以来，已经过去了5年。在这5年中，安倍推行安倍经济学，通过金融宽量政策提升企业利益，促使日本经济的好转。日本各大企业虽然因此大幅增加了收入，但是并没有将大量的利润还给企业员工，而是做了大量的内部留存，从而导致日本消费市场无法出现良性的循环，市场长期处于低迷的状态。

据日本银行披露的数据显示，截至2017年6月底，非金融企业的现金及存款额度已攀升至254万亿日元。事实上，这只是日本企业内部留存利润的部分构成。日本财务省调查数据显示，日本全行业企业内部2016年留存的利润额已突破460万亿日元，为1998年的3.5倍之多。自20世纪90年代亚洲金融风暴后，日本企业通过不断削减成本、增加内部利润留存，充实自有资本以确保经营稳定，为更好地应对日趋激烈的竞争及各种危机。

另外，日本企业在海外的直接投资额目前已攀升至近1.4万亿美元，而制造业的海外生产比例则突破了25%。它对日本经济的正面影响：一是日本企业提升了自身的抗风险能力，强化了国际竞争力，夯实了日本经济基础；二是企业的海外投资获利逐步成为日本经常收支盈余的重要支柱，2015年包括海外专利收入及投资获利，日本所得收支规模第一次突破20万亿日元，有效冲抵了贸易赤字。

日本各大企业内部的留存创下了20世纪90年代初泡沫经济崩溃以来的最高纪录，这直接导致了75%的日本企业不需要银行贷款，导致银行的钱放在金库里发霉。

为什么日本企业在利润普遍出现增加的情况下却不愿意花钱，而是把钱存起来呢？原因很简单，那就是日本企业对日本经济的未来和企业的前景充满担忧，对于安倍经济学没有信心。也就是说，在企业家的眼里，安倍经济学只是昙花，啥时候凋零，谁都不知道。

安倍本来的意愿是企业在增加利润的背景下，通过增加员工的工资和奖金来增加家庭收入，从而达到安倍经济学的两大目的：一是扩大消费，促进市场繁荣；二是增加企业的设备投资，刺激经济发展。但事实上，由于企业将大量的利润作为存款留存起来，导致过去5年间，日本银行制定的将消费指数增加2个百分点的目标一直未能实现。同时，国民也并没有从安倍经济学中得到实惠。

由于日本政府与企业之间有一条难以完全逾越的规则：政府负责向企业收税，但不得干预企业经营。因此，即使安倍首相一再呼吁企业减少内部留存，将利润还给员工，但是企业并没有义务响应政府号召，依然各自为战，自行决定企业经营原则。因此，安倍经济学忙乎了5年，收效甚微。要想完全成功，是难上加难。这也导致安倍在这次的众议院大选中不敢多拿安倍经济学为自己表功，因为选民们并没有感觉到日子比以前好过。

新成立的日本希望党主席小池百合子倒是动了一个整治企业的脑筋。她在希望党竞选公约中居然宣布"对企业留存实施特别征税"。就是说，企业你可以把钱留着不用，但政府将会来抽你的税，迫使你用钱。

为什么小池百合子会动这么一个脑筋，而安倍从来没有想到过呢？其实理由很简单，安倍领导的执政党与资本家俱乐部——日本经济团体联合会相好，自然不敢动资本家们的钱包。但是，小池领导的希望党与工人阶级的组织——连合（日本最大的工会组织）相好，自然想从资本家们的口袋里掏出钱包分给工人弟兄，所谓"打土豪"。

小池的这招到底灵不灵？就看2017年日本大选的结局。如果多数日本选民将手中的选票投给了希望党，那么日本企业家真的需要好好想想——钱多了不用，有人已经惦记着想替你用。很可惜，希望党在大选中未能取得佳绩，征税一案也就变成"废案"。

6. 神户制钢的造假问题到底出在哪里

因为将不合格的金属材料制品篡改为合格产品，日本最大的钢铁企业之一的神户制钢，砸了。

"神户制钢数据造假案"掀起的黑色旋风，不仅席卷了日本的汽车、新干线、飞机等核心基干产业，更涉及日本的火箭、导弹、战斗机等航天、军工等领域，并飞出国门，直接导致美国通用汽车和波音公司也忧心忡忡。这股黑色旋风之所以有如此大的破坏力，是因为神户制钢生产的铝、铜等材料产品在没有达标的情况下篡改检测报告，粉饰成"合格产品"，并提供给海内外200多家企业，而这些企业生产的产品，又波及全世界用户，不仅涉及民生领域，还有军工。

丰田、日产、马自达等汽车公司承认使用了神户制钢的材料用于发动机等重要零部件的制造。

JR东海铁路公司承认日本最新型的N700新干线的关键零部件，也使用了神户制钢的材料。

三菱重工业公司承认在2017年10月10日发射升空的运载火箭也使用了神户制钢的材料。国产客机MRJ也使用了神户制钢的材料。

日立制作所制造的面向英国出口的高铁车辆也使用了神户制钢的材料。

美国波音公司也诱露说，正在检查使用了神户制钢材料制造的零部件的安全强度性能。

"一颗老鼠屎坏了一锅粥"，按照日本经济产业省的说法，神户制钢的数据造假案给日本的整个制造业带来了重大的信誉损害，损失不可计量。单从股市而言，神户制钢本身在两天之内暴跌36%，包括丰田、三菱重工在内的所有与神户制钢擦边的制造企业，均出现了3%—5%的股价走跌。

这家危害日本制造业的重案犯,到底是一家什么样的企业?

神户制钢公司的正式名称叫神户制钢所,英文写作"KOBELCO"。1905年,神户制钢在神户市成立。1915年,根据日本海军的要求开始生产鱼雷发射管的空气压缩机,是日本第一家生产空气压缩机的企业。1917年,建设完成第一家近代化钢铁工厂——门司工厂,开始炼铜。1949年,神户制钢在东京证券交易所上市。目前,公司的资本金为2509亿日元,有员工11000余人,子公司213家。

神户制钢在日本所有的钢铁制造企业中规模排名老三。但是它却是诸多钢厂中钢铁事业比例最低的一家。神户制钢的三大事业是材料、机械、电力,钢铁事业与同行错位竞争,只生产具有特殊用途的高附加值产品,尤其是在铝、铜、钛三大金属的新材料的综合开发与生产领域,属于世界的老大。世界顶尖的特殊金属材料,几乎都出自神户制钢之手。因此世界上多数大型制造企业以及军工企业都在使用神户制钢生产的材料,都是神户制钢的客户。

这么一家优良的百年钢铁企业,为何会出现产品数据造假的问题?原因有主观的,也有客观的,归纳起来,有这么四条。

第一,神户制钢的经营出现了问题。1990年,日本经济泡沫崩溃,整个钢铁企业进入去产能求生存的寒冬时节。神户制钢从事业的高峰期跌到了低谷。还没有缓过气来,1995年,神户发生7级大地震,主要的工厂车间被震塌,高炉倒地。好不容易熬到2002年,因为日本制造企业纷纷投资中国等海外市场,使得钢材价格和市场需求增大,让神户制钢终于走出了黑暗。鉴于这个教训,神户制钢开始实施"脱钢"战略,以研发生产特殊金属材料为核心,开展多种经营,维护企业整体的利益。但是,在过去两年,神户制钢已经连续两年经营赤字。虽然预估2017年度的营业额将会达到16958亿日元,但是同时纯利润将会出现230亿日元的赤字。如何消灭赤字?神户制钢开始"偷工减料",对铁、铝、铜粉的配比进行调整,从原料上下功夫。自然,生产出来的产品无法达标,于是对产品检测数据报告进行篡改,以符合日本工业规格(JIS)欺骗客户。

第二,创业精神的丧失。神户制钢成立已经112年,和许多日本大企业一样,创业一族已经不复存在,基本上是属于"经理人当家"。现任神户制钢公司社长的川崎博也就是一个典型的经理人,他从京都大学硕士研究生毕业后,于1980年进入神户制钢工作,从一名普通技术管理干部做起,一步一步上升为公司的经营者，58 岁时熬成了公司社长，预定任期 5 年。川崎社长与做假账的东芝公司前社长一样，"守家"是他们的第一责任，不出现赤字是最重要的经营目标。因此，"只要不出乱不出现赤字，就是万岁"，这一理念不仅是神户制钢，也是日本许多大企业经理人的"共识"。在这一"共识"的驱使下，日本大企业的经营者们陷入保守经营，甚至为了避免决算报告中出现赤字做假账粉饰业绩的怪圈，不仅处处表现出"不愿意承担责任"的经营姿态，而且将企业的创业精神也丢之云外。2014 年 1 月，川崎在就任社长之后的第一次新年致辞中曾经将公司的经营目标设定为"2015 年度确保 1000 亿日元的利润"。但是，2015 年，神户制钢亏损了 80 亿日元。2016 年，赤字额扩大到 120 亿日元。2017 年度，赤字额预计会进一步扩大到 230 亿日元。为了抹掉赤字，使得自己当家的声誉不至于一塌糊涂，神户制钢开始了从上到下全方位的造假。

第三，"成本控制"导致造假问题频发。从三菱汽车伪造燃料数据到东洋橡胶公司伪造免震装置。从东芝做假账到如今的神户制钢篡改产品检测报告，一个客观的原因是因为日本制造业整体处于不景气的状态，同时因为国内内需市场的低迷和海外市场竞争的激烈，导致客户对于原材料价格的降价要求越来越多。过去日本原材料、零部件等供应商与日本完成品厂商之间形成了稳定的供求关系，而国际竞争压力则通过成品商传递到供应商，成品商如汽车整车厂商通过对供应商压价来保证国际价格竞争力与自身利润。

同时，日本政府对于原材料和工业产品质量的标准要求则越来越高。无论是汽车行业还是车辆制造行业，甚至建筑行业，"控制成本"成为增收增益的一大重要手段。而"控制成本"的要求，转嫁到原材料制造企业，直接导致了原材料生产商走上了"偷工减料"的道路。

第四，技术良心的丢失。"精益求精"是日本工匠精神的核心，这一核心曾经令日本的制造业创造了世界的辉煌。但是，由于日本大企业官僚体制的盛行，一批管理人员为了迎合上司的要求，参与了造假行动。而许多人以"不迟到不早退"作为自己的"职业生涯准则"，使得过往那种为了一项技术的创新与品质的维护，不惜与上司顶撞，甚至选择离职相抗衡的"技术良心"逐渐地丢失。相反的，那种唯上和脱离现场的官僚习气越来越重。

除神户制钢之外，东丽子公司的质量造假、日产汽车违规验车、三菱综合材料也暴露出篡改检测数据的丑闻。尽管被篡改的质量数据大多只是违反内部规定或客户标准，并未违反日本工业标准或国际工业标准，没有触及法定质量要求，但触及了企业的道德责任或其他合同法中的民事责任。这次如果没有内部揭发，这些公司也不会自揭家丑。

神户制钢的造假问题，毫无疑问会导致目前的经营班子集体引咎辞职，因为客户的索赔，公司的经营赤字也会出现几何级的暴增。神户制钢已经决定抛售不动产，但是区区几百亿日元的收益将无法填平日益增多的赤字。神户制钢还能不能生存下去已经不是一个重要的问题。最关键的是，神户制钢诱发的日本制造业信誉危机如何在国际市场上寻求恢复，这才是大事。

7. 中国共享单车进军日本为何撞墙

不知是谁说了这么一句话：中国古代有指南针、造纸术、火药和印刷术"四大发明"，如今中国有高铁、支付宝、共享单车和网购"新四大发明"，因此中国又一次引领世界潮流。这话听起来有点心潮澎湃，但是新四大发明中，高铁是从日本和德国引进的，网购也不是中国独创的，倒是共享单车，让全中国在一夜之间变成了自行车王国。如今，共享单车在中国冒出来才一年，就立下了要解放全人类的豪言壮语，并迅速进军国际市场，使得共享单车变成了全世界的新鲜事物，这确实是我们中国对世界的创新贡献。

到目前为止，据说中国的共享单车已经占领了世界十多个国家的190多座城市，其中包括邻国日本。那么，中国的共享单车到底在日本发展得怎么样？能不能活下去？这是我最近一直在观察的问题。

2017年6月，以"全球智能共享单车首创者"自喻的摩拜单车，宣布进军日本，首先在九州地区的福冈市登陆（只是登陆，没有扎营）。日本是继新加坡、英国之后，摩拜单车的第二个海外市场。摩拜单车在福冈举行的记者会上宣布，中国有1亿人在使用摩拜单车，在日本的发展前景也相当可观，计划在今年内占领日本10个主要城市，一年内投放500万辆。

摩拜单车话音刚落，小米也宣布进军日本。而中国另一个共享单车品牌ofo在8月9日也宣布与日本软银商业服务有限公司达成合作伙伴关系，正式进入日本市场。日本成为ofo继中国、新加坡、英国、美国、哈萨克斯坦、泰国、马来西亚之后进驻的第8个国家。

ofo亚太区负责人曹枭表示："ofo现已在全球连接了超过800万辆共享单车，为全球8个国家超过170座城市上亿用户提供了30亿次出行服务。进入日本市场对 ofo 来说具有里程碑意义。日本有浓郁的骑车文化，我们将努力为当地居民提供更加便捷、高效的骑车体验。对于 ofo 来说，日本是一个非常有发展潜力的市场。"

根据规划，ofo 于 2017 年 9 月在东京和大阪两大城市率先投入单车，进行第一阶段的试运营和市场评估，随后将通过软银商业服务公司的全面协助，迅速进入日本其他城市。

针对 ofo 的豪言壮语，几天之后，摩拜单车又在北海道的札幌市举行发布会，宣布中国共享单车首次在日本落地运营。

摩拜单车日本公司负责人表示："我们希望通过骑摩拜单车游览札幌，能够让每个人探索这座美丽城市的新奇之处，并增进对札幌的热爱。"摩拜单车国际拓展副总裁马丁也到场鼓劲，说摩拜单车已经受到了北海道许多合作商家的热烈欢迎，这让我们非常高兴。我们相信，摩拜单车与札幌的长期合作，将增添这座城市的魅力。

2017年夏天，中国共享单车在日本的宣传力度如同炎炎夏日的骄阳，让人感觉到热血沸腾。如今，日本已经开始进入初秋时节，中国共享单车到底在日本有没有结出丰硕的果实？我在东京满大街找，没有找见小黄车，在福冈也没有看到摩拜单车。后来，北海道新闻社的一位记者给我发来一封邮件，说是在札幌车站附近没有找到摩拜单车，最后在桑园车站与琴似车站之间，一个很不方便的地方，终于找到了摩拜单车的停车点，看到有30多辆单车。

这是中国两大共享单车公司几个月来在日本留下的唯一的业绩。

为什么中国共享单车在日本难以实现其雄心勃勃的发展计划？根本原因是"水土不服"。

对于许多投资家来说，日本是一个很怪异的国家。比如在中国，几家投资公司老总一起喝一顿酒，想出一个新主意，过不了几天，满大街都可以让你看到他们五彩缤纷的事业。因为他们把自己的行为叫作"创新"，而创新在某种程度上可以暂时规避法规，所以没有经过地方政府同意，也无须交管部门批准，一夜之间让小黄车、小白车出现在城市的大街小巷。而在日本，虽然他们也搬出了一些很牛的公司，比如像软银也喊出了惊天动地的口号，但是一走出发布会场，会发现警察叔叔已经等在门口，问你一句话："你们想干什么？"

因为日本是一个按照条条框框办事的保守型国家，你做什么事情之前必须先自个儿去对照法律看看法律是否允许，然后再去问问地方政府和警察，地方法规是不是可以允许你占用社会公共资源，"先行先试"的创新模式，在日本会被当作"无法无天"的违规行动。

因此，无论是摩拜单车还是小黄车，都发现自己已经一头撞在日本法规的墙上。其中最关键的一条是无论是企业还是个人的自行车都不得占用公共道路，包括人行道。也就是说，共享单车要随便找一个路边停放，一转眼就会被城市交通管理员开着卡车收走，你要把它要回来，得缴纳3000日元（约200元人民币）的罚款。摩拜单车、小黄车，如果你在东京投入1000辆，第一天就有可能被罚款20万元人民币，除非你这1000辆自行车干脆都不要了。

所以，共享单车在日本停在哪里，是中国这些单车企业可能永远难以解决的问题。

摩拜单车和小黄车曾经计划与日本的7-11、全家、罗森等便利店合作，以星罗棋布的便利店作为共享单车的停放点。但是可能这两家单车公司的决策者看到的照片都是日本便利店在农村乡下店的照片。因为城市里的便利店，基本上是租用办公楼或者街头店面开店，出门就是马路，根本就没有停车位。只有在农村乡下需要开车才能出行的地方，便利店才会有停车场。在那样的地方，如果骑自行车，估计要蹬半个小时才能到家。

所以，在东京、大阪、京都，包括福冈和札幌这样的大城市里，要找便利店门口停车的想法，只能放弃。

那么，日本的共享单车在哪里才能停放呢？这么多的车，只能自己租场地，在东京的市中心，寸地寸金，比如在银座要租用一块100平方米的土地做停车场，一个月的租金估计需要15万元人民币，而且银座还很难找到这样的空地。如果你在东京设100个点，一个月的场租费就可以把你所有的利润全部吞没，而且还要倒贴，因为日本的土地是私有制，每寸土地都是名花有主，不仅是公共的人行道，你在人家的店门口长时间去停放一辆自行车，上午停放，晚上去拿，一定会找不到影子。

如果你拿出"解决1公里问题"的口号，那么你的单车必须停放在地铁轻轨车站附近。但是你敢在车站附近500米的范围内停车，那么你得天天准备200元人民币交罚款。因为，东京的任何车站附近地区禁止停放自行车，要停的话，你就放到附近的收费停车场，一个月2500日元，大约160元人民币，还算便宜。

为什么我不看好日本的共享单车？除了会遭遇日本严格的道路交通管理的法律障碍之外，还有一点跟日本社会的实际情况有很大的关系。

首先，日本虽然汽车很多，公共交通发达，但是它又是一个自行车王国，家家户户都有自行车，我也有一辆，平时去超市买菜什么的都习惯于骑自行车。所以日本城市里的居民去超市买菜、去幼儿园接孩子、去车站坐车都会骑自行车。在日本骑自行车不是一件难为情的事情，日本前首相村山富市、日本执政的自民党前总裁谷垣祯一，休息天经常是骑车外出买东西。因此，城市居民并不需要太多的共享单车。

其次，日本机关公务员和企业员工在上下班途中遇到事故都可以算作工伤事故，保险公司和企业也必须按照工伤事故的标准理赔。正因为如此，机关和企事业单位都不赞成自己的员工骑自行车上下班，而是提供交通费要求你坐地铁轻轨上下班。因此公司白领对于单车的需求量在日本的大城市里几乎没有市场。

再次，日本的一些车站附近政府经营的公共自行车停车场，本身都有自行车出租，租用一天是500日元（约30元人民币），500日元在日本是买三瓶矿泉水的价钱，价格不高。在京都，许多景区甚至在京都车站走一分钟的地方，都有专门的自行车出租行，租用一天是1000日元（约60元人民币）。所以，在京都这样的旅游城市，已经有很成熟的租车市场。

还需要强调一点，由于《日本道路交通法》规定日本所有的自行车在夜间必须开启车灯，而中国企业目前投放在札幌市的中国式共享单车没有安装车灯，因此在日本是属于不合格车辆，除非你只是白天骑车，如果是晚上没有车灯骑车，遇到警察是一定会被扣的。

日本最大的移动通信公司NTT—DOCOMO，早在2010年就开始在日本运营共享单车，2015年年初成立专门的子公司BIKESHARE公司来经营共享单车（这么看来，共享单车并非中国之发明）。这家公司如何解决停车问题的呢？他们与东京六个区政府合作，以"解决区域内市民移动问题"为宗旨，租用政府的空地经营。然后又在仙台、横滨、广岛市设点，这么多年来，设置了346个停车点，投入的自行车也只有3172辆（到2016年年底）。那么，中国的共享单车能搞定日本各地政府吗？在一个保守和对中国企业持有一定警戒之心的日本社会里，这显然很有难度。

所以我觉得中国共享单车进军日本面临的这一系列问题都是有目共睹的。对于中国企业进军日本市场，我是举双手赞成。但是你不能拿中国的那套不怎么合乎规范的做法搬到日本，搬到海外，一定要接地气，才可能有所发展。

从过去几个月的呐喊与结果来看，投资者在日本市场更多的是在炒一种概念，并不是真正的在经营一方市场。我们可以理解，无论是摩拜单车还是小黄车或小米，在日本市场注定不可能成功，但是他们依然会以十分的高调来宣扬自己的业绩。所以共享单车的投资者在中国市场遭到整顿挤压的背景之下，通过向海外的拓展来努力拉升和维持资本价值，这点心思是可以理解的。但是我们也必须看到，当一个社会、一个政府如果被资本绑架，并让资本游离于法律法规的红线之间，那遭殃的一定是国民。也许有一天，当你的押金退不回来的时候，你终究会发现，容忍资本疯狂的社会，赚走钱的是投资商，背黑锅的是政府，受害的一定是老百姓。而日本社会对此说了一声"No"——绝对不会允许资本来绑架社会。

所以，从这点上来看，我不是很看好共享单车在日本的发展。但是依然期望他们能够踏踏实实做好，做出中国企业应有的品格，为中国企业在日本的发展树立良好的榜样。

8. 日本如何将东京湾建成世界最成功湾区

从 20 世纪 60 年代开始,日本政府就开始谋划构建东京首都圈,将东京和周边的几个县,类似于中国的几个省联合一起共同开发建设,实现无缝对接。而这个都市圈的形成,还依赖了一个港湾区,那就是东京湾。这个纵深 80 公里的湾区,将周边的城市有机地融合在一起,以此形成了世界上人口最多、城市基础设施最为完善的第一大都市圈。

目前世界公认的成熟湾区有八个,分别是洛杉矶比弗利山庄、纽约长岛、日本东京湾、澳大利亚布里斯班的努萨湾、悉尼双水湾、香港浅水湾、新西兰霍克湾。这八大湾区的共同点是不仅拥有一线的海景资源和港口地段,而且在时间的洗礼下造就了优质的人文氛围与人居环境。在这八大湾区里,由全球最高水平的建筑工艺造就的经典传世之作比比皆是。

日本的东京湾区作为世界上第一个主要依靠人工规划而缔造的湾区,成为人工规划湾区建设的典范。

在谈到东京湾区时,我先跟大家讲一个历史故事。

1868 年,明治天皇登基,长达数百年的幕府时代结束。明治天皇那时才 15 岁,他第一次从京都来到东京,一下子就喜欢上了这座城市,于是决定将首都从京都迁到东京。东京当时的名称,叫"江户",明治天皇下令将江户改为东京,因为从京都的地理位置来看,江户是位于京都的东边,因此称为东京。

明治天皇为何会喜欢东京?因为东京有一个海湾,水产十分丰富。大家到东京吃寿司,往往会看到这样的招牌,叫江户前寿司。这个江户前寿司是什么意思呢?就是从东京湾里捕捞上来的,没有经过腌制加工的新鲜的鱼肉制作的寿司。

为什么东京人对于寿司会有如此骄傲的叫法，是因为看不起东京人的京都位于内陆地区，古代没有冰箱，也没有汽车。日本海或者太平洋沿岸捕捞上来的鱼要运送到京都，一般需要两天的时间。在夏天，放置两天的鱼是要发臭的，所以京都出现了用盐水腌制过的鱼，所以京都的寿司大多数是用腌制过的鱼肉来做的，与东京的寿司不一样。

东京湾是一个面向太平洋的优良港湾，它分为东、西两侧，东侧是千叶县的房总半岛，西侧是位于神奈川县的三浦半岛，而湾底就是东京的银座地区。通过两个半岛之间狭窄的浦贺水道与西邻的相模湾会合，东京湾与太平洋相连，面积约1320平方公里。

依托东京湾发展起来的东京首都圈，包括东京都、埼玉县、千叶县、神奈川县等"一都三县"，面积13562平方公里，占全国总面积的3.5%。GDP总量约占全国的三分之一，常住人口为3800万人。

东京湾区是怎样发展起来的呢？它的开发始于江户时代。17世纪初，随着日本政治中心从关西地区移向关东地区，江户（也就是东京）逐渐成为日本新的经济中心。到了18世纪，江户已成为全国最大的消费市场，每天都有来自全国各地的商船在东京港停泊。江户人口已达100多万。

东京湾的现代产业开始于明治维新之后。第一波的建设，始于19世纪后半期。由于实行改革开放，日本从欧洲引进了大量的先进工业，主要有纺织业、机械加工业和炼钢产业。这些产业必须依托港口，建成临港工业。东京湾良好的岸湾环境为这些产业的发展提供了条件。

第二波的建设是在第二次世界大战结束之后，尤其是从20世纪60年代开始，日本战后经济迅速恢复，城市化加速，环绕东京湾的海滨90%被开发成人工海岸线，出现了很多人工岛屿。到目前为止，东京湾填海面积已达253平方公里，建成了像"台场"这样的CBD商务区和像"晴海"这样的现代化港区。东京迪士尼乐园、羽田机场等都是建在填海的土地上。

东京湾在开发中，逐渐规划建成了两大工业地带，以银座为中心，向西（川崎市和神奈川县方向）发展出京浜工业地带，向东（千叶县方向）发展出了京叶工业地带。这两大工业带集中了包括钢铁、有色冶金、炼油、石化、机械、电子、汽车、造船、现代物流等产业，成为全球最大的工业产业地带。还包括金融、研发、文化和大型娱乐设施和大型商业设施等，成为世界有名的金融中心、研发中心、娱乐中心和消费中心。这两个工业地带可以说是世界上最大最先进、出口实力最强的新型工业地带。工业地带与东京的金融、总部、研发等功能紧密互动，使得日本在战后很快地成了世界重要的制造业大国、出口工业大国，这就是日本成功的一大秘诀，也是东京湾区能够成为世界综合性湾区的一大成功经验。

东京湾拥有六大港口，分别是东京港、横滨港、千叶港、川崎港、横须贺港和木更津港，其中横须贺港为美国海军第七舰队和日本海上自卫队的基地。这六大港口与羽田、成田两大国际机场和6条新干线连接在一起，构成了东京湾与日本和全球主要城市之间海陆空立体交通网。同时，这六大港口和附属的仓库群，从全球进口从粮食、水果到奢侈品的消费物资，支撑着东京首都圈3800万人高质量的消费。在日本全国按金额计算的货物进口量中，东京湾占到了38.3%。

大都市化的一个重要特征是城市人口规模的巨大化。世界上第一个超大型城市群出现在1950年前后，据联合国的统计数据，当时有两个超过1000万人口的城市，一个是东京首都圈，即围绕东京湾的一都三县；还有一个是纽约。这两个超大城市群都是于依托港口优势发展起来的临海型城市群。

人口聚集带来了以服务业和知识经济为主要内容的新经济，也称聚集经济。自20世纪60年代中期新干线开通后，东京与全国其他城市实现了点对点（市中心对市中心）无缝对接，加速了人口的大聚集。1950年东京大都市圈人口达1128万，2015年已达3800万。在全球有千万级以上人口的29座超大城市中，东京大都市圈排名第一，第二位是印度新德里，为2570万人。第三位是中国上海，为2374万人，北京排位第七，为2038万人。东京都的人口密度已高达98.2%，而东京首都圈也达89%（日本全国为67.3%）。

这种大规模的人口聚集与大规模的产业交流使得整个东京湾充满了活力与生机，并形成了东京湾区经济的特色——体量大，多样性强。这种政治与经济、文化与商业、商品与研发等各种功能交织在一起，产生了良好的乘法效应。

东京湾区是一个人工规划建设的湾区，那么，在整个东京湾区的开发建设中，有没有一个政府机构来统筹规划和管理这一个湾区的开发呢？还真的没有。这里就有一个问题引起我们的兴趣：谁来管理这一个湾区的开发？

东京湾区内有"一都三县"，包括若干大城市和中小城市。在开发中，既保持"谁开发、谁拥有"的基本原则，同时建立起相互协作的沟通机制，对湾区和城市发展中的问题采取会议协调协商的方式寻求解决。

目前，整个东京湾区的开发管理主要的协商机构是东京湾港湾联协推进协议会，这个协议会由日本政府的国土交通省关东地方整备局港湾空港部牵头，东京湾所有的地方政府一起参加，协议会事务局设置在横滨市。还有由各海运公司和港区开发公司、沿港工厂企业共同参与的东京都港湾振兴协会。

日本是一个市场经济国家，许多事情不可能强制性地做。东京湾的开发建设的一条成功经验，就是保持湾区建设的长期性和协同性，并牢牢依靠规划，坚守规划。日本政府的国土部门、交通部门、产业部门等对区域发展都有各自角度的布局和规划，各都县和城市也有自己的布局和规划。所有这些规划的衔接不是由中央政府出面来完成的，而是由各种智库居中协调实施的。因为日本的政府决策者在不断变更，每个时代又有每个时代的诉求，唯一对整个东京湾的开发有整体把握的就是智库。像日本开发构想研究所、东京湾综合开发协议会等，作为衔接各种规划的智库对本地区的发展有长期的研究、认识和推动。他们的思想是通过参与和主导各种各样的规划来不断落实的，而政府也尊重与重用这些智库，把他们作为开发管理东京湾的一个重要力量。

坚守规划，是东京湾开发建设成功的第二大经验。京浜、京叶两大工业地带以东京为中心，分别向环抱东京湾的两侧延伸。这种规划布局，就是将工业地带与东京中心城区大体量人口实施一定的隔离。而沿岸各城市的湾区开发必须要服从于已经达成协议的规划案，一旦提出更改，就必须获得东京湾港湾联协推进协议会成员的一致同意。

坚持开放性和国际化，是东京湾开发建设成功的第三大经验。东京湾拥有众多良港，只是在物理上提供了对外交流的门户，更重要的是开放程度，它决定了港口城市的国际化氛围，东京湾区正是具备了这两方面的因素。东京湾不仅汇聚了像日产汽车、丰田汽车、日本制铁、索尼、佳能、NEC、资生堂、软银等世界顶级的跨国企业总部，同时汇聚了微软、华为等世界著名的外资企业的研发中心。更为重要的是，东京是日本政治经济文化的中心。东京湾区的开放性和国际性，使得整个湾区的发展能够敏感地捕捉到世界政治经济不断变化的内容和趋势，令东京湾的建设紧跟世界的潮流，甚至引领世界经济发展的潮流。

不过，东京湾在开发建设中也有很沉痛的教训，那就是环境污染。战后，东京湾沿岸成了工业大会战地区，钢铁、化工、造船等重污染企业将废水废料排入东京湾。同时林立的大烟囱让东京看不到蓝天。严重的环境污染还引发了严重的社会危机。东京湾内大规模填海造地也带来了对自然环境的破坏，其负面影响至今还存在。好在从20世纪70年代开始，日本政府下定决心铁腕治理东京湾的环境，经过30多年的努力，东京湾才水变清，鱼儿回游，天空变蓝。这种"先污染、后治理"的做法，令日本政府、社会和企业付出了沉重的代价。这一教训，也值得我们中国在开发湾区中认真吸取。

9. 东京为何不堵车

交通拥堵,是世界各国现代大都市面临的一个共同难题。但是在东京,在这座已经实现了城乡一体化的国际大都市,虽然做不到路路畅通、时时畅通,但是在上下班高峰期,东京不仅不会出现堵车,相反是道路最为畅通的时间。即使平时出现一些堵车,也是缓慢前行,不会出现堵死不动的问题,除非在高速公路上遇到了交通事故。因此,这让我们产生一个好奇:东京是如何解决交通拥堵问题的呢?

东京是日本最大的城市,面积有 2190 平方公里,是北京市的七分之一。常住人口却超过 1300 万人,北京市是 2100 万人。根据 2014 年的统计数据,东京人口密度为 6106 人/平方公里,而北京是 1311 人/平方公里,高于北京 5 倍。在这狭窄的东京,机动车保有量超过 800 万辆,而面积比东京大了 7 倍的北京,机动车保有量是 500 万辆,比东京少了 300 万辆。

最为关键的是,每天还有 600 万名公司白领从附近的埼玉县、千叶县、神奈川县甚至从富士山脚下的山梨县涌到东京市中心来上班。

如此高密度的人口,如此多的车辆,东京就是不堵车。而且在过去 30 多年间,东京的城市交通管理还交出了一份漂亮的考卷:机动车保有量增加了两倍,交通却提速了一倍多,世界城市管理专家们称其为"东京奇迹"。

东京这座现代化的大都市,它是如何做到不堵车的呢?

第一,实施"先有地铁轻轨,后有私家车"的公共交通发展理念。

东京的第一条地铁建于 1927 年,距今已经有 90 年的历史,是亚洲最早拥有地铁的城市。目前,东京的地铁已经拥有 13 条线路,285 个座车站,线路总长 312 公里,总里程是世界第 4 位,日平均客流量为 1100 万人次,是世界上客流量最大的地铁系统。而且东京地铁线网由城市中心向北、向西扇形发展，呈放射式布局，并与市郊铁路衔接联运。也就是说，你在东京市中心坐上地铁，可以直接抵达位于千叶县、埼玉县、神奈川县的郊外的家，完全实现了跨城市跨区域的首都圈交通大联网。

除了地铁之外，东京还有庞大的轻轨铁路系统，轻轨铁路线共有20条之多，总长度达到1700公里，日平均客流量达到2800万人次。

如此便捷的城市轨道交通，使得东京人养成了一个习惯，那就是出门与朋友约会时往往会十分准确地告诉对方：我在几点几分可以到达约会的地点。而这种时间的绝对保证，是因为整个东京乃至首都圈的30多条地铁、轻轨线实现了无缝对接，环环相扣，有的线路简单到车门对车门，连站台都不用出。而且运营时间的准确程度都是按照分秒来计算的。所以，日本人的严谨，不仅体现在工作习惯上，还体现在对城市交通的管理上。

因此，如果和东京人聊出门的交通工具，北京人、上海人的第一反应是叫出租车，东京人的第一反应是坐地铁、轻轨。在东京人的心中，地铁轻轨已经是他们一种生存手段和生活方式。目前东京的交通出行总量中，地铁轻轨占了86%，远远高于纽约的54%、巴黎的37%和伦敦的35%。开车坐车出行只占交通总量的11%。而在上下班的交通高峰期，搭乘地铁轻轨的比例高达91%。

发达的地铁轻轨从根本上疏解了东京的城市交通压力，也有效控制了汽车的发展数量，使得东京避免了在城市高速发展中遭受的环境污染和拥堵。

还值得一提的是，东京在城市发展中是先建设地铁轻轨，然后再沿着地铁轻轨线路建设新城和居民住宅区。所以，东京人喜欢在地铁轻轨沿线买房子，而且喜欢买到郊外去，因此有60%以上的城市居民居住在距离地铁轻轨车站500米的范围之内。而我们中国许多城市的建设是恰恰相反，往往先在郊外建小区，小区发展到一定的规模，才想到建地铁轻轨，因此，迫使市民买房子往交通发达的市中心涌，也迫使居住在郊外的市民不得不买汽车来解决出行和上下班问题，导致了道路交通的拥堵。

第二，实施"买车必须先有停车位"私家车限购政策。

日本虽然是一个汽车大国，拥有全世界最多的汽车制造企业，汽车制造业是日本经济发展与出口贸易的一大支柱产业。理论上，政府应该积极鼓励国民买车，但是日本政府为了避免交通拥堵，制定了一项特殊的政策，那就是"你要买车，必须先要有停车位"。也就是说，你去警察局申领车牌时，必须要递交已经拥有固定停车位的证明。这份证明可以是自己家的车库证明，也可以是与相关停车场签订有长期租用车位的协议书。这就是说，没有停车位证明的话，就不能买汽车。

这一政策的实施，产生了一个关键性的作用，那就是所有的汽车都有合法合理的停车位，这样就不用担心小区里的步行道会变成停车场，更不用担心城市的道路会乱停车。这一政策也使得东京目前有一半的家庭没有买车，因为租用一个停车位，一个月少则2万日元，多则6万日元，停车位的租用费成了家庭一个很大的负担。

为了保持城市道路的绝对畅通，东京都政府在2000年还颁布了一份《交通需求管理东京行动计划》，其核心思想就是自主限制小汽车出行，减少汽车的使用次数和频率，促使出行方式的转换。

而这份《交通需求管理东京行动计划》首要目标是恢复现有道路的容量和交通承载能力，重中之重是治理停车。因此，东京都政府组建了一支专门的城市停车管理部队，对于马路边停车实施了"零容忍"。以往在马路边临时停车，只要不超过30分钟，一般不会处理，但是后来直接改成了"零容忍"。城市停车监督员一旦发现马路边有人违章停车，而司机又不在，会立即拍照记录，并贴上罚款单。罚款金额是15000日元，相当于950元人民币，另外再扣2分，要知道日本驾照一年满分也就6分。

东京都政府的这一重罚违章停车的做法，让送货公司叫苦不迭。但是东京都政府的政策是"一刀切"，送货车也必须遵守规定严格执行。因此东京的送货公司只好在城市各处租用停车场，然后使用小推车送货。

取缔违章停车政策的施行，使东京主要干道的违章停车现象比以往减少了82%，更使得市中心道路的平均开车速度提高到了每小时50公里。

第三，东京的政府机关和企事业单位不提供停车位。

作为日本的政治中心、经济中心、文化中心，东京集中了大量的政府机构和跨国公司总部。为了防止公务车辆给东京"添堵"，日本各级政府和企业采取了一个简单、干脆的办法：基本不配公务车辆。以东京都政府为例，整个东京都政府有上万名公务人员，但是公务车只有12辆，除了东京都知事、副知事和议会的正、副议长配有专车，司局级以下的官员，都必须自己挤地铁轻轨上班，因为政府大楼里没有给机关工作人员的免费停车位，所有的停车位，只留给来政府机关办事的市民临时使用。

像日产汽车公司，自己是生产汽车的跨国集团，但是其东京总部的公用车只有4辆，一辆是给社长专用，一辆是给副社长专用，另外两辆是给十几个公司的董事们去从事公务活动时轮流使用。

既然公务员和企业员工上下班不能开汽车，那么是不是享受车补贴？日本全国没有这样的规定，东京都内所有的机构自然也没有。但是所有的公务员和企业员工每个月都给报销上下班的地铁轻轨的月票。外出办事时，搭乘轻轨地铁是实报实销。而搭乘出租车，则需要严格的审批，一般不被允许。

那么在东京市中心，如果自己开车上下班，租用停车场，需要多少费用？以我办公室所在的赤坂地区为例，每小时的停车费是700日元，约为11元人民币，这相当于东京一位白领半个小时的工资。而一个月的停车位租用费，更是高达6万日元，相当于4000元人民币。如果家里租用一个停车位，每天再开车到市中心来上班，那就意味着自己一个月的工资，至少有一半用于养车。高额的停车费使得东京很少有人开私家车上班。因此，我们上下班高峰期在东京的马路上看到的风景是：稀稀拉拉没有几辆车在跑，上下班高峰期恰恰是东京车流量最少、道路最为畅通的时间段。因为只有大家到了公司，才会开始工作，送货车才开始上路，所以，东京市中心交通最繁忙的时间段是上午10时到下午4时，而不是上下班高峰期。

第四，日本司机开车注意礼让，很少超车。

东京人良好的开车习惯无疑在很大程度上对缓解道路的拥堵状况起有重要作用。例如，主路车辆与辅路直行车辆实行各走一线的做法，避免了贴身逼抢危险的发生。同时除了特别紧急的事情，司机开车一般不会超车，所以我们在东京的道路上看到的车流，都是直线一条，排队向前，而不是蛇形的相互超车。按顺序行驶虽然行进看起来有些缓慢，但却保障了车道的畅通。

此外，日本人驾车"礼让"的精神让人印象深刻，如前车打灯并线，后车会主动让行，绝没有紧踩油门不让的现象。被让的车辆也往往通过闪两下双蹦灯表示感谢，这一举动对于缓解后车被加塞儿后的不爽心态具有明显的"疗效"。

正因为司机自觉遵守交通规则，我们在东京可以发现两个奇怪的现象：第一，东京的道路上很少有摄像头，因此东京的汽车上很少有人安装那种可以发现摄像头的监控装置；第二，东京的马路上，尤其是十字路口，很少发现有交通警指挥交通，更没有协警之类的辅助人员站马路。

我还想特别强调一点，北京、上海的城市道路规划是按照"井"字形来布局的，城市看起来东西南北几条大通道显得很壮观很漂亮，但是实际上的结果是有一条主干道发生拥堵，所有的车都会被堵住而无法前行。而东京的道路不是按照"井"字形来布局的，而是按照蜘蛛网的形状来布局的，也就是说，东京除了主干道，还有许许多多的小弄堂、小马路可以穿行。一旦主干道发生拥堵，所有的车辆都会钻小弄堂、小马路迅速分流，除非是在高架桥上，那可真的没有办法。所以，城市建得太方方正正，看起来漂亮，但是对于解决城市交通拥堵问题，不一定管用。

10. 日本人为何将职业道德看得比命还重

　　日本著名歌舞伎演员市川海老藏与他的妻子小林麻央的爱情故事引起了许多人的关心和同情，短短三天的时间，我在喜马拉雅FM"徐静波频道"中所做的节目的听众人数已经超过了8万人，而相关博客的点击率也超过了30万人。一位网友在我的"静说日本"微信公众号上留言，说自己是一个孩子的妈妈，和小林麻央一样，才30多岁，也得了癌症。听了小林与疾病搏斗3年的故事，很感动也很感慨，人生无常，但是活下去的希望是一样的，希望自己也能够像小林麻央那样，活着的时候好好爱家人，走的时候，也能够有家人好好陪伴。看到这条留言，我给她回了一句话："我陪伴你一起与病魔搏斗！"

　　小林麻央这位日本电视台的新闻节目主播，是一位美丽贤惠的女性，2017年6月22日，留下分别只有4岁和5岁的两个孩子走了。我们在关注小林最后人生的同时，也关注到一件事情，那就是在小林去世后没几个小时，她的丈夫依然登上舞台，为观众演出歌舞伎。而在办理丧事的这几天，市川海老藏从没有中断过一天两场的演出。妻子去世了，作为丈夫为什么不中断演出，在最后时刻好好陪伴妻子呢？对此有许多人不理解。但是，作为一名歌舞伎演员，在妻子的葬礼与歌舞伎的演出之间，市川最终选择了演出。

　　市川在接受记者采访时，对于自己为什么不中断演出回家办理妻子丧事的原因，做出了这样的解释：演出是早定下来的事，票都已经卖出去了，而且全国各地的观众放弃了自己的休息时间赶来东京观看我的演出，我不能违背大家的热情，不能让热爱歌舞伎的观众失望。麻央走了，我很悲痛，也很想在最后的日子里，多陪陪她，多看她一眼。但是，我想麻央的在天之灵也一定希望我能赶到剧场认真地为观众演出，因为没有比服务好观众更为重要的事。

市川的这番话让我们感到职业道德的珍贵。而这份珍贵的背后，是日本社会的一种铁规则：个人的事永远都是小事，客人的事永远都是大事。

有一天夜里，我匆匆结束与客人的聚餐，赶到东京有乐町的一家电器量贩店ビックカメラ（必酷）帮国内的朋友买两个单反相机。赶到店里时，已经是晚上9点30分，店里是10点钟关门。因为朋友要求带的相机有特殊的镜头配置要求，而必酷公司出售的相机大多是机体配标准镜头的那种单反相机。为了能够满足我的要求，店里的营业员，尤其是一位姓金的中国店员，帮我想了一个办法，让我先买下标配的相机和我所需要的特殊的镜头，然后他们再以回购那相机的标配镜头的方式实现我的愿望。但是这样做，需要主管人员批准，还要填几张单子。结果时间一拖再拖。等我办完所有的手续，店员送我从地下二楼走到一楼时，已经过了关门时间45分钟，但是整个店上下7层，依然是灯火通明，一楼的店员纷纷向我鞠躬致谢，店的大门还为我开着。虽然在日本20多年常常遇到这样的事情，但是我依然为必酷公司如此延长时间来保证我这么一位普通客户的购物需求受到震动。

在日本社会，职业道德是一种约定，是一份信誉，是一种守护。我的朋友来日本，想从日本的一家公司进一批货。他找到了这家公司，向对方提出了进货的要求。这家日本公司表示十分感谢，但是介绍他到一家经销公司去进货。我的朋友很不理解：我人都已经到了你的公司，为什么不直接把东西卖给我，而是打发我到经销公司去进货？日本公司告诉他：我们的产品都是委托这家公司销售的，如果你一定需要直接从我们这里进货的话，我们给予你的价格必须比经销公司给你的价格略高一些。我朋友大惑不解，问他们为什么。日本公司回答说：如果我们把产品以低于经销公司的价格卖给你的话，我们就破坏了与经销公司的关系，损害了经销公司的利益，这在日本是绝对不能做的事情。

我的朋友到最后还是无法理解日本厂家的这一做法，他觉得，中国好多的企业都绕过经销商直接通过网络或者其他特殊渠道销售给客户。日本厂家为什么这么死板呢？我给他讲了这么一个道理。我说日本社会所有的经济活动都有严格的社会分工，生产的管生产，流通的管流通，销售的管销售，配送的管配送，每个环节各司其职，又环环相扣，因此能够保证整个社会有序运转。你去进货的这家工厂，它的商品一定是与经销商签约，委托经销商销售。如果他以出厂价把产品销售给你,那就破坏了他与经销商的信赖关系,也许它从你的生意中赚了一笔钱,但是它将会失去最可靠的销售渠道,因小而失大。如果它给予你的价格不比经销商高,那么客户都跑到厂家来,经销商会没有饭吃,等于破坏了商业的规则。因此,虽然日本的许多厂家明明知道直销有利可图,但是他们认为维护整个商业的规则比自己单独获利更为重要。除非你是小企业,没有固定的经销商,你可以自己开网店直接销售。即使是大企业开网店直接销售的话,它在网上销售的价格也绝对会比经销商的批发价高。

这就是日本企业的商业道德,也是职业道德的最高体现。

那么在日本,如果你不遵守职业道德,会是怎样的结局呢?我来举两个例子。

京都有一家十分高级的日本料理店,叫船场吉兆。这家饭店创始于1930年,但是在2008年被人发现伪造食品的产地,也就是说,跟客人说这个牛肉是神户牛肉,其实是日本别的地方的牛肉。同时还把客人没吃的烤鱼回收后加工,再端给别的客人吃。就这些看起来不大不小的事情,被员工告发后,引起社会舆论的哗然,人们万万没有想到,自己如此信赖的一家名店,居然会做出如此丧失职业道德的事情来。结果,这家有70多年历史的著名老店因此破产,因为没有人再愿意上他们家去吃饭。

日本有一家专业生产汽车安全设备的公司TAKATA,汉字写作高田,这也

是一家有着 70 多年历史的老企业，创业于 1933 年。高田公司以生产安全气囊出名，全日本所有的汽车制造商无论是丰田还是日产，都使用该公司生产的安全气囊。因此高田公司也迅速成长为全球最大的汽车安全设备制造商，在北美、欧洲和亚洲各地开设了许多的生产基地。但是从 1999 年开始，不断有安全气囊产品质量出问题的报告。高田公司一年生产几千万只安全气囊，对于其中的几只出现质量问题，高田公司没有引起重视，更没有做出认真的回应。终于在 2013 年，美国的一位司机驾驶汽车遭遇车祸，安全气囊弹了出来，但是因为气囊上有一个破洞，结果气囊没有鼓起，导致这位司机的死亡和诉讼案的发生。最后日本和美国的许多汽车制造商纷纷中止采用高田公司生产的安全气囊，导致该公司经营陷入困境，负债总额达到 17000 亿日元（约 1065 亿元人民币）。6 月 26 日，高田公司向东京地方法院提出了破产申请，成为日本战后最大的一起制造业的破产案。而浙江宁波均胜电子公司通过美国的子公司，以大约 110 亿元人民币的价格间接收购了高田公司。

  我想，如果高田公司在发现安全气囊出现质量问题时能够立即做出回应，而不是隐瞒，如果早早地对所有的产品实行召回检查的话，就不至于陷入破产的境地。职业道德看起来是一件道德上的事，但是有时候违背了，却会成为致命伤。高田公司破产的最大原因，就在于此。

11. 日本的便利店到底有多便利

我去日本佐贺县采访。经过一个山村时，车出了故障，刚好村里有一家民宿，于是决定住下来。这个小山村位于一个山坳中，只有30多户人家，以种植稻米和水果为生。小山村有多偏僻？当地的村民告诉我，从佐贺县政府所在的佐贺市开车，沿着盘山公路需要开一个半小时车才能到这个世外桃源般的村落。

我很好奇，这个小山村的村民是如何生活的？比如要买一些生活日用品，寄一个包裹，或者上银行取钱，得跑多远？民宿的老板娘告诉我，村里有一家便利店，那里什么都有。我跑去一看，从牛奶、水果到卫生纸、洗涤剂，从邮局信箱到银行ATM机，确实是应有尽有。我发现，这家小小的24小时便利店，便是整个村的生活与文化中心。

便利店这种零售业态，并不是日本人的发明，最终起源于美国。

20世纪60年代后期，日本经济进入了高速发展时期，GDP的增长率都保持在10%以上。钱多了，消费需求就迅速高涨，一般人不再满足于老街小巷的蔬菜摊和杂货店，寻求综合的商业中心，于是超市这一业态从美国引进到了日本。当时做的最大的超市，就是八佰伴，这家超市在上海浦东有一家合资企业，叫上海第一八佰伴。日本的超市经过10年的发展，已经进入繁荣期。但是也带来了一个很大的问题，那就是一些蔬菜摊和杂货店开始跟着倒霉，很少有人去光顾。

20世纪70年代，日本刚刚进入汽车时代，能够买车的人依然很少。因此，一些老年人或者刚刚参加工作的年轻人，因为超市大多偏远，很希望有一种迷你型的超市可以开在车站附近或者居民区，便于大家就近购物。于是，日本的商界人士再跑到美国去考察，终于发现了便利店这种新的业态。于是在1973年，当时担任伊藤洋华堂公司董事的铃木敏文先生与美国南方公司签订7-eleven加盟协议,随后在东京开出了第一家便利店,取名为"7-11",意思是早上7点钟开门,晚上11点钟关门。

便利店被引进日本之后,这种业态迅速获得了上班族尤其是单身白领的喜爱,便利店开始从城市逐渐走向农村,并不断地被加入新的服务内容,逐渐成为一个融合商业、银行、邮政、快递等服务内容的生活中心,并且营业时间也从16个小时变成了24小时且全年无休的便利店。

日本人把便利店称作"コンビニ",这是从英语中音译过来的。如今,日本全国有6万多家这样的"コンビニ",遍布城乡的各个角落。其中以7-eleven(7-11)、Lawson(罗森)和FamilyMart(全家)三家为代表。在城市里,你步行10分钟肯定能找到一家便利店。

便利店的面积通常为100平方米左右,商品一般有3000种左右,主要为零食、饮料酒水、蔬菜瓜果、文具类、杂志类、日用生活品、生活小电器、内衣内裤等。比如下雨天在这里能买到雨伞,上班族需要的化妆品、衬衫、丝袜等商品也一应俱全,还有常用的应急药品等,基本上日常生活中需要的东西都能够在这里很方便地找到。

在日本的便利店消费,可以说是一种享受。便利店的第一个特点是自动门,客人进入店里的时候就会有提示音,同时几乎所有店员都会很热情地说"欢迎光临"。便利店的第二个特点是空调开得很足,而且灯光分外明亮。便利店的第三个特点是站着浏览杂志没人赶你,一直等到你自己都感觉到不好意思为止。"站读文化"是日本便利店特有的一道风景线。

不让客人等待,是便利店服务的一大原则。所以,一旦客人排队,其他店员会立即跑到其他的收银台,一边向客人致歉,一边给客人结账。结账时,先问客户是否拥有会员卡,是否需要使用积分;购买便当或者饭团类的,一定会问"是不是需要加热,是否需要筷子和勺子?""饮料类是否需要吸管"等;虽然日本是一个环保大国,但是所有的便利店都免费给客人提供塑料袋。冷、热食品绝对是分两个塑料袋,食品与生活日用品也绝对不会放在一个袋子里。最后客人离开时,店员都会说"感谢您的光临"。

每家小小的便利店几乎都体现着日本商业服务的两个特点。首先,拥有一套严格完整的营业标准,规定有明确的规章流程,有的人会认为这是日本人的死板,但正是这种对制度的精细设计与严格执行,才使得日本服务业在世界位居一流。其次,是站在客户角度,全面考虑客户需求。"客户就是上帝"在日本的便利店里得到很好的体现。

《日本经济新闻》曾经做过一个调查:"你为什么喜爱便利店?"第一,有70%的人是赞赏它的营业时间,"无论是深夜还是早晨永远营业"。第二,是可以解决日常生活中的一切所需。

那么,我们在日本的便利店,到底能享受到什么样的便利服务?一位在日本的中国文友喵喵总结了日本便利店的诸多便利,总结得很有意思。早晨起床晚了,来不及做早餐,怎么办?去便利店!那里会有粥、寿司、饭团、包子、豆浆等各式热乎乎的早餐供应。绝对能安抚你躁动的胃,让你精力充沛一整天!

水电费没有缴,去便利店!那里有贴心周到的代缴水电费等费用的服务,绝对能够第一时间为你排忧解难!

吃完早餐准备前往客户那里,突然发现要用的资料还没有打印,去便利店!那里有彩色复印机,还有传真机!

从客户公司出来，喉咙干燥，怎么办？去便利店！那里有饮料、果汁、水果、现磨咖啡一应俱全，总有一款能够满足你！

突然想上卫生间，怎么办？去便利店！便利店里的卫生间即使你不买东西也可以自由免费的使用，而且绝对干净无异味！

到了午餐时间，不知吃什么？去便利店！这里有各式便当、关东煮、三明治、蛋糕点心、沙拉、水果、饭团、炸鸡……随时加热，总有一款是你所爱。吃完再配上杯果汁、咖啡、奶茶，这种幸福感只有吃货最能体会！

想看电影还没来得及买票，去便利店！在那里，只要电影还在上映，座位还有空缺，你绝对可以买到自己心心念念的电影票！对了，不少便利店里还可以买飞机票和新干线票，还有彩票。

脚后跟磨破了皮，疼痛难忍，怎么办？去便利店！那里有创可贴等很多常用药品，能够第一时间减轻你的痛苦，让你很快恢复到最佳状态！

想取现金，附近又没有银行，怎么办？去便利店！那里有银行的 ATM 机，而且所有银行通用，还可以 24 小时汇款。

想了解最新的时尚杂志，去便利店！那里的杂志专区罗列着各种各样的时尚杂志，绝对正版！就连在国内的正规店绝不可能出现的色迷迷的杂志，到了日本，也成了几乎所有便利店的标配商品。

想给亲朋好友寄快递，去便利店！除了毒品和武器，什么都可以寄。

衣服脏了要洗，怎么办？去便利店！洗衣店的服务不是 24 小时制的，而便利店的服务是 24 小时。你只要填写一张单子，过几天，就能拿到香喷喷洗干净的衣服，而且什么时候都可以去取。

可以说，日本便利店把"便利"做到了极致。一个便利店基本上就可以搞定你日常中的所有需求。

现在日本的便利店越来越多，市场竞争也越来越激烈。不少公司开始将普通便利店往主题便利店发展。在横滨山下公园，有一家名字叫"Happy 罗森"的罗森便利店，店铺一分为二，前半部分是商品区，有大量的儿童书、玩具和婴儿食品可供选择，后一半则是儿童游乐区和用餐区，让便利店成为"亲子乐园"。

另一家位于东京的罗森便利店则主打健康理念，一进门就是合作农场的蔬菜，有专门的货柜卖营养便当，每个月都会推出新的健康食品。此外，店内的脂肪测量仪，任何人都可以免费使用。店内还设有很大的药柜，配备有药剂师。对于我们中国游客来说，日本便利店里还有几项服务可得记住：如果你在日本急需现金，你可以去24小时便利店的ATM机，那里可以用银联卡取日元现金，有中文显示，一般一次可以取5万日元，一天最多可以取不超过相当于1万元人民币的日元，大概15万日元没有问题。另外，如果你急于想找一家可以蹭网的地方，也可以去便利店，日本三大品牌的便利店，都提供免费上网服务。另外，罗森便利店里可以使用支付宝。

12. "汉方药"（中药）为何会风靡日本

这几年，日本的药妆店被我们许多中国人所熟悉。药妆店是日本的一种特殊的零售业业态，它既不属于化妆品店，也不属于药店，而是化妆品、药品和洗衣粉酱油等日用生活品混杂在一起的大杂货店，所以，有了药妆店这一名称。

其实药妆店这一名称最早是中国台湾游客取的。日本人自己没有这么一个说法，日本人把这种药妆店的业态称为"ドラッグストア"，是从英语 DrugStore 中翻译过来的。据说早年在欧美，这种药妆店比较流行。

我们中国游客去日本扫货，最爱去的地方就是药妆店，可以说，你生活中所需要的各种东西，在那里是应有尽有。而日本人最感到惊讶的是，中国人在这种药妆店里买得最多的商品，居然是汉方药，也就是中国传到日本的中药。为什么来自老祖宗国家的人会如此喜欢日本的汉方药？我们有必要来揭开日本汉方药的神秘面纱。

日本这个国家，早先是没有用草来治病的概念。生了病就往温泉里泡，所以日本自古到今有一种特殊的医疗文化——汤治，汤就是温泉。根据身体的不同病情去泡各种不同矿物质的温泉，以此来达到治病的效果。所以，大家就可以理解，日本人为啥那么爱泡温泉。

到了隋唐时期，日本开始向中国派遣遣隋使和遣唐使。这些日本大使和和尚们到达长安，看到中国那些黑乎乎的药丸，感觉十分惊奇，没有想到大唐人居然把不同的草和树皮放在一起熬汤就可以治病，而且疗效十分明显。这些日本大使和和尚们拼命想学，但是怎么也搞不懂这种草和那种草放在一起可以治什么病的道理。大唐的皇帝对于朝贡国总是十分慷慨，在日本大使回国的时候，送给他不少宫廷药局特制的药丸。而日本大使回国后，就把大唐的这种神奇的药丸拿出来献给天皇。于是日本的皇室里保存了不少中国古代的药丸。2016年我在奈良市的皇家仓库——正仓院的展览中，看到了几颗唐朝的大药丸，感动得忍不住落泪，我们中国古代的医学实在是太伟大了。

日本人虽然在中国难以学到完整的中医治疗的知识，但是他们在回国时把当时中国最重要的两本中医书籍背回了日本，一本是《伤寒杂病论》，另一本是《金匮要略》。这两本书都是东汉时期中国伟大的医学家张仲景所写。《伤寒杂病论》共有10卷，记述了112个药方，而《金匮要略》是一部论述杂病诊治的书。这两本书都是用古汉语写的，日本那时候几乎都是读汉书和写汉字，所以，对于他们来说，要看懂这两本医药著作，并不是一件很难的事。

也许是日本天皇没有那种长生不老的道教思想，因此不迷信炼丹制药。同时日本的郎中们没有中国老师的指点，自个儿研究中药，药效不明显。因此，虽然中药传入了日本，但是很长一段时间，中药并没有在日本得到广泛的传播。

一直到中国的明清时期（日本叫江户时代），日本才形成了汉方医学。这种汉方医学在基本概念、诊疗方法等很多方面，与中国的中医学呈现出较大的不同，已变成了日本独有的传统医学。

但是进入明治维新时代，由于日本打开国门全盘西化，因此西方的医学开始进入日本，尤其是使用器械动手术的治疗方法，让日本人大开眼界，觉得西方医学比汉方医学先进，疗效明显。因此，在明治时期，日本的汉方药走向了低谷。

到了昭和时代，尤其是日本投降之后，一些从中国回来的日本兵和商人们带来了中国的中药，而且调理身体的效果十分明显，因此中药（也就是日本的汉方药）再度引起人们的追捧，于是在日本市场，汉方药出现了复兴。

对于日本汉方药制造商们来说，1967年是一个特别纪念的日子。在当时日本医学界有识之士的努力之下，日本国会通过议案，将汉方药中的中药材正式列为医保对象。1976年，复方颗粒剂也开始成为医保药品，并免除了新药注册认证的临床试验环节，正式拉开了汉方药在日本的复兴大幕。目前，进入医保目录的复方颗粒剂共有148个品种，明确了成分规格和功能效用的OTC汉方制剂共有236个品种，同时汉方医学也成为日本所有医学院的必修科目。

因此，在日本的医院里，西医开中药方是十分正常的事，因为日本没有像中国中医院那样的专门的汉方药医院。所以，从某种意义上来说，日本已经实现了中西医结合，而且深入日本民众的日常生活之中。动完癌症手术的患者采用汉方药辅助治疗的案例也越来越多。因为日本人相信，汉方药更有利于调养身体，平衡健康。

　　汉方药之所以能够风靡日本，除了从中国学习了中医的根本之外，也借助了日本自身的研发和先进的制造加工技术。更重要的是，汉方药的那种特殊的温和疗效，让西医盛行的日本，感悟到一种神奇。

　　据悉，中国的中药厂有1500多家，那么，日本做汉方药的药厂有多少家？全盛期有40家左右，目前只有19家。除了领头羊企业——津村是上市公司以外，其余大都是中小企业。虽然日本的汉方药生产企业数量少，但是出口很多。有一种说法：日本的汉方药已经占据了国际中成药市场的70%的份额。这一数据是否正确，我无法做出判断。但是，"日本卖中成药，中国卖中药材的格局"如果不改变的话，中国这一中药老祖宗被日本超越的日子，或许近在眼前。

13. 到日本旅游买哪些汉方药好

日本的汉方药与中国的中药在使用上有一个很大的区别，这个区别在于，中国的中药基本上还是采用传统的熬汤的做法，而日本市场上看不到熬汤，几乎所有的汉方药都是颗粒剂。这种颗粒剂中药便于携带和出口，因此日本的汉方药在国际市场占有率很高。有一个说法是日本的汉方药已经占据了国际中成药市场的70%，我不知道这一数据是从哪里来的，也许没有这么高，但是有一个现象值得我们关注：日本出口到海外的汉方药，基本上是加工生产完成后的颗粒剂成品或饮片，而中国目前出口海外的大多数是中药材，也就是原材料出口海外。所以，中国应该大力发展传统的中医，改善和改进中成药的加工工艺，不能靠出口中药材赚取低廉的利润。

我觉得，日本许多汉方药是引进了中国中药的处方，比如像"救心丸"，它一年的出口就达到了1亿美元。其实，这个"救心丸"的原型就是中国的"六神丸"。2017年我去济南参加山东中药材协会成立大会，在大会上做了一个演讲，谈中日两国中成药的比较，我就举了救心丸与六神丸的例子。同样的一个配方，同样的大小，中国的六神丸的说明书上写着：一次服用10粒。而日本救心丸的说明书上写着：一次服用2粒，一天不得超过6粒。为什么日本的救心丸只服用2粒就够了，而中国的六神丸需要10粒呢？一位日本汉方药生产企业的社长告诉我两个最根本的原因：一是中药材的品质与药效的不同，二是中药材成分提炼技术的差异。

日本厂家虽少，但是汉方药市场竞争十分激烈，比如规模最大的汉方药制造商的津村公司（**ツムラ**），它的中成药规定一次服用4粒，而日本另一家公司的同类药一次只需要服用2粒。那么，津村公司的药品就没人要了。因为你的汉方药的价格事实上比同行公司高出了一倍。

因此,如何保证中药材的高品质高药效,成了当今日本各汉方药制造企业最为注重的课题。

值得一提的是,以前,日本汉方药的药材原料的 80% 是从中国进口的。2016 年,这一比例已经下降到 68%。日本汉方协会称,中国中药材进口量下降的原因主要有两点:一是中国中药材价格飙升,5 年间翻了一番;二是中药材质量出现下降,许多名贵的中药材采用短平快的农田大面积种植手法,使得药效品质下降严重。

津村公司有一句口号,叫作"质量不是检验出来的,而是设计出来的"。为了保证中国中药材的质量与数量,津村公司在中国各地签约了 150 多家药材公司以及约 10 万多户药材种植和采集的生产农户。但是从 2013 年开始,津村公司在北海道、九州地区开始建立日本国内的生产基地,种植甘草、人参、当归等十多种药材,未来 10 年,种植面积将达到 1000 公顷。单是在北海道种植人参,津村公司计划在 2021 年的栽培量达到 2000 吨。

国立京都工艺纤维大学则从养蚕技术中培植出了人工冬虫夏草,据悉,药效不逊于中国西藏高原野生的冬虫夏草。上述迹象表明,日本汉方药公司正在大力减轻对中国市场的依赖度,自我寻求更高品质更安全的中药材。

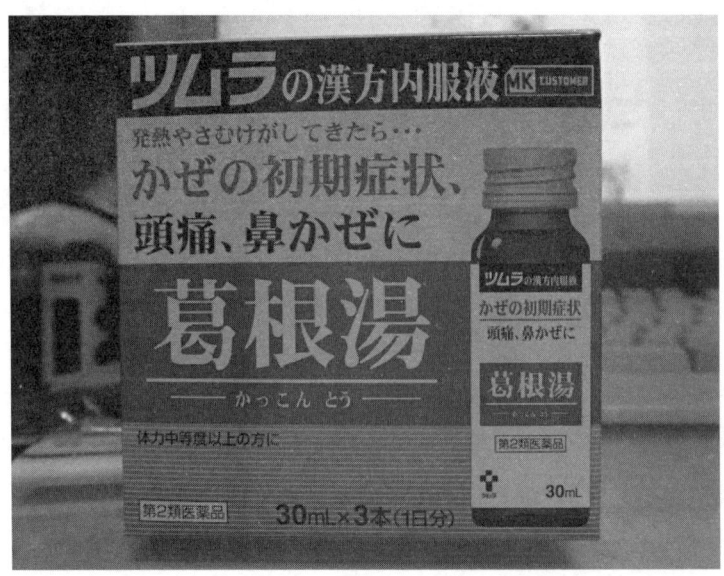

那么，当我们来到日本，走进药妆店，哪些汉方药值得一买呢？我向大家推荐几种。

一是救心丸。如果家有老人，或者经常熬夜、出差，或者喜欢登山、打球等户外运动，买一瓶救心丸送给老人，也可以自己放在常用的包里，心脏不舒服时急用。

二是胃药。有肠胃病或者便秘的人，至少有 10 种汉方药可供选择。

三是更年期调理药。如果家里有更年期的妈妈或者太太，日本有不少专门调理女性更年期的汉方药也值得关注。

四是感冒药。一是疗效好，二是吃了不打瞌睡，照样可以开车开会。

五是醒酒护肝的药。经常喝酒的朋友们注意，日本有一种醒酒护肝的汉方药，叫"**ウコン**"，汉字写作"郁金"，"郁金"以冲绳出产的最有名。大家去冲绳旅游的话，不妨买一点。

此外，有咽喉炎的朋友，可以买一些"龙骨散"。有小肚子的朋友可以买一些"通圣散"之类的去脂肪的健康食品。

汉方药的包装上有许多汉字，大家去药妆店，可以自己好好看。像东京的不少药妆店里都有许多中国店员，可以直接咨询，防止买错。

14. 日本 GPS 精准到 6 厘米能干啥

日本在 2017 年 6 月发射了一颗准天顶卫星，叫"引路 2 号卫星"。这颗卫星有什么用途？是日本版 GPS 的定位卫星，日本准备发射 4 颗，以此构建日本独自的 GPS 定位系统。

日本迄今为止采用的是美国的 GPS 定位系统，但是日本发现，美国的定位系统误差很大，大到多少？居然有 10 米之差。同时，美国的定位系统是全球系统，无法保证 24 小时悬挂在日本上空，因此许多时候的定位信号是斜面信号，受到高楼或高山阻挡后，事实上许多地方根本就接收不到定位信号。

日本在 2020 年就要承办东京奥运会，这是自 1964 年以来日本相隔半个世纪再次承办这一体育盛事，国运当头，举国上下都感到振奋。日本政府和经济界更是期望把这次奥运会办成展示日本工业实力的"科技奥运"，因此已经决定，往返于比赛场馆和选手村的所有巴士和轿车、出租车，都要实行自动驾驶。于是，问题出来了，美国的 GPS 定位系统，根本满足不了日本自动驾驶汽车的安全运营。

其实，建立独自的日本版 GPS 系统是日本政府多年来的夙愿。而这个夙愿，曾经有一个误区，那就是将日本政府的军事卫星侦察系统与日本版 GPS 定位系统实行混合开发运营。但是后来发现，这根本就不可能！因此日本政府从 2013 年开始实施分割，政府负责军事侦察卫星系统的构建，政府与企业合作开发 GPS 定位系统。

2017 年 6 月 1 日，"引路 2 号卫星"从鹿儿岛县种子岛宇宙中心由 H2A 火箭发射升空。2 号机与先前发射的 1 号机一样，将长期停留在日本上空，高度在 3.3 万公里至 3.9 万公里之间的"准天顶"轨道上飞行。但是我们注意到，日本版的 GPS 定位系统并非全球定位系统，4 颗卫星只在日本至澳大利亚之间的上空呈"8"字形绕飞。这就意味着日本版 GPS 定位系统至少从目前来看是属于地域性很强的定位系统，或者说是日本列岛专用的定位系统。

日本政府还在 2017 年发射 3 号、4 号卫星，最终构建成 4 颗卫星定位系统，以保证日本上空 24 小时有垂直信号的定位卫星飞行，定位误差也将从目前的 10 米降至 1 米以下，若使用带有特殊接收功能的设备，其误差最小将达到 6 厘米甚至实现零误差。

那么，日本研发如此高精度的定位系统，准备干什么用？我们自然会想到自卫队的军用，这是毫无疑问的。但是，由于日本的这套 GPS 定位系统没有覆盖中国和亚洲地区，因此，扩张性的军事目的相对较弱，民用新产业的支撑目的则比较凸显。

日本丰田、本田、日产等汽车公司已经研发出全自动驾驶汽车，并开始预约销售。日本高精度的 GPS 定位系统的诞生，保证了在山间和高楼林立地区也能得到高精度定位，将为日本社会普及全自动驾驶汽车提供最根本的技术保障。

日本农机制造商利用这套 GPS 定位系统，开始研发全自动插秧机、耕种机和收割机等农机，以此进一步解放农村劳动力，实现农业的自动化生产。

由于日本版 GPS 的定位系统的误差只有几厘米，对于任何的移动物体和障碍物都可以做出最为精确的定位，因此日本的医疗公司开始研发供盲人使用的有声引路装置，给予盲人最精确的指路。同时，也能够准确测定孩子和老人的所在位置。

日本虽然开发出了精准的 GPS 定位系统，但是首相官邸很担心一件事情的发生，那就是日本版 GDP 定位系统遭黑客绑架，尤其是遭外国军事部门控制的话，一打一个准。因此，如何在 GPS 中建立一个加密系统，成了日本政府目前最渴望突破的难题。

15. 日本清酒中哪些品牌最有名

2017年，中央电视台热播了一部电视连续剧《女儿红》，讲的是绍兴黄酒"女儿红"的故事。5月26日，生产"女儿红"黄酒的著名酿酒企业"古越龙山"举行上市20周年的庆典，董事长傅建伟先生是我的好朋友，他邀请我在庆典上讲一讲日本人是如何用工匠精神酿造清酒的。于是我在600多名与会者面前讲述了日本清酒的故事。

清酒是日本的国酒，跟中国的黄酒一样，酿造工艺也十分相近，原料都是大米。清酒与黄酒有很深的因缘，因为日本的酿酒文化是从中国传过去的。

两千年前，江浙一带的大米种植技术和以大米为原料的酿酒技术传到了日本。到了三国时代，日本人对于酒的嗜好已经到了疯狂的程度，《三国史》的《倭人传》中这样描写日本人，叫"嗜酒如命"。

但是古时候，日本只有"浊酒"，没有清酒。后来有人在浊酒中加入木炭，使其沉淀，取其清澈的酒液饮用，于是便有了"清酒"的名称。当然现代的日本清酒酿造工艺，已经不需要木炭了。

公元7世纪中叶之后，朝鲜古国百济与中国常有来往，并成为中国文化传入日本的桥梁。因此，中国用"曲种"酿酒的技术就由百济人传播到日本，使日本的酿酒业得到了很大的进步和发展。到了公元14世纪，日本的酿酒技术已经十分成熟，人们用传统的清酒酿造法生产出质量上乘的产品。这就是闻名的"僧侣酒"，其中尤以奈良地区所产最负盛名。后来，"僧侣酒"遭到荒废，酿酒中心从古都奈良转移到了以伊丹、神户、西宫为主的日本关西地区，这一地区就是著名的"滩五乡"。滩五乡从明治后期至今一直保留着"日本第一酒乡"的地位。

自19世纪后半叶的日本明治维新运动之后，日本清酒的质量逐渐下降，尤其是在第二次世界大战期间，日本酒商往清酒中兑入大量的食用酒精，以增加酿酒量，牟取暴利，使清酒所具有的独特风味黯然失色。因此，日本老年人称这种低劣的清酒为"乱世之酒"，赞誉原来纯正的日本清酒为"太平之酒"。由于清酒酿造业受到历史上"乱世"的影响，给日本消费者留下了不良的印象，加上新一代日本人崇尚饮用啤酒和烈性酒，所以清酒的销售量逐年下降。今天，日本清酒的质量虽然已恢复其原来的水平，并且利用现代酿造技术和设备不断提高产品质量，但其产品仅占日本酒类市场销售量的15%。

日本全国有大小清酒酿造厂4000余家，其中著名的厂商为：神户的菊正宗、京都的月桂冠、伊丹的白雪、神户的白鹤、西宫的日本盛和大关等。

这些著名的清酒厂大多集中在关西的神户和京都附近。其中神户与西宫号称日本的第一酒乡，世称"滩五乡"。每年出货量占据日本全国清酒产量的三成左右。排在"滩五乡"之后的便是京都的伏见区。

但是，目前在日本市场上被认为是最高档的日本清酒，却不是关西地区出产的酒，而是日本东北地区出产的酒。比如"久保田""八海山"这两大著名品牌，为什么东北地区出产的清酒受欢迎呢？原因有两点：一是米好。东北地区盛产稻米，像日本的两大稻米名品"越光"和"秋田小町"都出产于东北地区的新潟县和秋田县。米好，做酒的材料就好。二是水好。东北地区雪山连绵，冬季雪厚四五米，地下水都是雪山水，因此水是特别的甘冽。所以，日本人心目中高级清酒，就会推崇东北地区新潟县酿造的久保田和八海山清酒。

但是最近几年，还有一款清酒开始受到日本人的追捧，那就是山口县出产的清酒"獭祭"，这款酒的名称有点怪，酒厂所在的村落只有600人。但是，"獭祭"这款酒现在是相当出名，甚至已经超过了久保田和八海山，原因是日本首相安倍曾经将这款酒送给美国总统奥巴马作为生日礼物，也曾经送给过俄罗斯总统普京。安倍为何要送这款酒，因为安倍是山口县人，这酒是他家乡的酒。所以为家乡做了一个很大的广告。

日本清酒虽然借鉴了中国黄酒的酿造方法，但却有别于中国的黄酒。清酒的酒色基本属于无色，清亮透明，芳香宜人，口味纯正，酒精含量在15%以上，含多种氨基酸、维生素，是营养丰富的饮料酒。清酒的口味有甜口和辣口之分，消费者根据自己的口味可以选择不同的清酒。

日本的清酒与中国的黄酒，使用同样的材料和工艺，为什么日本酿造出来的是无色的清酒，而中国酿出来的是黄颜色的酒呢？我就这一问题请教了绍兴古越龙山集团董事长、享受国务院特殊津贴的酿酒大师——傅建伟先生。

傅先生对我说，黄酒属于谷物酒，谷物发酵后的酒，就会呈现微黄色，并随着年份久远而越来越深。而且黄酒中加了少许炒焦的麦芽糖，于是就成了琥珀色。而日本清酒的制作工艺十分考究。精选的大米要经过几次的磨皮，使大米变成精白，然后蒸熟发酵过滤，加上纯净的地下水，因此，日本清酒的颜色就变成无色透明的。

另外，绍兴酒使用的是鉴湖的水，鉴湖水含有20多种特殊的矿物质和有益的微量元素，能够使得绍兴酒保存几十年。但是日本清酒使用的是日本特有的软水，无法长期保存。我们在日本，常常会看到日本男人夜里喝醉酒躺在马路边或者火车站，为什么日本人会做出如此不雅的动作，很大一个原因是因为清酒具有很大的后劲。清酒的酒精度只有15度，跟绍兴的黄酒的度数一样，但是它的后劲要比黄酒来得大。所以我们一般不熟悉清酒酒劲的人，到了日本，觉得这清酒爽口，度数也不高，于是就一杯一杯地干，干到最后就稀里糊涂地醉倒了。所以，喝清酒不能贪杯。

米酒是中日两国共同的传统产业，只不过，日本酿造的是清酒，而我们中国酿造的是黄酒。日本超过百年历史的企业有3万多家，其中最多的是酒厂和温泉旅馆。全国4000余家日本酒厂中，历史最为悠久的是位于茨城县的"须藤本家"，创业于公元1141年，那一年，是中国南宋时期，岳飞被杀的前一年。

这一家酒厂已经代代相传了876年。

日本清酒的保质期很短，一般只有3年，越早喝，味道越好，与我们的绍兴酒正好相反。生命如此短暂的清酒为何会诞生这么多百年老店呢？根本的原因在于两点。

第一是日本人精益求精的工匠精神。日本人对于酿酒的苛求到了何种程度？"须藤本家"酿酒有五个字，叫"酒米土水木"。"酒米土水"我们可以理解，木为何对于酿酒有如此重要，而且必须是树冠高大的榉木呢？最大的目的是让大树遮荫遮阳，控制酒厂周边的温度，而且榉木树皮和树叶都可入药，不生虫子。所以，须藤本家酒厂就是处于一片树林中。

第二是家族传承。家族传承，不仅仅是传承财产权，更重要的是传承酿造的工艺和独有的技术，甚至酿造秘密。所以，日本一般的酒厂几乎都是家族经营，因为是家族财产，所以才会精心守护，让其代代相传。

什么菜配什么酒。到了日本吃日本料理，最适合的还是喝日本的清酒，到了冬天，稍微烫一烫，那股酒香十分诱人。但是由于日本的年青一代也出现了远离传统清酒的现象，大多喜欢喝啤酒和果酒，因此，日本清酒的产量出现了下滑。但是，日本的一些酒厂在近几年不断开发出适合年轻女性饮用的发泡清酒，酒精度数只有6度，十分爽口。有的还开发出水果味清酒，以吸引更多的年轻人来喝这种时尚清酒。不是故步自封，一味地去苛求传统，而是去寻求更多的创新，让传统的酿酒业与当今年青一代的时尚追求有机地结合在一起，来维持日本国酒的生命。

16. 日本企业为何不愿意卖给中国人

最近一年，我一直在帮一家中国企业收购日本的一家公司。这家日本公司是一家小小的汽车零配件企业，员工只有20多人，但是他们是一家已经有60多年历史的老厂，一直为丰田和日产汽车公司做配套产品。这家公司的老板今年70多岁，是从他的父亲手里接手了这家工厂，因为只生了两个女儿，女儿和女婿都不愿意继承这家企业，自己也干不动了，于是他准备出手。老先生是我们《中国经济新闻》的读者，平时跟我联系也比较多，他说《中国经济新闻》有这么多读者企业，能否帮他做一个推荐。我说好啊。结果广告登出去没啥反应。于是，我介绍一家中国企业给他。结果双方见了一面，他告诉我一句话：我的工厂不会卖给中国人。这弄得我很尴尬。

2016年，长江商学院的一个总裁班访问日本，邀请我讲一讲日本经济的现状和发展前景。这个总裁班的学员都是中国各行业的民营企业家，他们向我反映了一个问题，那就是他们与日本企业谈技术合作谈兼并时，对方总是支支吾吾。我们愿意出高价钱甚至提供十分优惠的条件，对方最终总是一拖再拖，拖到最后没有了声音。这些中国企业家问：这是为什么？

我给他们解了这个惑。基本原因有三个：一是中日两国企业文化的差异使得双方不在一条感情线上寻求合作；二是中国企业家财大气粗，那种不在乎钱的收购兼并，吓到了日本企业主，三是过去几年，中国个别企业抄袭或者复制日本技术产品的现象较为严重，使得日本企业对于中国企业有一种本能的警惕感。

所以，没有信赖关系的企业兼并，在日本是难以达成的。不像在百货公司买东西，只认钱。而购买技术与企业，不是认钱，而是认人。

我认识的这家日本汽车零部件制造企业，位于名古屋市，名古屋有日本最大的汽车制造工厂——丰田汽车公司总部，因此，在名古屋和名古屋附近的地区，有一大批汽车零部件制造企业。而我认识的这家企业的老板平泽，最近患了病，一直在住院。最终因为在日本没人接手，我就把这家企业的情况介绍给了我们中国国内的朋友们，大家都很感兴趣。马上就有一家浙江企业想买。于是，我跟平泽社长说，中国朋友愿意来购买。他犹豫了好久，说不妨见个面。于是我就带了中国这家企业到名古屋直接拜会了平泽社长。

双方见面的时候还比较客气，但是交谈了半小时以后，平泽社长就悄悄地跟我说，他不喜欢这位中国企业家，我问他为什么不喜欢。他说，这个人到我们公司来，居然穿了一件T恤衫，说话的口气不是很认真地看着你，有时候还看天花板，还不时地瞄手机，这样的企业家，太不靠谱。我宁可让公司破产，也不会卖给他。

两人之间有这么一段对话：

平泽社长："你为什么要买我的企业？"

浙江董事长："我看中你的技术与品牌。"

平泽社长："你买下后准备怎样经营？"

浙江董事长："由于日本的劳动成本高，所以，名古屋工厂今后以研发为主，生产放到我们浙江的工厂里。"

平泽社长说："你的意思是说，会缩小名古屋工厂的规模，把生产都放到中国去做？这样的话，就是要裁减我的员工？"

浙江董事长："我们如果买下贵公司的话，我们自然会对工厂进行各方面的调整。"

平泽社长最后说："我的企业不是百货公司，你有钱就可以买到一切。我们的企业已经有60多年的历史，是我和父亲两代人的心血。许多的员工也是两代人跟着我们，如果中国的企业家买下工厂后，不能厚待我的公司，不能厚待我的员工，不尊重我们的品牌，我是绝对不会卖给你们的。"

中国的这位董事长对于平泽社长的态度十分不理解。他觉得，你自己年纪大了，撑不了这家企业。我出了高价来收购，你还觉得不合算，我是帮你解围，你居然还不肯卖，真的难以理解。

这桩中日企业兼并案，最终没有成功。

我觉得这里面有很大的两国文化的差异，自己的企业辛辛苦苦经营了这么多年，日本人把工厂当成自己的孩子，所以即使他养不活这个孩子，也希望有个好东家能够接手这个孩子，能够把这孩子养得比自己养得更好。只要新东家能够保证这一点，收购价便宜一点儿也无所谓。所以，第一，你要善待我的企业，能够在现有基础上进行提升、扩大，而不是将它缩小，维护好品牌和企业信誉，因为不管怎么样，它身上有我们的血脉和感情；第二，你要保证我的所有员工继续在工厂里工作。因为日本的中小企业大多数是家族企业，往往有一个家的感觉，员工大多数是一辈子跟着经营者，所以保护员工、保护员工的家属有饭吃，是中小企业经营者的一个天命。

而中国的企业家普遍认为，我买下你的企业，这孩子就是属于我了，原来的父母不应该再出现，更不允许干涉企业的经营。我想怎么干，如何经营，是我自己的责任，老东家你不能再指手画脚。

所以，日本人不放心，中国人嫌啰唆，往往就难以在一条感情线上牵手同行，结果就是分手。

所以，中日两国的企业兼并和技术合作喊了好几年，大家做了许多的努力，但是真正成功的案例却很少。

有朋友一定也会说，美的不是收购了东芝的白色家电了吗？联想不是收购了NEC的电脑了吗？还有海尔在以前也收购了三洋的电冰箱和洗衣机，这些收购不是很成功吗？

确实，这三起收购案是中日两国之间相对来说比较成功的案例，但是这三起收购案成功的背后，是因为中日相关企业都有着十多年甚至二十多年的交往与友谊，也就是有长期信赖合作的关系。

美的从十多年前开始，就已经为东芝家电商品做代加工。美的的家电产品制造接受了东芝公司的技术支援与指导。NEC是日本最终研制生产电脑的企业，20世纪80年代时，中国开始流行四通打印机，当时的技术就是NEC支援的。联想开始做电脑时，也是跟NEC公司学，从NEC公司获取了大量的技术支持。海尔与三洋的关系，更是亲密无间的关系。20世纪80年代后期，海尔就开始为三洋代加工小型冰箱，为此，三洋派遣了不少技术人员常驻海尔，进行严格的技术指导。因此，三洋要出售白色家电产品，首先想到的就是长期的合作伙伴海尔，因为两家公司有着太多的互助。

所以，在日本国内没有企业接盘的情况下，东芝也好，NEC 也好，三洋也好，首先想到的就是中国的合作伙伴，因为大家不仅有长期的合作，更重要的是知根知底，企业经营层都是老朋友，因此，这种兼并就是顺理成章的。

但是，除此之外，中日兼并就做得很困难。2017 年上半年，东芝公司因为出现巨额亏损，准备将半导体事业整体出售。东芝公司的半导体事业的核心，其记忆媒体的生产量占据了日本半片市场。中国有多家企业也期望参加竞购，但是遭到东芝公司的拒绝。没有告诉理由，但是随后成立的日美协商机构，让我们看到了日美两国绝不希望让东芝半导体事业落入中国企业之手的决心。原因很简单，因为东芝也算是半军工企业，它的半导体技术支撑着日本自卫队的军舰、战斗机和作战指挥系统，也支撑着日美联合研制的反导系统。一旦让东芝半导体产业落入中国企业之手，对于日本来说，后果会是十分严重的。

因此，不管中国企业表现出如何志在必得的勇气，日本政府就是碰都不让你碰，因为对于日本来说，美国是同盟国，而中国不仅不是同盟国，还是假想敌。这样的好东西，绝对不会让中国人获得。

目前，日本最愿意卖给中国人的商品是房地产。因为经历过泡沫经济崩溃之痛，日本人对于炒房已经不感兴趣，所以日本大量的不动产找不到好市场，结果就把眼睛瞄准了喜欢炒房子的中国人。但是，我们必须明白，日本好的不动产，首先是在日本国内的不动产中介市场当中转了几圈，实在找不到买主后，才会抛给中国人市场，拼命地游说中国人购买。所以在日本，购买房地产的门槛很低，要购买日本企业和技术的门槛，却高得离奇。

所以，我们要购买日本的企业也好，购买日本的技术也好，首先要学会与日本企业做朋友，先建立起良好的信赖关系，邀请日本企业老板到中国考察，让他们看到你的企业的实力和水平，了解中国企业家的为人与道德，知晓越来越大的中国市场，一起喝过几轮酒后，才可以慢慢地谈技术合作，谈收购兼并。也就是说，要先谈恋爱后谈结婚，如果单刀直入的话，一定会吓跑日本企业。

而一旦决定要买下日本企业后，最好的方案是，维持原有的经营体制，不解雇日本员工，中国只是在资本上控股，资金上做好保障，维持原来日本企业与品牌的声誉，这样的兼并与合作，是最受日本企业欢迎的，事实证明，也是最富有成效的。

迄今为止，在日本实施了隐形收购，并做得相当成功的一起中日制造业兼并案，是"温州商人"刘建国先生收购日本最著名的高尔夫产品生产销售商——本间高尔夫（HONMA）。

2010年，担任奔腾电器公司董事长的刘建国先生以1亿美元的价格从基金公司手中买下了本间高尔夫51%的股权。第二年，刘先生卖掉奔腾电器之后，买下了本间高尔夫全部股权。经过六年的发展，这家公司已重回全球十大高尔夫品牌之列，2016年的球杆销售额更是全球第一。2016年，本间高尔夫在香港成功上市，刘建国先生赚回了两个奔腾电器公司。全体持股员工也跟着赚了一把。

当年，刘建国收购本间高尔夫之后，提出了著名的3R战略，即保留传统、品质和人才，重新焕发企业文化和品牌，重塑活力、国际化及市场主导地位的高尔夫品牌。比如将业务交给原有的管理团队，不另行安插中国人进入管理；让150名员工持股3.8%；增加营销推广的投入，物色职业选手做代言人。这一战略，既消除了本间高尔夫创始人的疑虑,也赢得了基金公司的信任。

经过刘建国先生的一系列改革,负债累累的本间高尔夫重新焕发了生机。2016年12月,日本首相安倍晋三亲自送给美国总统特朗普的镀金高尔夫球杆,就是本间高尔夫球杆。但是日本很少有人知道,本间高尔夫实际上已经是中资企业。所以,中国企业要收购日本企业,大家都必须学习刘建国先生的谦虚、低调与3R原则战略,充分保证原企业和员工的利益,只有这样,才能实现自己的收购目标。

17. 去日本自助游必须知道的几大法宝

　　3月，日本大部分地区下大雪，在靠近日本海的地区，雪下到了两米多厚，有几栋房子被大雪压塌，十几艘渔船沉没。但是，在东京边上的静冈县，樱花却开了。这是日本最早盛开的樱花，整个樱花林绵长四公里，像艳丽的彩带。樱花的盛开，标志着日本的春天来临了。

　　这片樱花叫河津樱，因为它盛开在静冈县的河津町，河津町有一条河，河的两边种植了800棵河津樱。

　　河津町的樱花品种与平时我们看到的樱花不同，我们一般看到的樱花大多数是染井吉野樱花，而河津町的河津樱花是一种特殊的品种，颜色接近玫瑰红，而且花瓣比较大，所以色彩特别艳丽。远远望去，整条河就是一个花海，花期大约有3个星期，从2月中旬到3月上旬，加上边上的油菜花也一起盛开，所以想拍照片的驴友们，到河津町去拍樱花，能够拍到油菜花田野上盛开的樱花。

　　那么去河津町怎么走？其实交通很方便，从东京车站有一趟特快列车，叫"踊り子"号，意思就是"舞女"号。这趟列车的名称是根据日本著名文学家川端康成的小说《伊豆の踊り子》命名的，《伊豆の踊り子》翻译成中文就是《伊豆舞女》，山口百惠和三浦友和就是因为主演这部《伊豆舞女》的电影而相爱结婚的。所以，即使不懂日语，去东京车站售票处就写"踊子"两个字去买票，保证你能够买到。

　　从东京坐上"踊子号"列车，两个半小时，就可以直达河津车站。出了河津车站，就可以看到美丽的樱花林。如果你从大阪或者京都方向去河津町的话，坐新干线到伊豆半岛的热海可以转车。

　　去日本自助游，怎样才能少花钱？

我来讲讲日本自助游的几大法宝。

在日本，花钱最多的地方是交通。从东京市中心打出租车或者租一辆面包车去成田机场接一位朋友，一个来回所需要的车费，就是从北京到东京的一张来回机票钱。所以，如果有朋友租车去机场接你，那绝对是属于铁哥们亲姐妹关系，一般人做不到。

那么在日本去各地旅游，最省钱的交通工具是什么呢？是长途汽车。日本的长途汽车不仅干净，而且座位相当舒适，许多长途汽车座位之间还有一个隔离，形成一个小小的私人空间，你睡觉的样子，旁边的人看不到。日本的长途汽车，可以到达全国大部分城市，而且上车的地方也很多，比如在成田机场、东京羽田机场和东京车站，都有长途汽车前往全国各地。

坐长途汽车有三大好处。第一是便宜。比如说，从东京车站坐新干线到京都，一般座位的车票要14000日元（约850元人民币），但是如果坐大巴的话，只需要4500日元（约270元人民币），价格相差3倍。第二是可以节省住宿费。

长途大巴一般是夜里开，晚上10点钟左右在东京车站坐上大巴，在车里过一夜，第二天上午7点钟左右可以到达京都车站。在日本，住最便宜的商务酒店的话，一般一个晚上也需要8000日元（约480元人民币），这笔钱就可以省下了。第三是节约时间。如果你白天坐新干线的话，从东京到京都就要3个多小时，本来可以游玩的半天时间就浪费了。

如果在地方城市旅游，还想省钱的话，我再告诉大家一个办法，拿一张纸，用汉字写上自己要去的城市，站到马路边去搭顺风车，一般情况下，总是会有日本人停下车来带你走。但是在东京，因为公共交通很发达，车费也很便宜，没人会理睬你。

最省钱的交通问题讲完了，接下来我给大家介绍最省钱的住宿。

如果你舍不得花大价钱去住酒店旅馆，那么日本有一个地方，既便宜又方便，那就是"**カプセルホテル**"，**カプセルホテル**中文翻译成"胶囊酒店"，或者叫"太空舱酒店"。这种酒店睡觉的地方就像一个胶囊，大约只有3平方米的空间，但是里面还有小电视机，封闭性特好。住一个晚上一般只需要2000—3000日元(120—180元人民币)。别小看这种胶囊酒店，它都配有一个热水澡堂，有专门的休息室可以用餐，行李有寄存。最为关键的是，这种酒店基本上在地铁轻轨车站前，交通十分便利。

当然如果是坐长途大巴在大巴上过夜的话，也不用担心没地方洗脸洗澡。日本所有的公共厕所里都有洗脸的地方，如果你到了温泉旅游地，一般只要花400日元(约25元人民币)，就可以走进那些接待散客的温泉酒店，舒舒服服地泡一次温泉。如果在东京、大阪、京都这样的大城市，你可以去找公共浴室洗澡，一次也就400日元。记住，日本的公共浴室，汉字写成"钱汤"，但是你一定要写繁体字"錢湯"，不然日本人看不懂。

接下来聊一下吃饭的问题。因为在日本，吃饭相对来说还是比较贵的，一碗拉面，一般都五六十元人民币。但是，日本也有比肯德基和拉面店更实惠的快餐店，那就是专门吃牛肉饭的快餐店。这种店，大多数在车站附近，一碗牛肉饭，最便宜的只要350日元，也就是20元人民币。

如果你还想省的话，那就去24小时便利店买一盒方便面，日本的方便面做得比中国的方便面好吃，价格一般10元人民币不到。便利店里有热水供应，你可以花最少的钱吃一碗热腾腾的拉面。

当然，来一趟日本，总想吃一顿正宗的日本餐。那么，最实惠的吃日本餐的地方，就是居酒屋，在日本，居酒屋就是大众酒场，公司职员们下班后去喝酒的地方。那里有生鱼片、烤鱼、各种蔬菜沙拉、烤鸡肉等，一般有几十种菜肴。啤酒和清酒也便宜，一个人吃饱喝足，大概需要3000日元，也就是200元左右人民币。但是如果你去高级酒馆吃的话，没有两三千元人民币，下不来。

如果你想吃寿司，建议去回转寿司店，那里价格便宜，鱼也新鲜。一般一个人2000日元，也就是120元人民币就可以搞定。

如果你是一位背包客，一位驴友，在日本遇到什么困难，包括迷路、生病，遇到危险，最好的办法不是找中国大使馆，因为远水救不了近火。最好的办法是找日本警察，在日本，无论是大城市还是小城市，到处都有警察岗亭。只要你跑进警察岗亭，警察就会帮你，你就安全了。

日本是一个社会治安相对好的国家，即使是单身女性到日本旅游，一般情况下也不会遇到什么危险。而且日本小偷很少，所以，尽可以放心地来日本自助旅游。

日本的樱花花期每年根据气候的冷暖有些变化，但是变化不太大。根据常年的花期记录，一般来说，西南部的九州地区，花开预计是在3月底；东京、京都、大阪，在3月底4月初，樱花开满的时节，一般是在4月上旬；樱花开到东北地区，是在4月下旬；五一国际劳动节的话，可以跑到东北的青森县和北海道南部的函馆市去看樱花；北海道大部分地区，要到5月中旬，樱花才会盛开。所以，日本的樱花期，从2月开始，先后有三个月的时间。

18. 去日本投资移民为何不靠谱

应香港建明集团和滕王阁集团的邀请，我到厦门做了一次演讲，讲一个主题，叫"告诉你真实的日本"。这场演讲进行了三个多小时，最后有不少朋友向我提问，其中一个问题的关注度很高，那就是："去日本投资移民是否靠谱？"

大家知道，日本是一个单一民族的国家，虽然在北海道有一个小小的阿依努族，但是这个民族基本上已经消失，没有自己的文化传承。所以日本人一直认为自己是一个纯血统的民族，是一个不存在少数民族的国家。正因为日本人有这种想法，加上岛国特殊的保守性和封闭性，因此日本这个国家很容易产生自傲与排外的情绪。

我 1992 年到日本留学，那时候日本人将外国人称为"外人"，没有一个"国"字。最近几年开始，才有了"外国人"的说法。那么，"外人"与"外国人"有什么区别？"外人"的称呼，有一种除了自己之外，其他人都是"外人"的傲慢情绪，而称呼"外国人"则有一种"别的国家的人"的平等感觉。因此，一些外国媒体批评日本政府将外国人称为"外人"是一种歧视。正因为有了这种批评，日本政府和媒体才在最近几年改了称呼，使用了"外国人"的标准称呼。

所以，从"外人"的称呼中我们可以看出，日本这个民族的排外情绪有多深。作为在日本生活了二十多年的中国人，要融入这么保守的社会当中，挤进日本的主流社会，往往需要付出比日本人多几倍甚至十几倍的努力，才能赢得他们的信任和尊重。

那么，中国人要到日本学习工作与生活，到底有几种途径可以走？

第一种途径是留学。一般情况下，年龄在 30 岁以下的中国人，都可以通过申请就读日本语言学校，或者报考日本大学的预科班，或者直接通过学校与学校之间交换生等方式到日本去留学。毕业以后，可以留在日本工作，然后慢慢地取得绿卡或者申请加入日本国籍。

第二种途径是工作签证。日本主管外国人签证的机构是出入国管理局，管理局给中国人颁发的工作签证往往有两种，一种是在中国的日本企业里工作的中国人员工，通过"内部转勤"的方式到日本总公司来工作。另外一种是日本公司直接从中国雇佣中国人到日本工作。这种工作签证的门槛比较高，不仅需要专业对口，还需要被招聘的中国人是有专业业绩，是日本公司急需的人才。

第三种途径是结婚。与结婚有关的签证，也有两种，一种是与日本人结婚，可以拿"日本人配偶"签证。还有一种是与在日本的中国人结婚，可以拿"家族滞在"签证。不过，拿"家族滞在"签证的人，一般是不允许出去工作的。

第四种签证是文化签证，也叫访问学者签证，就是到日本的大学、研究机构讲学、从事研究或者表演。

第五种签证是研修生和技能实习生签证，这种签证事实上就是劳务签证。这类签证最长5年，期满必须回国，不能申请绿卡或者日本国籍。

在厦门的演讲中，几位朋友集中提出的问题就是"如果在日本投资开公司，是不是可以拿到绿卡？"

我就这个问题咨询过几位从事外国人签证代理的日本律师和行政书士，也问过东京入国管理局的官员，他们给我的答案只有一个，而且十分明确，那就是：日本没有像加拿大、美国或者澳大利亚那种的"投资移民签证"。也就是说，你掏一笔钱，委托一家中介公司帮你去海外注册一个空壳公司，或者参与共同投资一个海外项目，然后你就可以拿到对方国家的绿卡，这在日本是不可能的。这种"投资移民"，迄今为止日本没有过，目前也不允许这么做，估计今后也比较难。因为日本政府有两大担忧。

第一是担忧海外有钱阶层通过投资的方式大量移民日本后，扰乱日本的社会传统与经济秩序。第二是担心外国人大量涌入日本后，难以保证日本单一民族的纯真性，影响日本的国家安全。

最近一段时间，中国有些出国中介公司在做一个宣传，说投资500万日元在日本注册一家公司，就可以拿到日本的绿卡或者申请加入日本国籍。这种宣传显然是十分不靠谱的，首先在于，外国人在日本投资设立公司，虽然没有很明确的金额限制，但是至少需要具备以下三个条件。

第一，在日本投资办公司，以个人的名义或者家族的名义直接在日本设立公司是很难的，最好是以企业的名义投资设立公司。因为在日本成立公司有两个基本要素，发起人需要在日本居住，同时要获得银行的开户许可，它愿意为你出具资本金证明。而一般的日本银行不太愿意为外国人开设法人账户。

第二，以自己企业的名义在日本投资设立一家公司后，必须要开展正常的经营，也就是说每年必须要有一个经营决算报告，而且这个报告必须要日本政府公认的会计师给你做，有良好的经营业绩，同时企业必须要雇用两个以上的日本人。

第三，必须在日本有固定的经营场所，或者是店铺，或者是办公室。同时你本人必须有半年以上的时间在日本从事经营业务。

只有具备了以上三个条件，你才有可能拿到日本的经营签证。但是为了拿到这个经营签证，你每个月要付出多少资金呢？我们来核算一下。如果你在东京租用一个店铺，或者租用一个小小的办公室，同时还要正常经营，并且还要雇佣两个日本人，给他们按月发放工资，缴纳三金或五金，再加上自己的各种开支，一个月没有 6 万元人民币是下不来的，这还是最保守的数字。那么一年加起来，你至少需要花费 80 万元人民币，才能维持住自己在日本的经营签证。

还有关键的一点，即使在日本开了公司，自己也在日本正常经营业务，那么什么时候才能拿到日本的绿卡呢？根据日本现行的《入国管理法》的规定，在日本要申请绿卡，必须要在日本连续居住十年以上，同时必须要有五年以上的参加工作和纳税的记录，同时还必须没有任何违法记录。也就是说，按照正常情况，必须在日本待满十年，才有资格申请绿卡。

那么申请加入日本国籍，也就是"归化"的话，条件是否比申请绿卡更严格一点呢？结果出乎意料，外国人在日本申请加入日本国籍，比申请绿卡来得容易。一般你在日本待满 5 年，有正常的居住地和收入，没有违法犯罪记录，就可以申请加入日本国籍。如果你是日本人配偶，而且已经生了孩子，那么申请加入日本国籍或者申请获得绿卡的条件和年限会更加宽松一些。

看到这里，也许会有读者说，你讲得不对啊，日本政府最近公布了一项新的政策，如果是特殊人才的，只要在日本待上两三年，就可以申请绿卡。

日本政府确实有这么一条针对外国特殊人才的新规定，但这条新规定，它的许可范围是极其狭窄的，除非你有成为奥运冠军的潜力，或者你是日本某些领域急需，同时你又是世界级的领军人才，日本政府才会把你当作宝贝，在短短的两三年时间里给你一张绿卡。只拥有一个博士学位，就觉得自己是一个人才的想法，在日本是行不通的。所以，这条新规定对于绝大多数外国人来说，是天上的月亮，看得见摸不着。

所以，一些中介公司说你投资 500 万日元，帮你在日本设立一家公司，过几年以后就可以拿到绿卡或者加入日本国籍的承诺，是很不靠谱的。

19. 日本企业为何不要银行贷款

我在北京采访中国两会，遇到了一些搞企业的人大代表和政协委员，他们问我一个问题："听说日本百年以上的企业有3万多家，日本人到底是如何做企业的？"我跟他们说，日本企业之所以能做长久，除了自身的谨慎经营之外，政府的支持也是十分重要的因素。内因与外因的有机结合，才使得日本企业能够成为常青树。

东京商工调查株式会社在2016年对5000家企业做了一个问卷调查，这一调查结果显示，有65%的企业表示不需要银行贷款，只有15%的企业考虑会向银行申请贷款。这一调查结果告诉我们：有八成以上的日本企业不存在资金短缺的问题。

日本商业银行的企业贷款的年利息，最高的3.5%，最低的只有0.9%，一般是2%。为什么利息有这么大的跨度，银行是根据企业的经营状况和盈利状况来决定的。而且，与其他国家相比，这一贷款利息是偏低的。

即使利息那么低，企业为何还没有贷款积极性？我想这里面有两大原因，一个原因是企业本身有足够的流动资金可以应对自己的经营，也就是说"不缺钱"。还有一个原因是日本的企业，尤其是中小企业不会去追求"高大上"，不会盲目地去扩大产业规模，也不会盲目地去从事跨行业的投资，因此几乎没有资金需求。

日本企业的这种经营模式，有一个专用的名词，叫"安全驾驶"。他们把企业看作一辆汽车，以安全驾驶为第一目标，不求高速不求超越，只求平稳发展。

所以，日本社会出现了一种奇怪的现象，那就是银行求企业贷款。

2016年11月，日本新潟县的一家地方银行邀请我去演讲中国经济，这家银行邀请了当地 100 家左右的企业老板来听讲。这个活动的主办方是银行，所有活动经费也是银行出的，演讲结束时，100 多人的晚餐费也是银行出的。

我当时很纳闷，在我的印象中，应该是企业请银行吃饭，而不是银行拍企业马屁。这家银行的行长跟我说，像我们这类地方银行，企业就是我们的父母，如果企业不贷我们的款或者不把钱存到我们银行的话，那我们的银行就无法生存下去，银行和企业就是一个生命共同体。

听了这位行长的话，我就很理解银行为何要拍企业的马屁，这么多的企业表示不需要贷款，银行的日子就会十分难过。

难道说，日本企业没有经历过 2008 年的世界金融危机的冲击吗？它们的日子真的有那么好过吗？

我们把日历翻到 2008 年。

2008 年，世界爆发了一场金融危机，中国和日本都受到了很大的冲击，许多企业面临破产。中国政府动用了 4 万亿元资金实施救市，但是日本政府没有掏一分钱，而是在国会通过了一部特别的法案《金融救济法》。这部法案的核心内容就是政府出面担保了所有企业向银行的贷款，但是要求银行允许企业的还款期限延长 5 年。也就是说，本来需要在今年归还的贷款，可以拖到 5 年之后去还。同时政府还减免了企业的法人税。

这一法案通过后，使得许多面临订单减少且银行贷款又催着归还双重压力的日本企业，尤其是制造业，获得了难得的喘息的机会。结果，日本政府没花 1 元钱，就帮助无数的日本企业尤其是中小企业渡过了难关。这么多年来，随着日本经济的复苏，这些企业开始慢慢积累资金，出现了如今多数企业不需要银行贷款的状况。

但是，这也并不是说在过去几年当中日本没有大型企业破产的案例，日本航空公司就是一个很典型的破产重建案。日本航空公司由于在泡沫经济时期大量购置耗油极大的播音 747 双层客机，加上预购油价出现价格反弹，导致经营陷入困境，濒临破产。要不要让它破产？日本政府和企业界内部有许多争议，但是当时的日本首相鸠山由纪夫决定，必须拯救日本航空公司。

日本政府是如何拯救日本航空公司的呢？日本政府组建了一个产业再生支援机构，他们通过出资 3000 亿日元来换取日本航空公司 20% 的股权，这种政府代持股的方式，解决了日本航空公司的资金难题。同时鸠山内阁还聘请了日本经营之神稻盛和夫这位80多岁的老先生担任日本航空公司的董事长。结果，日本航空公司在稻盛和夫先生的治理下，在短短两年的时间里扭亏为盈，并重新上市。

日本政府通过代持股的方式出资3000亿日元帮助日本航空公司不倒，其结果是日本航空公司在重新上市后，这3000亿日元变成了6000亿日元，日本政府从股市里赚了一倍的钱。于是把20%的股份退出，交还给日本航空公司去独立经营。

日本政府的这种通过产业再生支援机构出资来拯救濒临破产企业的做法，一直延续至今，让众多日本企业避免了破产的困境，重新获得了发展的机会。

然而，夏普公司被中国台湾鸿海集团收购，日本政府为什么没有出手相救呢？其实，日本政府出手救过，政府的产业再生支援机构准备出资1600亿日元给夏普公司，但是夏普公司需要3000亿日元才能渡过难关。产业再生支援机构希望夏普公司提供更为严厉的裁员和重建方案，但是夏普公司无法答应日本政府的要求。于是，表示愿意出资3000亿日元，甚至承诺可以掏5000亿日元的台湾鸿海集团，最终买下了夏普公司，让日本这家著名的家电制造企业划归于台资企业的旗下。

我跟日本的几位经济学家讨论过夏普收购案，他们告诉我一个很直接的理由，说日本政府最终没有下定决心拯救夏普，日本各大商业银行也袖手旁观，一个很重要的原因是夏普公司只是一家家用电器的制造商，没有任何军工企业的背景，它存在与不存在，对于日本的国家安全没有任何的关系。

那么，最近一段时间，日本的东芝公司也遇到经营难题，它们收购的美国西屋公司在核电站建设工程中出现了7000亿日元的巨额亏损。奇怪的是，东芝公司虽然有这么大的负面新闻，但是它的股票却没有出现很大的波动。为什么呢？因为东芝公司在IT领域，尤其是在半导体领域，在日本是处于一个领先的地位，它虽然算不上标准的军工企业，但是它开发研究的一系列半导体产品对于日本的国家安全，甚至国防建设，都具有十分重要的意义，因此日本社会相信，日本政府是不会让东芝公司破产的，更不会让东芝成为一家外资控股企业。

所以，我们现在回过头来再来聊一聊日本企业，它为什么不需要银行贷款？

这里面存在着一个很大的经营理念的问题，也就是说，日本人做企业，没钱是不做的。我们有时候恰恰相反，没钱时才想到要去开公司。日本企业对于资金有一个基本的概念，那就是企业必须准备半年以上的流动资金，也就是说企业在半年内接不到一份订单，也能扛过去。所以，"半年准则"是日本人经营企业的一个基本的原则。正因为有这个原则，日本企业才会做到信步而走，不急不火。

也正因为有这些理念，日本企业，尤其是家族型企业是拒绝风投基金的靠近，更不会轻易接纳风投基金的参股。

在我们看来，日本企业这种缺乏闯劲的做法会失去许多的机会，但是日本不少企业认为，做企业不是放烟火，不求一时灿烂，但求长久拥有。

20. 东芝要西屋公司破产为何这么难

东芝公司终于创下了一项"日本纪录"——制造企业经营赤字超万亿日元！

东芝在 2017 年 3 月 29 日召开了一次非同寻常的董事会，正式决定让美国子公司——西屋申请破产。随后发表的董事会消息说，董事会已经看到，由于西屋公司出现了巨额的债务和经营损失，预计东芝在 2016 财政年度的经营赤字将达到 10100 亿日元（约 610 亿元人民币）。

西屋公司为何会出现如此巨额的经营损失？直接的原因其实很简单：西屋耗巨资收购了美国一家核电站建设公司，而这家核电站建设公司隐瞒了巨额债务，并在决算报告书上做了手脚。等西屋发现这些问题时，损失已达 7000 亿日元以上。

东芝总部接到这一报告，董事会全体瘫倒。子债父还，这是商业规矩，作为母公司的东芝脱不了干系。而西屋为何如此轻率地收购这家美国核电站建设公司，西屋高层与东芝负责干部是如何监管的？这不只是追究经营责任的问题，而是事关东芝存亡的大问题。西屋事件导致东芝的 2016 年度决算一拖再拖，股票也是一跌再跌。于是，东芝董事会决定：彻底割断"西屋毒瘤"，让其破产，永久远离东芝体系。

但是很快东芝公司发现，要让西屋破产，不是一件容易的事，因为美国政府反对。

美国政府为何反对西屋破产？其主要原因是美国有 100 座核反应堆在运转中，同时西屋还在南卡罗来纳州建造两座新的核反应堆，而这两座核反应堆的 83 亿美元的建设经费，是由美国政府提供债权担保，美国能源部不愿意为此埋单。如果西屋破产，3000 多名工人失业是小事，而美国因此失去核电技术人才，而且很有可能导致核技术的外泄,才是大事。这100座核反应堆今后如何维修保养?也将成为大问题。

而对于东芝来说,不把这个包袱扔弃,东芝本身就要面临沉没。弃车保帅,是东芝公司无可奈何的选择。

东芝收购西屋18年,其实演绎的是一出"好事变坏事"的悲喜剧。

18年前,东芝公司收购了西屋公司,当时的东芝公司社长西田厚聪说了这么一句话:"东芝目前的核电营业额只有2000亿日元,今后一定要增加到7000亿日元。"西田社长认为,东芝公司的核电事业迄今为止一直在日本国内打转,收购西屋后,将为东芝开拓海外核电市场增加一台大功率发动机。

东芝收购西屋时,日本全国在政府的积极倡导下,正在全力推进"核电复兴"事业。日本政府当时提出了"核电要占据日本发电量30%以上"的目标。同时,日本经济产业省也积极支持日本的核电企业拓展海外市场,输出日本的基础设施产业。

因此,东芝当时耗巨资收购西屋,可谓"天时地利人和",没有人反对东芝的这起收购案,政府也给予东芝极大的资金支持。

但是,2011年3月,东日本9级大地震发生后,随之而来的大海啸袭击了福岛第一核电站,导致了严重的核泄漏事故的发生。这一事故导致世界各国掀起了一场"废核电"运动，东芝原先通过政府交涉获得的建设越南核电站的订单，也化为乌有。而在日本国内，不仅新建核电站变成白纸，而且已有核电站重新运转发电，也遭到了部分所在地方政府和住民的强烈反对。对于这样的负面因素，或者说"噩梦"到来，东芝公司根本就没有预测过，始终沉浸在成了"世界最大核电企业"的喜悦与自我满足之中。

当前最核心的问题时，如何才能让西屋平安破产？日美两国政府已经就此问题进行了多次水面下的交涉。3月16日，日本经济产业大臣世耕与美国商务部部长鲁斯举行了直接的谈判，双方在摸索西屋"破产重建"的可能。但是由于东芝公司是一心要扔包袱，毫无重建的信心，因此，日美两国正在寻找第三方的接盘手，而这一接盘手不可能是中国，也不可能会是俄罗斯，必须是日美的共同战略伙伴，因此韩国电力公司目前已经被请到了谈判桌旁，日美双方都有意让韩国电力公司来获得超过西屋50%以上的股权，控股再建后的西屋公司。

西屋申请破产，不仅令东芝负债累累，同时也严重打击了日本的核电出口计划，毫无疑问，也将成为日本核电工业发展的一个转折点。目前，除了东芝之外，日本从事核电产业的还有日立和三菱重工。这两家公司原本要拓展海外市场，西屋的教训让这两家公司也裹足不前。而日本政府已经明显地意识到，如果不统合日本国内的核电产业的话，不仅日本核电站的维修保养陷入困境，同时在国际市场，经营了半个世纪的日本核电产业，将面临失去市场的痛苦。因此，如何统合东芝、日立、三菱重工三家企业的核电部门，也许已经成了经济产业省官僚们在考虑的问题，"日本原子力株式会社"诞生的那一天，也许已经不远。

21. 日本买房的人为何越来越少

春节前，日本最大的公寓楼建设公司"长谷工"的执行董事大门先生请我吃饭，吃意大利料理。他带我去的那家意大利餐厅在东京都的麻布。

麻布位于六本木的边上，是东京一个有名的高级住宅区。这个住宅区有两大特点：一是外国的大使馆多，中国驻日本大使馆就在那里。二是高级公寓楼多。

麻布的高级公寓楼都有一个特点，楼层都是 5 层以下，掩映在绿树丛中。大门先生说，日本所谓的高级公寓楼，有几个基本特征：一是楼层不高，一栋楼里就十几户，最多也就 30 来户人家。二是在市中心，但不是在市中心的繁华街区或者商业区，而是在宁静的住宅区。三是外观并不豪华，但是室内装修绝对顶级。

我问他一个问题："这些高级公寓楼的主人都是些什么人？"大门先生告诉我，首先是成功的企业家，其次是高级商务人员，再次是演艺界明星，最后是外国人的企业高管。但是，他告诉我，高级公寓楼基本上是出租房为主，很少有普通的住家。原因是租金收益很好，一个月多则 200 万日元，少则 60 万日元，按人民币计算的话，每个月的房租就是 36000 元到 12 万元之间。

在东京首都圈，上下班坐轻轨地铁一个小时是一个很正常的时间，或者说是标准的上下班所需要的时间。从东京市中心坐轻轨地铁一个小时，可以到达哪里？可以到达神奈川县的横滨市、埼玉县的埼玉市和千叶县的船桥市。换成上海的概念的话，可以到达江苏的苏州、昆山，浙江的嘉兴和上海郊外的青浦、松江。也就是说，600 万白领每天都是从这些地方离开家到东京市中心来上班的。

东京首都圈的白领们买第一套房子，平均年龄是在 35 岁，而在中国是 27 岁。东京人一般 22 岁大学毕业，30 岁结婚，生下孩子要上幼儿园了，不少人才感觉自己需要一个真正意义上的家，于是考虑买房子。

在距离东京市中心一个小时车程的东京卫星城市，一套三室一厅的精装修公寓楼，使用面积100平方米（按照中国建筑面积算的话，是130平方米），售价一般为3500万日元，大约是200万元人民币。因为日本年轻人结婚没有向父母要婚房的习惯，因此要买这套房子，一般是首付20%，其余的20年分期付款。也就是在55岁退休前，把最后的房贷还完。这是日本人买房子的普遍方式。

日本的白领在其一生中经常面临的一个问题是工作的调动。三年一换岗，是日本大企业的普遍做法。因此，作为企业战士，常常会被派往地方工厂或者海外分公司去工作，甚至中央机关的干部也会被派往地方城市的政府中去担任不需要经过选举就可以任职的职位，接受基层工作的锻炼。因此，日本人的移动性很大，有的时候，一家人举家前往，有的是企业战士一个人前往，一个人去外地工作，日语中有一个专用的名词，叫"单身赴任"。

一旦单身赴任，妻子和孩子就成了留守妇女与儿童，就要守家。有的人因此感觉到，如果不买房子的话，就没有住房的负担，一家人跟随丈夫走到哪里就可以在那里安家。比如来到中国工作，无论是在上海还是北京，租房子居住，房租还可以申请公司补贴，几乎可以白住。

大门先生所在的公司"长谷工"是日本最大的一家专门开发建设公寓楼的公司，他说日本社会最近出现了一个新动向，那就是买房的人越来越少，租房子的人越来越多。

东京大学生生活协会的调查数据称，东京年轻人结婚，85%的人是租房子结婚，还有10%的人是住在父母家里或者单位宿舍里结婚，真正买房子结婚的只有5%。出现这种情况的原因，第一是年轻人没钱买房子；第二是日本没有父母出钱给孩子买婚房的习惯，必须自力更生；第三是丈母娘也没有一定要女婿买房子才肯嫁女儿的要求，不存在"丈母娘经济"。

年轻人买不起房子，最大的原因是没有钱，这可以理解；但是过了30岁或者人到中年，还不买房子，这在中国就有点奇怪。

那么，日本社会为什么会出现买房的人越来越少、租房的人越来越多的现象呢？最大的原因是日本人开始考虑自己的居住环境必须符合自己生活形态的变化而变化，寻求居住环境的绝对合理性。

比如说，孩子很小的时候，家要在学校的附近，便于接送孩子，也方便孩子上学。同时，有两个孩子的话，必须要有三室一厅的空间。但是，当孩子长大，考上大学，离开家独立或者结婚之后，家里就剩下父母两人，三室一厅的房子就显得空空荡荡，而且每年的房产税也要多交。年纪大了，不再希望自己的家还在学校的边上，希望离超市近一些，离轻轨地铁车站近一些，离医院近一些。这时候，就要考虑搬家，但是买新房将要动用养老钱，而且旧房子已经不值钱，卖不出高价。因此，以前自己买下的房子就变成一种负担。

如果租房子住的话，孩子上学时，房子可以租在学校的边上；孩子长大后，房子可以租在离公司近一点儿的地方，减少上下班的体力消耗；等孩子上大学结婚离家后，房子可以租的小一点儿，省下一些房租；等自己年纪大时，就可以租到离医院、超市近一点儿的地方，便于自己看病和买菜。这种根据生活形态变化而变化的租房生活，越来越多地被日本人接受，因此日本的房地产市场上，租房市场好过买房市场。

也有人会说，租房子虽好，但是如果每月支付租金，支付到最后，房子还不属于自己；如果买房的话，每月还贷，还到最后，这房子就变成自己的了。这话没有错。

但是，有不少日本人是这样认为的：我租房子生活，虽然支付的房租和每月还贷的金额差不多，但是，我不需要另外承担房产税，同时设备坏了也不需要我自己掏钱去买，通知一下房东就会过来给你修好。有钱时，我房子租得好一点，没钱时，我房子租得差一点，人生有许多难以预测的变故，比如离婚、失业，如果是自己租房的话，这笔账可以变得清清爽爽，但是如果是买房的话，夫妻之间的财产分割，失业后付不起房贷等问题就会迎面而来。更为重要的是，日本有财产赠与税和遗产继承税，父母要把自己的房子转让给孩子，或者过世后房子需要孩子来继承，都要支付财产赠与税或者遗产继承税，税额最高是40%，等于是将近一半的房子钱需要交给政府。当孩子付不出这笔钱时，那也等于是父母亲给孩子一个很大的经济负担，反而给孩子添了麻烦。在日本空房率日益增大的背景下，老房子不一定说卖就卖得出去。

正因为日本一直有一种租房的市场，因此在日本，尤其是像东京、大阪、福冈等大都市，许多公寓楼从设计阶段开始就会确定是出租的不是出售的。日本的租房市场十分成熟，而且很有规矩：第一，房东希望你是长期租用，不会出现中国那种突然要把房子卖了把房客赶走的事情。第二，可以租用的房子遍布城市的各个角落，可以根据自己的需求选择不同地段、不同价位的房子。第三，房型从单身公寓到家族公寓，应有尽有，而且每套房子不管新旧，厨房、卫生间、洗浴间一应俱全，生活十分便利。

现在中国社会的情况与日本社会的情况相差甚远，在中国，没房子就没有财产，也就没有地位。但是，有房子的负面问题也会逐渐凸显出来。2017年我回浙江老家陪伴爸妈过年，家里是一栋三层楼的房子，如今只有两个老人在住。前几年经济好的时候，外地民工多，或者旧城改造拆迁户多的时候，房子还能租出去，现在民工少了，旧城改造难度也越来越大，因此，租房子的人也越来越少。突然发现，有太多的房子也是一个负担，如果抛弃旧有的观念，日本人那种租房生活也不失为一种理性的选择。

22. 为何说东京房价比北上广便宜一半

有朋友问我,在日本买房到底贵不贵?东京比北上广地区贵多少?我告诉他们一个数据:东京的房价要比北上广便宜一半。

说到日本的房价,我们必须厘清两个概念:第一,中国出售的房子大多数是毛坯房;第二,中国的房子面积都是按照建筑面积计算。而日本恰恰相反,所有出售的房子必须是精装修,房子面积是按照使用面积,也就是自己家里的室内面积来计算,走廊、阳台、电梯间、大厅等公用部分,是不能计算在房价中分摊到每户住户头上的,必须由建筑开发商自己承担。

那么,中国房子的建筑面积和日本房子的使用面积相差多少呢?一般是相差30%。也就是说,在日本买的70平方米的房子,相当于在中国买了100平方米。这也意味着日本的房价假如是1万元人民币一平方米,在中国就变成了13000元一平方米。

所以日本房地产开发公司的人常说,中国人实在太精明,建筑开发商把自己应该承担的那部分责任与义务,全部转嫁到住户的身上,自己一点儿也不会吃亏,而且还能卖一个好价钱。

日本的《建筑法》规定所有的房屋都必须是要精装修完毕以后才能出售或者出租,这样一来的话,就意味着日本的房价是包含了精装修的房价,而我们中国的许多房价,是毛坯房的房价。那么,精装修的房价和毛坯房的房价,差距有多少呢?如果按照三室一厅的装修标准来计算的话,大概这一差价在70万元人民币。日本精装修的基本标准是:墙体、地板、厨房设备、卫生间设备、洗浴间设备、中央空调设备、除了吊灯和吸顶灯之外的基本灯具都必须安装完毕,你只要拎一套床上用品就可以入住。而且精装修使用的材料都是环保材料,包括隔热保温墙体、隔热阻冷门窗等。

现在我们来比较一下东京与中国北上广地区的房价差距。东京是日本最大的都市，东京的城市核心区，是以环城的轻轨列车山手线为界，山手线之内为核心城区，山手线之外为非核心城区。其实这一划分方法是有问题的，因为银座就在山手线之外。但是东京的不动产市场就是喜欢以山手线作为房价的分界线，核心城区就相当于北京的三环之内地区。

目前，在山手线之内地区的房价，以高层公寓楼为标准，一般是1平方米100万日元。100万日元相当于6万元人民币。但是这6万元一平方米的房价，包含了精装修，而且是使用面积。因此，北京的一位房地产公司的总裁跟我细细计算了一下，如果按照北京毛坯房且是建筑面积的房价来计算的话，东京的6万元/平方米，放到北京的话，其实际价格只有38000元/平方米，要比北京的房价便宜一半左右。更为重要的是，因为日本实施的是土地私有制，因此，即使买了公寓楼，所有的住户对于整栋公寓楼的土地依然拥有均等的永久权利。

东京的土地和房价是日本全国最贵的，比大阪京都地区都要贵，如果去日本地方城市买房的话，那房价就相差很大。比如说，在日本著名的旅游胜地的北海道小樽市，一户建，也就是中国概念中的别墅楼的二手房，它的价格往往只相当于30万到50万元人民币。而在东京，这个房子价格就要达到250万到350万元人民币。

现在在东京买房子最多的中国人，其实不是投资家，而是在日本工作的中国人。因为有许多年轻人在日本读完大学以后就在日本工作和生活，也准备在日本结婚安家，父母本来要在中国国内给孩子买一套婚房，现在就改在日本买。我前些天遇到日本不动产研究所的市场调查部长本田先生，问他中国人在日本买房的比例占到了外国人买房总数的多少？他说，大概在60%。

那么日本的房价会不会像中国那样狂涨呢？2017年年初东京的房价与5年前的房价相比，平均上涨了15%左右。为什么东京的房价会出现上涨呢？这里面有三个最基本的原因。

第一个原因是东京的商业用地的土地价格上升。最近几年，大批外国游客的到来，使得不少公司纷纷建造酒店和各种商店，这就促使东京的商业土地价格出现上升，商业土地价格上升自然带动了住宅土地价格的上升。

第二个原因是东京奥运会。2016 年，到日本旅游的外国游客已经突破了 2400 万人，根据日本政府的估计，每年递增 15% 的话，在 2020 年东京奥运会开幕时，外国游客总数一年将达到 4000 万人。这样一来，东京和日本主要旅游城市的酒店就会不够，因此政府就积极鼓励发展家庭旅馆来接待外国游客，这就让一部分人看到了商机，买房开家庭旅馆，因此导致东京等一些城市二手房价格的上涨。

第三个原因是包括中国人在内的外国人在日本购买房产，这几年已经成风，尤其是华人在日本的购房率年年攀升，甚至出现了炒房的现象。

那么，日本的房价是不是会继续上涨呢？日本不动产研究所的本田部长认为，到 2020 年东京奥运会开幕前，还有一点上涨的空间，此后会出现滑坡。原因在于，日本的目前空房率，也就是无人居住的房子已经达到 2400 万套，预计到 2025 年，将会达到 3000 万套。加上日本的出生率越来越低，房子的需求人口在减少，因此，房地产市场供大于求的问题会越来越严重，房价上涨的空间已经没有。所以，他说我：如果你是想买来自己居住的话，现在可以买。如果你想买了以后出租的话，建议你不要买，因为可以出租的房子太多，必定会拉低租金，无法保证盈利。

他这么一说，我想起前几天我们办公楼的房东给我寄来的一份通知书，说从 2017 年 1 月开始，办公室的租金便宜 1 万日元。看来这就是一个兆头。

23. 日本的百货公司为何死不了

陪几位来自北京与上海的百货公司老总在东京考察百货业。在中国的百货业面临电商的冲击摇摇欲坠之际，日本的百货公司为何还如此火爆？这是大家最为关心的问题。

东京的人口是 1300 万，比北京和上海的人口少。但是东京的商业却比北京和上海的商业繁荣。以皇宫为中心，东京市中心有东西南北四大商业区，东边是银座，西边是新宿，北边是池袋，南边是涉谷。这四大商业圈有两个共同的特点。

第一，百货公司扎推。银座大街上汇聚了三越、松坂、松屋三大百货公司。而新宿在 500 米范围内，更是汇聚了伊势丹、高岛屋、丸井、小田急、京王五大百货公司，可谓群龙争霸，又相安无事。

第二，这四大商业圈作为东京四大商业中心的同时，又是东京连接全国和周边城市的交通枢纽中心。东京每天有 600 万白领从周边城市乘坐地铁轻轨来到东京市中心上班，晚上再下班回去。大多数人每天都要在这四大商业圈里走过、停留，因此客流量十分巨大。在东京，就好比在上海，大家一早从苏州、无锡、杭州、嘉兴坐地铁轻轨到上海市中心来上班，是很正常的事情。

日本的百货公司都有极为悠久的历史，银座大街最为热闹的三越百货公司，已经具有 300 多年的历史，创立于 1673 年。1673 年是清朝康熙十二年，吴三桂在云南、四川叛乱，攻陷成都。

三越百货公司的创始人，名叫三井高利，他也是日本著名的三井财团的创始人。1673 年，他在东京中央区的日本桥，开设了一家日式和服店，叫"越后屋"。10 年后，他在店里又开了一个货币兑换店，这就是现在日本赫赫有名的三井住友银行的起源。

三越百货公司还不是日本第一家百货店，更早的是松坂屋，创建于1611年，距今已经有405年的历史，松坂屋以前一直在以名古屋为中心的中京地区发展，1924年在银座开店，也是日本第一家不需要脱鞋就可以进店的百货大楼。战后一段时期，松坂屋一度超越三越及高岛屋，成为日本销售额第一的百货公司。

相对于松坂屋和三越，高岛屋属于小弟弟，它创建于1829年，距今才187年，最早是京都的一家二手和服面料的零售商。伊势丹百货店创建得更晚，是在1886年才建立的，但是距今也有130年的历史。而银座的松屋百货店，是在1869年创建的。

所以，大家可以知道，日本的这些百货店都是几百年的老店。几百年来，经历了世间万物变迁与诸多的风风雨雨，能够营业至今，可见这些百货公司具有多么强大的生存和发展能力。

那么，这些日本百货公司长寿的DNA到底在哪里？

343年前，三越百货公司创始人三井高利先生在东京日本桥开了一家小小的和服店。那个时候，日本人是人人穿和服，所以，和服是人们生活的必需品。

三井先生当时制定了四条经营原则。第一条是明码标价。这在当时是一大创新。因为300多年前，人们做生意都是看人定价。顾客看上去是有钱人，于是要价高一点儿；看上去像个没钱人，要价少一点儿。但是，三井先生创建的这家和服店，一律明码标价，童叟无欺。第二条是现钞交易，不要汇票。这一点看上去会溜掉一些客户，但是保证了店里每天的现金流量，也就是说，在经营上实行的是"安全驾驶"。第三条是想顾客所想。顾客需要什么就卖什么，按照现在的概念，就是引领时尚，满足顾客一切需要。第四条是按需销售。不盲目进货，不搞库存，快进快卖。

上述四条经营方式在当时是一种极大的革新和突破，因此聚集了很大的人气。从越后屋创始以来，三越在以后的任何时期都追求和实现"顾客需要什么？我们如何去满足？"以及"为满足顾客的需求，我们需要如何创新和变革"，从创业之际就确立了真心诚意的服务精神，所以三越的历史可以称为"顾客第一""向变革挑战"的积累、发展的历史。将最新商品、文化和服务三者融为一体，为人们的美好生活助一臂之力。如今，三越百货公司以高档消费、优质服务闻名于世界，是到日本的各国要人、富豪们必去的购物场所。

进入21世纪，日本的IT产业发展迅速，电商也迅速崛起。像乐天这样的网上交易平台在日本也是红红火火。但是，百货店依然是川流不息，巍然不倒。原因在哪里？

第一是良好的购物环境。我经常去银座的三越百货公司，喜欢在那里买衣服和造型别致的日常生活用品，包括我放在办公室里的小树。三越百货公司的购物环境之好，并不是豪华，而是布局相当的宽松，通道十分宽敞，不会有拥挤感。商品的摆放是采用展示的方式，而不是堆砌，能够让人产生一种欣赏的喜悦感。各个楼层都有供顾客或者陪购先生、老人与孩子休息的沙发，还有咖啡店、饮品店。除了金银首饰，所有的商品都是体验式的，可以供顾客自由试穿试用。

第二是服务。服务主要体现在三个方面，一是营业员的满面笑容和满足你一切愿望的劲头。比如，你去买鞋子，你在试穿的时候，营业员一定是双腿跪在你面前，不管你的脚有多臭，她都会把你脱下的鞋子当作水晶鞋一样伺候。二是精美包装。不管你是什么商品，只要你需要包装，百货店一定会拿出最好的包装纸，免费给你包装得漂漂亮亮，让你拿出去十分体面。三是送货服务。你在百货公司买了东西，感觉拎着不方便，你可以叫百货店在指定的时间送货到家。同时，你要把商品送给外地的亲朋好友，你只要填写一张单子，保证在两天之内送到全国任何一个角落。四是即使过了关门的时间，只要你还在店里购物，不仅没有人赶你走，而且整个百货大楼的灯始终会为你开着，在大楼的门口，一定会有店员等候着为你送行。你会觉得自己像个皇帝。

第三是独自经营。在我们中国，许多的百货店，尤其是新开的百货大楼，开发商和经营者是分开的。也就是说，开发商收场地出租费，而进场的店家是五花八门，无论是店铺的装潢还是布局，均各自为战。因此，能够赚钱的场地都被出租，整个百货大楼的布局，缺乏统一性和协调性，给人以乱哄哄的感觉。日本大部分的百货公司都是自己造大楼自己管理物业，整个百货公司除了极少部分出租给一些品牌店之外，大多数是自己经营。百货店的整个布局完全掌控在自己的手里，即使品牌店要进入，也必须服从百货公司整体的设计与布局理念和要求。百货公司招商不是做房东的心态，而是始终保持共同经营的立场。

日本百货公司独自经营的另一个体现是商品从原料开始自己选购。比如日本的一些大百货公司，他的羽绒被的羽绒，都是派人直接到欧洲专门的养鸭基地去监管采购，然后指定工厂加工生产，严格把控商品的质量和品质，更不会出现百货公司卖假货的问题。如果你在百货公司里买到次品或者假冒产品，不但会得到大额补偿，而且百货店总经理会上门道歉。所以，在日本百货店买东西，放心和安心也是一大原因。

日本百货公司独自经营还有一个表现是有一个强大的对外商业部，简称"外商部"。外商部的主要服务对象是有钱人。外商部把世界各个生活领域最顶端的商品印成一本精美的画册定期寄给VIP会员，然后上门去进行推销服务。这些商品大多数是百货公司精心挑选的高档商品，而且往往是限量版，因此很受有钱阶层人士的欢迎，每一笔都是高额的生意。同时，VIP会员也可以将自己希望购买的商品委托百货公司采购，不管是国外的，还是日本国宝级师傅制作的商品，百货公司都会尽力买到，并送到客户手里。

第四大原因是百货店之间互赢合作，创造共荣生态商业圈。无论是在银座，还是在新宿，百货公司是一家挨着一家，相互竞争的态势必定存在。但是，这些百货公司往往会组建协议会，参加当地的商业街协会，就各种商业业态的布局、道路的互通、商品价格的平衡等问题进行协商，抱着相互繁荣的原则，进行抱团式合作经营，避免了同业之间的恶性竞争。

面对电商的冲击，日本各大百货公司以温馨的服务和无微不至的购物体验牢牢地抓住了顾客的心，让顾客在百货公司里购物，感受到舒适、安心。

在我们中国，大家在电商平台购物，大多会在意商品的价格优势，因为一般电商的价格要比线下便宜。而在日本，很早就对电商实施了征税政策。也就是说，网店的价格和实体店的价格基本一样，所不同的是动动脚还是动动手指的问题。而目前中国对于电商是否征税仍处于探讨的过程中。因此，在中国，网上开店门槛低，从而使得网上的价格优势打倒了实体店，导致传统的百货公司纷纷倒闭关门。

当然并不是说日本传统的百货业没有受到电商的冲击。日本百货店协会公布的最新数据显示，2017年11月，日本全国百货店的营业额比上年同期减少了2.4%，主要是服装类商品的销售减负较大，而化妆品的销售出现了很大增幅。

从统计结果来看，11月份的外国人购物金额增加了12.2%，这里面，我们中国游客的贡献应该是很大的。

近年来，日本的很多百货公司推出了电子商务平台和实体店同步销售的服务。消费者从电子商务平台上购买的商品可以直接送货到家。实体店内断货的商品也可通过电子商务平台选购。可见，日本百货公司面对新形势下的顾客消费需求，不是拒绝新的购物模式，而是与时俱进，积极打造网购平台和开展电子商务业务，以保持销售额的增长态势。

考察了几天，中国的这几家百货公司的老总们深有感触，他们说，商品的采购能力，我们不比日本的百货公司差，中日两国百货业的最大差距，一是服务意识，二是价格竞争，因此他们也觉得，应该建议中国政府尽快实施对电商的征税，扶助传统百货业实施自我革新和延续发展。

24. 日本当年整治雾霾采取了哪些措施

中国部分地区雾霾严重，出现了"想你到无法呼吸""一回头，家就没了"的段子。日本有没有雾霾？曾经有过，但现在没了。日本现在为什么没了？这需要从日本如何治理雾霾说起。

虽然中日两国都使用汉字，但是，日本把"雾霾"称作"PM2.5"。一根头发的直径约为70微米，花粉的直径约为30微米，而雾霾属于细颗粒物，直径只有2.5微米，所以日本人把雾霾称作"PM2.5"，告诉人们这是无孔不入的东西。

雾霾为什么可怕？因为雾霾中充斥了各种各样对人体有害的工业和生活废气，像硫化酸化物、硫酸盐、硝酸盐等，长期吸入的话，对身体极为有害。3年前，日本庆应大学医学部的一名教授曾经发出过一个警告，说雾霾会使中国肺癌的发病率增加40%以上。当时听这句话，觉得挺刺耳，现在想想，我们不得不严肃正视。

日本人为什么惧怕雾霾？因为日本人曾吃过雾霾的苦头！

日本的雾霾问题，是在20世纪初出现的。工业化前期的日本，PM2.5也像现在的中国一样经常爆表。100年前，日本人就饱受空气污染之苦。

20世纪初，日本进入高速发展时期，以钢铁业和采矿业为主的新兴工业的发展给环境带来了巨大的压力，到处是烟囱，煤是最主要的燃料，大阪因此被称为"烟都"。据大阪市立卫生试验所调查，1912年时，大阪一年降落的煤尘为每平方公里452吨，到1925年上升至493吨。因此，即使在炎热的夏天，大阪市民都不敢打开窗户。东京也是如此，周围都是黑烟滚滚，严重的雾霾使得东京"白天见不到太阳"，同时，美丽的东京湾也遭到了严重污染，居然捞不到一条鱼。

雾霾问题还导致了震惊世界的公害病——四日市哮喘病的发生。据日本厚生劳动省统计，截止到1972年年底，全国确诊的哮喘病受害者人数高达6376人，已经有11人死亡。

这个哮喘病为何叫作"四日市哮喘病"？因为在战后，三重县的四日市新建了许多石化工厂，当地人因吸入含有硫化物的废气而导致呼吸疾病的发生。

一位得了哮喘病的小学六年级女孩曾写下这样一首诗："仰望天空，是阴沉沉的黑雾。巨大的工厂在喷烟，放出有毒的亚硫酸。今天硫酸又毒死了人，何时能还我蓝蓝的天？"

除了四日市哮喘病之外，日本还发生了废水汞污染导致的水俣病、第二水俣病，镉污染导致的疼痛病，合称为日本"四大公害病"。

日本上智大学研究生院地球环境学副教授冈崎雄太表示，日本治理雾霾和空气污染的功劳，首先应该归功于市民。他认为，首先是市民"反公害"意识高涨对政府和企业产生了影响。市民对公害问题的投诉案数量大幅上升，一些地区的市民自发成立反对污染公害的民间组织向政府和媒体呼吁。而媒体报道形成的舆论浪潮也推动政府制定应对公害问题的相关措施，例如加强环境行政机构的能力建设、设定更严格的排放标准、建立受害者救济制度等。

那么，日本应对雾霾和环境污染，采取了哪些措施？

第一，制定一系列法律法规。

日本空气污染与雾霾问题最为严重时是在20世纪60年代。日本政府认识到大气污染的主要发生源来自于"固定发生源"的工厂和"移动发生源"的汽车。因此，日本政府开始有针对性地进行污染治理。一方面对于固定发生源采取了安装脱硫脱氮装置的办法，另一方面针对移动发生源出台法律法规限制车型车辆。从20世纪60年代初开始，日本政府和国会先后出台了几部环境保护治理法，1962年颁布了《煤烟限制法》，1967年制定了《公害对策基本法》，1968年出台了《大气污染防治法》。1970年，日本成立以首相为首的公害对策本部；1971年，日本环境厅正式成立。

第二，加大对污染企业的惩治。

虽然日本政府制定了一系列的法律法规，但是这些环保法的执行并非一帆风顺，遭到了企业，尤其是工业、矿业、汽车制造业这些污染源大户的抵制阻挠。由于这些企业都是左右日本经济的大企业，同时也是国家的纳税大户，因此政府对于这些企业也采取了睁一只眼闭一只眼的做法，因此在20世纪60年代后半期，日本几乎所有重要城市的空气质量都未能依法达标。

进入20世纪70年代，日本政府已经意识到不严厉执法，雾霾会越来越严重。因此对一些环保法规进行了修改，强化了对污染企业的惩罚力度，规定"只要污染超标的事实成立，即使企业没有过失，也应承担赔偿责任"。日本政府还提出了一句口号"预测污染物对居民健康的危害是企业必须履行的义务，忽视这些义务等同于谋杀"。

第三，鼓励受害者起诉污染企业甚至政府。

日本"四大公害病"在20世纪70年代都进入了司法程序，而受害者均告胜诉。居住在东京、川崎高速公路沿线，深受汽车尾气之苦的受害者家属们，也抱着受害者的遗像走上了法庭。司法诉讼在一定程度上保护了受害者利益，也对政府和企业敲响了警钟。

受到地方政府不断出台环保法规，加上司法判决结果的影响，日本企业界也认识到污染的老路走不通，开始加大对防治污染的投资，环保设备投资占设备总投资的比例从1965年的3.1%增加到1975年的18.6%。政府还制定了引导企业投资环保设备的政策，在税收优惠、低息融资等方面向企业提供支持。

第四，建立受害者补偿与救济制度。

1973年，日本政府制定了《公害健康损害补偿法》，对遭受雾霾和其他有害物质侵害的患者，实施生活救济和医疗救济。

但是，日本政府的这些救济款并非来自国库（国民缴纳的税金），而是向污染源征收。日本政府将全国约8300家排污企业列入黑名单，向他们征收"污染税"，同时向汽车车主征收汽车重量税。这些税款作为"公害保健福利事业费"，由中央政府拨付给遭受污染损害地区的地方政府，地方政府再向受害患者支付补偿金，并建立医院和疗养所，供重病患者集体居住生活。据悉，在高峰期，日本全国共有11万人被认定为"公害病患者"，每年支付的补偿款达到1000亿日元（约65亿元人民币）。截至2014年年底，日本全国领取补偿金的人数仍有38000人之多。

第五，制定雾霾警示标准与应对措施。

2000年，日本政府修订了《关于确保居民健康和安全的环境条例》，明确规定了出现空气污染时应采取的紧急措施，包括向居民通报有可能发生的严重污染，呼吁民众减少开车和出门。

日本政府的这一条例规定，PM2.5浓度在每立方米35微克以下，属于正常环境标准。35—70微克之间，需要呼吸道敏感的市民以及老人孩子们提高警惕。如果超过70微克以上，各地政府必须呼吁人们尽量减少外出和长时间的室外锻炼，学校可以考虑停课。

最近几年，受来自中国大陆雾霾的影响，日本福冈、千叶等城市因为PM2.5浓度超过35微克，几次拉响警报。在我们中国人的眼里，显然是有点小题大做。

整治雾霾与环境污染，并不是亏本买卖。以水俣病为例，如果采取治理对策的话，每年只需投入1亿日元（约630万元人民币），而放任污染造成公害却会带来每年126亿日元（约7.9亿元人民币）损失。

日本治理雾霾与环境污染令大气环境和自然环境得到彻底的改善，国民和企业的环保意识也得到空前的增强，街头看不到一块泥土，很少看到垃圾，便是一个例证。同时，日本在环境整治过程中催生了一批世界领先的环保企业，实现了环保技术的不断创新，还增加了就业，增强了日本企业和环保产业的国际竞争力。更为重要的是，日本走进了世界长寿国家最前列！女性的平均寿命为86.83岁，男性为80.50岁，分列世界第二和第一。

"还我一个蓝天"并非一朝一夕之事，日本也先后花了20多年的时间。重要的是企业要做有良知的企业，国民要做环保运动的参与者。怨天尤人解决不了问题，必须从我做起，从现在做起！

25. 日本家电产业为何全面退市

2017年11月14日，海信集团旗下的海信电器股份有限公司和日本东芝公司宣布，东芝电视机股权的95%正式转让海信，转让完成后，海信电器将享有东芝电视产品、品牌、运营服务等一揽子业务，并拥有东芝电视全球40年品牌授权。该项股权转让金额为129亿日元（约7.6亿元人民币），便宜得令人难以置信。

海信接盘东芝电视机，这已经不是中国企业收购第一家的日本家电企业，20世纪90年代，索尼、夏普、松下、日立、东芝，三洋号称日本家电六巨头，目前除了索尼、松下之外，其他公司的"日本制造""日本品牌"家电业务几乎都由中国企业在运营。也就是说，日本大部分家电生产线，都卖给了中国企业。那么，我们不禁要问，中国企业到底是抢到了宝贝，还是捡了一堆"垃圾"？

创立至今已有143年历史的东芝，曾研发出日本第一台国产冰箱、洗衣机、微波炉等家电产品，在日本制造业有举足轻重的位置。而如今，却被拆分收购。海信收购了东芝映像解决方案公司95%的股权。许多媒体在报道海信这起收购案时，都使用了《海信收购东芝电视机》的标题，其实，海信主要收购的是东芝电视机的品牌服务，而不是东芝电视机的全产业。

东芝因为做假账，导致其股价暴跌，赤字暴增，企业内部诸多问题也开始暴露出来。于是，东芝开始了切蛋糕拯救企业的方案。2015年年末，东芝就把印度尼西亚自主彩电生产工厂和二槽式洗衣机生产制造基地的土地和建筑资产（作价约2500万美元）出售给中国创维集团。

2016年，东芝把以洗衣机、冰箱等主营白色家电业务的子公司出售给了中国美的集团。

现在，电视业务花落海信，而东芝电脑业务也在出售之列，联想和华硕正在商讨收购东芝电脑业务的事宜。如果再退出电脑市场，东芝旗下面对一般消费者的业务将几乎消失，以社会基础设施建设和能源为主营业务的色彩会愈加浓烈。

我们回过头来看一看这些年，中国企业收购了日本哪些家电。

创建于1947年的三洋电机在家电行业一直都是消费者非常熟悉的品牌，自从松下2009年全面收购三洋后，三洋就因为业务有重合面临着被不断拆分以更好实现与松下融合的命运。但是面对三洋销售额连年下滑的问题，松下也因此受到牵累，日本大地震更是让日本的家电企业雪上加霜，最终三洋还是被松下放弃了。

2011年7月28日，海尔与三洋电机签署并购备忘录，同年10月18日，双方签订并购协议，海尔收购三洋在日本、越南、印度尼西亚、菲律宾和马来西亚的白电业务。

不只是白色家电业务，三洋的电视业务也早就变成中国企业的"囊中之物"。2014年，TCL收购三洋电视墨西哥工厂及品牌运营公司90%的股权。2015年，中国长虹公司收购了松下旗下三洋电视业务，获得"三洋"品牌在中国大陆地区的电视品类独家使用权，并承接"三洋"品牌电视的开发、生产、销售和服务。

夏普曾是全球液晶技术的发明者和领导者。但是正是由于液晶产业的投资失败，公司陷入了经营困境。由于日本企业向来风格保守，夏普也不能免俗。其主要面板厂设在日本国内，主要向自己供给，而不是像行业内的三星、LG等厂商一样结成企业同盟。因此，当全球液晶面板供应过剩，夏普首先遭遇打击。2016年，夏普公司接受台湾鸿海精密3888亿日元（约合224.7亿元人民币）注资，成为鸿海的子公司。

NEC即日本电气株式会社，成立于1899年，于1970年开发出日本第一颗人造卫星，1972年向全世界转播了中日邦交正常化实况，2002年制造了当时世界上最快的超级计算机。

2011年，联想开始收购NEC计算机企业，并与NEC成立了合资公司。根据当时的协议，联想占合资公司51%的股权，到2018年，联想将控股

66.6% 以上。然而，这一进程似乎加速了。2016 年 7 月，联想以约 13 亿元人民币（200 亿日元）收购 2011 年成立的联想-NEC 控股公司 NEC90% 的股份。

富士通是日本排名第一的 IT 厂商，全球第四大 IT 服务公司，全球前五大服务器和 PC 机生产商，曾经是世界第二大企业用硬盘驱动器的制造商（硬盘业务于 2009 年第一季度转移到东芝公司旗下）和第四大移动硬盘制造商，是世界 500 强企业。

2017 年 11 月，联想集团宣布收购日本富士通个人电脑业务 51% 的股权，交易金额达 2.24 亿美元。

为什么日本家电企业纷纷委身于中国企业？中国国内的一些主流观点认为，很大的原因是辉煌过后的日本制造企业普遍患上了制度僵化、体系臃肿的大企业病，并且过度崇拜技术、创新节奏放慢，在互联网时代无法跟上市场变化的脚步。种种弊端让日企逐渐失去了对市场的掌控，让诸多日本制造企业力不从心，纷纷拍卖家当以求自保。

但是，我并不是这样认为，日本这些企业纷纷抛售家电事业的一个根本原因，不是因为亏损出卖家当，而是因为这些家当在他们的眼里，已经成为拖累企业继续发展的负担，甚至是一堆垃圾。

日本家电产业为何全面退市？一个根本原因是他们的工厂出现了巨大的亏损，他们的流通渠道也出现亏损，但是他们的技术研发并没有停止。索尼公司以前是生产电视机，也生产电脑，但是，在整个亚洲市场，尤其是中国和韩国的电视机和电脑产业兴盛的背景下，索尼公司再与中韩企业拼市场，已经变得毫无意义。最终，索尼把电视机和电脑全部抛弃，对于索尼来讲，这是不是一个英明的决策？现在回过头来，我们来看索尼公司的业绩。在 2017 年上半年，营业利润达到 3618 亿日元；纯利润达到 2117 亿日元。最终的全年利润将达到 3800 亿日元。

这是索尼在过去 5 年间业绩最高的一年。那么，索尼是如何做到高利润的呢？索尼公司在抛弃家电产业之后，致力于智能化技术开发和物联网的构建，同时扩大音乐和影像产品的开发。也就是说，索尼从造产品，变成了造技术。比如电视机，索尼自己已经不生产，但是，它并没有抛弃电视机技术的研发。

最新传出的消息说，索尼公司将会在 2020 年的东京奥运会之前推出 16k

的影像技术,我们中国目前开始使用 4k 的电视机,但是日本的 4k 电视机基本已经普及,索尼公司计划在未来几年的时间里,跳过 8k 这一技术阶梯,直接进入 16k 的时代。但是,16k 的技术并不是随便就能开发的。索尼公司抛弃了电视机的生产,但是牢牢地掌控着新一代的电视机的核心技术。它本来是直接面向消费者出售电视机,现在变成直接面向电视机厂家出售技术,赚得不是买电视机的钱,而是技术专利的钱。

作为消费品品牌,索尼手机的确惨败给了苹果甚至小米,但作为产业链上游的高价值部件商,索尼的地位依然无法撼动。鉴于索尼在摄像传感器领域的领先地位,苹果全系手机的图像传感器均来自索尼。不光是苹果,包括小米、华为、OPPO 等知名国产手机也几乎全部采用索尼的图像传感器。由于市场需求不断扩大,索尼还在不断地增加图像传感器的产能,2017 年 4—9 月的净利润同比增至 8 倍,达到 2117 亿日元,创 10 年来新高。

类似的例子还有松下电器。虽然作为手机、等离子电视生产商的松下已经全面退市,但在非消费品领域的松下却依然是行业翘楚,尤其是在电动车电池方面。

事实上，不少日本知名企业都在重新调整自己的策略：退出家电等消费品领域，转战产业链上游的高端材料、高价值部件，或者重新回归工业品制造领域。奥林巴斯目前的主要收入来自医疗，富士在胶卷逐渐停产后成功转向医疗和工业材料，日立则彻底放弃家电业务，将精力集中在通信、电力、重型机械等领域。而财报显示，这些转型都相当成功。

我跟东芝公司一位董事讨论过东芝家电产业的问题，他给我讲了一个很简单的道理，东芝公司因为做假账导致企业股票暴跌。这是坏事，但是也是好事，导致东芝公司实施重根本性的产业结构改革。其实，东芝公司切割家电产业已经滞后，如果他像索尼那样提前抛售的话，就不至于落得现在这般困难的境地。

他说，对于东芝公司来说，像电视机、电冰箱、电脑等产品，已经不再属于高档家用产品的范畴，而是属于一个最基本的家电用品的范畴，而这些基本家电产品，中国也好，韩国也好，生产技术与工艺都已经相当成熟，东芝公司再捧在手里，必定失败。

我们发现，日本这些企业纷纷抛售家电事业，全世界接盘积极性最高的全是中国企业。从海尔开始，到联想、美的、创维、海信，几乎中国所有的家电制造企业，都掏钱买了日本企业抛售的这些负资产。

也许我们有一种心态，觉得我们以前跟日本这些企业学习，如今我们强大了，可以把这些日本顶尖品牌的家电事业买下来，有一种占领总统府的成就感。

但是我觉得这种成就感是盲目的。我很担心，家电行业在中国市场目前已经处于一个饱和的状态，中国这么多的企业还纷纷买下日本众多的家电事业，很可能会出现家电产能过剩的问题。

也许有人会说，我们可以通过"一带一路"倡议把我们的家电向海外输出。这个道理没有错，但是家电产品向海外输出，为什么一定要打日本的品牌，而没有自信打自己的品牌呢？对于非洲市场和中东市场来说，东芝没有知名度，海信也没有知名度。两个都没有知名度的品牌，其商业价值和市场开拓能力是一样的。2015年，我去非洲的肯尼亚和埃塞俄比亚采访"一带一路"，我特地跑去超市里转了一圈，我想看一看在非洲市场，哪些国家的家电产品在非洲卖得最好。结果发现，韩国三星的电冰箱、电视机、微波炉在非洲占的市场份额最大，其次是中国的海尔。相反的，日本品牌的家电产品在非洲市场很少见到。

许多非洲人甚至不知道松下和东芝，但是对中国的海尔家电产品，大家还是十分认可的。虽然海尔产品在非洲市场推出的还只是中低档产品，但是海尔已经有相当的知名度。

所以对于这些未开发的市场，其实中国不需要通过购买日本的品牌去打通，完全可以用自己的品牌去打这些市场。就像华为公司，他从来没想过要去收购索尼的手机，而是坚持打华为的品牌，所以华为能够逐渐成为一个世界顶尖的品牌，并打开了日本市场，也打开了非洲市场。因此，华为的成功之路，应该是中国家电企业应该走的路。

26. 日本哪几款摩托车被爱车族追捧

每年五一国际劳动节期间，日本会放五天假，称为"五一黄金周"。正是春光明媚的好时节，因此五一黄金周外出旅游的人就特别的多。在日本各地的旅游风景区，往往可以看到众多的摩托车队。摩托车成了不少日本男人和一些摩登女性的时尚玩具。其实在日本，摩托车也是人们日常的交通工具，无论是上班还是送货，东京街头处处可见摩托车的影子。相反的是，中国流行的电瓶车，在日本却被禁止。

一位网友写了一篇文章，说他第一次到东京，令他感到十分惊讶的是，脑海中的日本是个发达国家，尤其是东京，几乎是人人都开高级汽车才对，没想到自行车和摩托车却到处可见，这一点既在想象之中又超出了原来的想象，各种各样漂亮的摩托车构成了一道城市的风景线，令自己这个喜欢摩托车的人眼花缭乱。

日本是一个汽车王国，同时也是一个摩托车王国。所以，汽车跟摩托车相比，数量也不分上下。尤其是在大学校区，走进校园，摩托车几乎占据了校园的停车场，对于许多大学生来说，开车上学是不可理解的，如果你没有一辆摩托车，也是不可理解的。对于没有住宿制的日本大学来说，许多学生都是骑摩托车上学的。

为什么日本人尤其是年轻人喜欢摩托车呢？因为摩托车和汽车相比有很多先天优势。

从费用上来说，摩托车在日本不能算是便宜，最低的价格在5000元人民币左右，最高的价格要达到5万元人民币以上。也就是说，一辆不错的摩托车的价钱，可以买一辆很好的二手汽车。但是，日本的法律规定，拥有汽车的人一定要有固定停车位,在东京这寸土寸金的地方,一个固定停车位一个月的费用动辄就要两三千元人民币,繁华地区就更贵得厉害。而摩托车是不需要专门停车位的,也就是说,自行车可以放哪儿摩托车就可以停哪儿,不会产生停车费。

假设开车上班的话,在都市里,机关和公司都不可能给员工提供停车位,因此如果自己要找停车场的话,一天的停车费就需要半天的工资。再加上车检、保险、车辆税等,养一辆汽车,一年下来各种费用加起来,需要几万元人民币。

而摩托车最大的费用就是两年一次的车检,但是车检费用仅仅是汽车车检费用的十分之一,而且250cc以下的摩托不需要车检。250cc及以上的排量都可以和汽车一样上高速公路,在交通拥堵的时候,摩托车的优势远远高于汽车。

而且对于许多年轻人来说,骑摩托车的时尚感和运动感远远超出驾车。这就是摩托车受到日本年轻人推崇的主要原因。

日本的摩托车从排量上大体是按照这么一个等级来分的:50cc、125cc、250cc、400cc、400cc以上。

50cc的叫作"原付",算是"助力车"的级别,以那种小踏板摩托为典型。很多上班的公司职员用它来代替自行车。还有送报纸、送比萨、拉面之类的,也有很多用的是50cc的小摩托来走街串巷。

125cc的摩托车在摩托车驾照上的级别叫作"限定",也就是说,持有这种执照,最大只能开125cc的摩托,学这种驾照的人几乎都是女孩子。在日本想拿摩托车驾照,老师第一件事儿就是把一辆摩托放倒让你扶起来,倒了都扶不起来,你就别想拿执照了。

250cc这个线是有无车检的分界线,250cc以下的二轮摩托都没有车检,只需要缴很少的车辆税和保险就可以了,所以有很多精品车卡着250cc这个排量。追求时髦个性的年轻人也有很多人喜欢这个级别的车,因为没有车检,就可以去随心所欲地改装了。

到400cc为止算是"中型"车,这也是在驾驶执照上限制的,持有"中型"摩托执照的人能开的最大排量是400cc,由于"中型"执照是大多数,所以四大厂家在这个级别上的竞争非常激烈,400cc这个排量的好车也数不胜数。

400cc以上的算是"大型",在没有摩托执照的前提下是不可能一步就取得大型摩托执照的,必须先取得400cc为上限的"中型"执照,然后再去取得大型摩托执照。很明显，政府通过对摩托车执照的管理在一定程度上控制了安全因素，两个轮子的摩托的危险性不言而喻，只有通过严格的分级和训练考核才可以避免过多的"马路杀手"。

总的来说，在日本，作为上班上学的代步工具，摩托车是一个非常廉价的选择。和所有的行业一样，日本摩托车工业的发展归根结底离不开用户的支持。当然，政府在政策上的良性引导也是必不可少的。如果觉得骑摩托车危险而禁止摩托车，那也等于扼杀了这个产业。

世界上能激发男人欲望的东西有很多，摩托车则可以说是最能凸显男人魅力的玩具。长期以来，日本被称为世界摩托车王国，在日本四大摩托车生产公司中，本田公司又被称为"王中之王"。本田摩托车之所以能够称雄于世，是因为其摩托车产值、产量、品种一直处于世界领先地位。在有些国家（尤其是东南亚一带），大家谈起摩托车，言必称"本田"，似乎"本田"为摩托车权威的代名词，可见本田摩托车对世界摩托车市场已有极深远的影响。

在男人们最想拥有的摩托车中,四款日本顶级摩托车值得为大家做一介绍。

第一款是本田(Honda)。本田如今在汽车领域可谓风生水起,作为日系三强之一,本田无论是家用车还是性能车,都成为时代的经典。但本田今天的成就,却是从一台带辅助发动机的自行车开始的。60多年前,本田开始自己的摩托车制造。本田摩托车型号众多,但真正令人铭记住本田摩托车的,却是1992年推出的火刃系列。100公里加速仅需3秒,最高车速可达229公里/小时。

第二款是雅马哈(YAMAHA)。雅马哈是目前日本知名的摩托车生产厂商。雅马哈生产摩托车的历史可以追溯到1954年。而名为"红蜻蜓"的YA1型摩托车则开启了雅马哈专注于摩托车研发和制造的时代。1957年,YDS-1型竞赛摩托车的推出,在当时引起了极大的轰动,这台摩托车的发布,奠定了雅马哈在赛事摩托车制造领域的绝对优势。在随后的几十年中,雅马哈推出了很多知名车型,包括曾经世界上跑得最快的250cc的RD56车型等,但是最为人所熟知的,是性能堪称"变态"的YZF-R1。

第三款是铃木(SUZUKI)。提及日系摩托车,铃木的名号无人不知。1952年,铃木首次推出排量30cc的二冲程发动机,自此开启了自己的摩托车征程。1953年,铃木摩托车在富士登山赛和环日本长途性能测试中取得佳绩,因此打出名声,奠定了其在摩托车领域的技术基础。铃木正式开始自主生产摩托车则是从1954年开始。1976年,铃木推出GS400和GS750,这也是后来名震江湖的GS1000S的前身车型。最高时速320公里,完全可以与顶级超级跑车一比高下。

第四款是川崎(KAWASAKI)。在日本摩托车生产商中,川崎重工在摩托车产量和数量上名列第四,起初与铃木等厂商一样,以研制发动机为主,供给摩托车制造商,随着川崎的壮大,川崎开始独立生产摩托车。在川崎的摩托车生产史上,小排量乘用型摩托车几乎难以寻迹,川崎始终秉持着自己的风格,即专注于大排量摩托车、赛车、越野赛车的生产,川崎出产的摩托车以性能优异、耐久度高、机械性出色闻名车坛,这也是为什么很多赛车迷钟爱川崎的原因所在。

正因为日本有这么多世界顶尖的摩托车,因此也产生了许多的摩托车迷。据说,日本全国的摩托车俱乐部有2000多个,他们经常在专门的赛车场举行摩托车比赛,或者利用节假日去郊外的盘山公路上兜风。我们在日本许多的风景区都可以看到摩托车手酷酷的影子,其中也有不少身材娇小却骑着特大型摩托车的摩登女郎。半个多世纪生产制造摩托车的历史,催生了日本特有的摩托车文化。这种文化,已经成了日本社会一种运动时尚的代名词。

27. 日本企业到底交多少税

接待一个来自中国的企业考察团,团员大多是企业老板,大家都是看《地道战》长大的,因此混在一起,除了骂日本,偶尔也聊聊日本女人。最后几天,大家似乎深有感触,也开始玩起了中日对比。

访问了东京一家大型购物中心,在与中心的干部们座谈时,来自广东的孙总很认真地问了一个问题:"像你们搞购物中心的,谁管你们?"

我把这句话翻译成日文告诉对方时,购物中心的干部们你看看我,我看看你,愣是没听懂。我怕我理解错孙总的意思,马上向他确认:"你说的管,是指上级单位吗?"孙总点点头。再把这话翻译成日文告诉对方,这些干部们又是你看看我,我看看你,最后眼睛齐齐地看向他们的社长,说:"他管我们。"

孙总没听懂,我听懂了:日本公司除了老板自己管企业,没有上级主管单位,想要人管也没人管你。

向孙总解释了半天,他还是不理解。他又提出了几个问题:第一,你们要扩建,发改委不管你们吗?第二,你们搞经营,工商局不管你们吗?第三,你们每天收钱,税务局不查你们吗?

购物中心的干部们面对三个问题,只听懂了一个税务局,其他的都摇头,说:"日本没有发改委,也没有工商局,只有税务署。"

孙总见对方没能理解他的意思,把自己的问题具体化,举例说:比如你们要在别的城市里去建购物中心,项目是谁批准你们建的?社长回答说,没人要求我们报批。我们只要从市政府的城建档案中了解清楚哪些地块是可以开发的商业设施,然后从地主手中购买,或者从不动产拥有者手里租到这些房产,就可以建购物中心。当然,我们要将建设图纸和方案报市政府建设课备案,但不是申请批准。

在具体经营中,那完全就是由企业在法律和自己申报的经营范围的框架之内自个儿去折腾,没有工商局或者市场局来管你。如果说,日本政府哪个部门具备中国工商局那样功能的话,可能就是"法务局"擦一点边。因为法务局是管企业登记的,公司成立时,要向法务局申报核准。但是一旦核准,法务局就跟企业似乎割断了关系,除非你需要公司的注册资料时,那得跑到法务局,花上几百日元去打印一份。法务局对企业没有年检,没有定期指导,没有各种培训班,也不会来蹭饭吃。

在日本,与企业关系最为密切的是税务署。但是,企业一般与税务署发生关系,也就一年一次。因为日本的所有发票,都不是税务局印制的,因此你只要跑到文具店,就可以买到各种发票。日本企业一年一度要缴纳的税金,是实行企业自我申报的。日本企业要上交的税,主要有五种。一是法人税(根据企业的经营决算报告,盈利的部分需要缴纳的税。如果决算时是赤字的话,不需要缴纳)。二是法人住民税(作为企业向所在城市政府缴纳的法人人头税。税额基本上根据公司的注册资金多少来框定税额,注册资金越大,要缴纳的法人税就越多。因此,日本公司的注册资本金一般都比较少)。三是消费税(2017年4

月开始，消费税从 5% 提高到 8%。税务署根据你的营业额多少来匡算你要缴纳的税金）。四是事业税（企业在开展事业过程中使用道路、公共设施，享受各种公共服务需要承担的社会共同责任，交给各地政府）。五是资产税（企业拥有自己工厂、仓库和办公楼的，都要根据规模大小缴纳资产税）。

上述税金，都是由企业自己，或者委托税理士帮企业一年申报一次。至于企业申报得准确不准确，税务署都有备案，对于可疑企业实施抽查。如果是故意偷税漏税，那么企业老板就要遭到逮捕，而不是补交了税款就能轻易过关。日本对偷漏税的处罚是相当严厉的。

其实，日本企业所有的账目进出都是通过银行（除了零售等服务业之外），因此，每一笔钱款的进账与付出的单位、时间、金额都在银行的账单上记录得十分清楚，因此，企业在决算时，主要就依靠银行的存折来做账。

而企业向日本的银行求贷款，如果年度决算出现连续两年赤字，那么要获得贷款会很难。除非你有资产作担保。因此，有些人觉得，为了躲避或少交税，我叫会计师把企业的利润做得低一些，或者干脆做成赤字，那么其结果就是使得企业的金融与社会信誉和价值受损。当然，一旦被税务署查出，那会计师就会被剥夺资格，无法再从业。

因此，市场经济中的日本企业，只要认真交税，没人会为难你，也没有任何机构有理由来作弄你。